中文社会科学引文索引（CSSCI）来源集刊

产业经济评论

REVIEW OF INDUSTRIAL ECONOMICS

第19卷　第4辑　（总第64辑）

主编　臧旭恒

中国财经出版传媒集团
经济科学出版社
Economic Science Press

图书在版编目（CIP）数据

产业经济评论．第19卷．第4辑/臧旭恒主编．
—北京：经济科学出版社，2020.12
ISBN 978－7－5218－2237－3

Ⅰ.①产… Ⅱ.①臧… Ⅲ.①产业经济学－文集
Ⅳ.①F062.9－53

中国版本图书馆CIP数据核字（2020）第263950号

责任编辑：宋　涛
责任校对：蒋子明
责任印制：李　鹏　范　艳

产业经济评论
第19卷　第4辑　（总第64辑）
主编　臧旭恒
经济科学出版社出版、发行　新华书店经销
社址：北京市海淀区阜成路甲28号　邮编：100142
总编部电话：010－88191217　发行部电话：010－88191522
网址：www.esp.com.cn
电子邮箱：esp@esp.com.cn
天猫网店：经济科学出版社旗舰店
网址：http://jjkxcbs.tmall.com
北京季蜂印刷有限公司印装
787×1092　16开　11印张　210000字
2020年12月第1版　2020年12月第1次印刷
ISBN 978－7－5218－2237－3　定价：37.00元
（图书出现印装问题，本社负责调换。电话：010－88191510）

目　录

CONTENTS

卖家干扰下平台的评价激励机制设计研究

王 勇 张玮艺 陈祎芳*

摘 要：在线交易平台评价反馈机制的关键在于买家是否愿意做出真实的评价。买家的评价一方面受平台对评价激励机制设计的影响；另一方面也受卖家干扰行为的影响。卖家的干扰行为包括正向的，如好评诱惑；或是负向的，如差评骚扰。为此，平台对买家评价的激励设计需要把卖家的干扰行为考虑进来。本文研究在存在卖家干扰行为的环境下，平台如何设计对买家评价的激励机制。主要结论包括：平台对买家的固定激励水平需要根据卖家的干扰行为的性质（好评诱惑或差评骚扰）进行调整；而在可变激励水平方面，平台对买家的激励并不受卖家干扰行为的影响；当平台中诚信交易占比较高时，允许卖家进行正向干扰（好评有礼）能够从总体上提高平台的收益。

关键词：声誉机制 评价反馈 卖家干扰 平台激励

随着网络技术的发展，人们开始借助在线平台进行交易。和线下交易相比，在线交易中买卖双方之间的信息不对称程度会更加严重，这会导致欺诈等机会主义行为盛行，从而限制了在线交易的发展。对此，一个非常重要的解决思路，就是平台企业可以利用网络技术，设计在线评价激励机制，以降低机会主义行为问题。

在线评价激励机制属于声誉机制。传统的声誉机制主要借助口口相传的口碑来发挥作用。而线上交易中，交易人数众多且分散，相互之间并不熟悉。要想让声誉机制发挥，就需要重新设计声誉机制，特别是激励那些已经购物的买家愿意进行反馈，如实对商品进行评价，形成对商品或卖家的真实

---

* 本文受国家自然科学基金项目“在线市场运行机制与监管方式研究”（科研项目编号：20171301634，课题编号：71773059）和教育部社会科学基金项目“平台经济双重治理体系的创新研究”（科研项目编号：20175770365，课题编号：17JHQ031）资助。
感谢清华大学孙震老师和谢丹夏老师等同行在本文写作与修改过程中提供的帮助，感谢匿名评审人提出的修改意见，文责自负。
王勇：清华大学社会科学学院；地址：北京市海淀区双清路30号，邮编100084；E-mail：wang. yong@ tsinghua. edu. cn。
张玮艺：清华大学社会科学学院；地址：北京市海淀区双清路30号，邮编10004；E-mail：zhangwy17@ mails. tsinghua. edu. cn。
陈祎芳：中国人民银行上海总部；地址：上海市浦东新区陆家嘴东路181号，邮编200120；E-mail：cyfbit@ 163. com。

声誉。当潜在买家阅读到上一个买家的反馈意见，就可以选择从声誉较好的卖家购物，排斥声誉较差的卖家，从而使得声誉机制起到制约卖家的机会主义行为的作用（Bar - Isaac and Tadelis，2008）。比如，McDonald and Slawson（2002）研究发现 ebay 上的评分对拍卖交易价格和平台收益都有显著的影响。李维安、吴德胜（2007）通过对淘宝网交易的计量检验，证实了卖家的个人声誉对销量具有非线性的正面影响。

在线评价机制能够发挥作用的关键在于买家愿意进行反馈，并做出客观准确的评价。但这些自愿的评价反馈往往是供给不足的。其原因有二：一是对于消费者来说，进行反馈类似于在提供一种公共物品，缺乏足够的收益，这一点 Dellarocas（2003）曾深入地探讨过；二是当消费者做出负面评价时，有可能遭遇卖家的报复，如电话骚扰等，给买家带来不好的体验。现实生活中，第二点成为越来越突出的原因。除了报复外，卖家还会采取多种策略干扰买家的评价，目的是诱导买家给出好评，并且抑制买家的差评。卖家的策略必然会令声誉机制不能正常地发挥作用。这就要求交易平台在进行声誉机制设计时，首先需要把存在卖家的干扰作为机制设计的一个约束条件，然后再考虑如何激励买家做出如实的反馈。

为此，本文通过构建平台激励买家进行真实评价的博弈模型，比较有无卖家干扰的两个模型的均衡结果，判断卖家行为如何影响声誉激励模型的均衡结果，以此得出关于平台如何完善声誉机制设计的建议。

本文结构如下：文献综述部分回顾了这一领域相关的文献，在第二部分，我们研究了没有卖家干扰情况下的平台对买家评价的激励机制设计，以此作为比较的基础；在第三部分，加入卖家干扰的情况，研究平台此时对买家评价的激励机制设计；第四部分则是对第二、三部分的对比分析，讨论卖家干扰对激励机制设计带来的差异；在第五部分，我们结合现实中平台企业对买家评价的激励政策对模型结论进行验证；最后一部分则是结论和政策建议。

一、关于在线交易平台评价反馈机制的文献综述

在线交易平台中，声誉主要来源于买家对卖家的评价和反馈，潜在的买家能够通过现有的评价反馈获取信息，这实质是多人之间的信息传递博弈（王博、金鑫，2018）。在线平台中的评价反馈系统提供了信息，减少了不对称信息带来的阻碍，促进了信任，从而提高了市场效率，对平台的总体收益有正向的作用（Bar - Isaac and Tadelis，2008；Tadelis，2016；Li，2010；张哲宇等，2018）。Resnick et al.（2000）对 ebay 的研究、Cai et al.（2014）和周黎安等（2006）对中国易趣网的研究、Ert et al.（2015）对 Airbnb 的研究、李维安等（2007）对淘宝网的研究和刘伟、丁凯文（2020）对猪八戒网

的研究都表明，声誉机制对于促进平台销售有正向作用。

而评价反馈机制的结果可能是有偏的（Bias），其表现形式是好评泛滥（Grade Inflation）。Bolton et al.（2013）考察了 eBay 上用户的反馈情况，尽管有 70% 的用户参与了反馈，但高达 98% 的反馈是正面。Horton and Golden（2015）分析美国劳动在线市场 oDesk 的数据，得出，在 2007 年低于 4 星的评价占比为 28%，而到了 2014 年仅占 9%。Zervas et al.（2015）发现在 Airbnb 也存在严重的好评泛滥问题。好评泛滥会降低平台上信息的多样性与有效性（Nisar et al.，2018），导致买家只能基于不充分的样本做出评价，从而影响其搜索行为的效率和对商品价值评估的准确性（De Langhe et al.，2015；Lallement et al.，2019）。

平台评价反馈机制的结果有偏这一问题主要是卖家操纵行为导致的。卖家可能会伪造网络身份来给出虚假评价，从而达到让自己的声誉虚高或者抹黑竞争对手的效果（Dellarocas，2000；张燕平等，2015）。ebay、淘宝网、yelp 等平台的数据表明，卖家对评价反馈机制的操纵行为十分普遍（Brown and Morgan，2006；Xu et al.，2015；Luca and Zervas，2016），且其严重程度受市场竞争程度和操纵成本的影响（Mayzlin et al.，2014）。在竞争日益激烈的市场中，卖家面临的是一个囚徒困境，只有参与操控才是最优解（Dellarocas et al.，2006；Gössling et al.，2018）。除了卖家操纵声誉之外，买家缺乏评价动机也是导致声誉有偏的主要原因之一。买家缺乏动机留下评价，一方面是引言中提到的评价具有公共物品的属性（Dellarocas，2003；Avery，1999）；另一方面是担心遭到卖家的报复以及对自己信誉评分的负面影响（Klein et al.，2006；Basili and Rossi，2019）。

声誉的真实性是在线交易平台中声誉机制生效的关键所在（汪旭晖、张其林，2017a）。因此，如何进行正确的市场设计，降低好评泛滥，以纠正声誉机制的有偏性，就成为目前研究在线市场设计的重要问题（McDonald and Slawson，2002；杨琦峰等，2020）。Dellarocas and Wood（2008）提出，对待有偏的声誉这一问题，第一种方法是可以通过更好的声誉机制设计来减轻有偏程度；第二种方法就是利用技术让传递的信息能够被更充分地理解。例如，Bolton et al.（2013）建议在双方都提交评价后再显示评价结果，设计“同时评价机制”。此机制被 Fradkin et al.（2018）在 Airbnb 上的实验证实会令评价结果更翔实。李玲芳、洪占卿（2015）通过理论建模得出单向声誉机制比双向声誉机制更能稳健地促成诚实平价，双向声誉机制环境中，同步声誉机制又比非同步声誉机制更能稳健地促进诚实评价。同时，Vidanagama et al.（2019）总结了在现有评价反馈机制的基础上使用机器学习（Machine Learning）、网络科学（Network - Based Method）和模式挖掘（Pattern Mining）等直接对虚假评价进行识别和删除的方法来提高评价反馈的真实性。

就评价反馈的激励主体来说，现有文献分为有两种：一种是由平台提供激励，来促使买家诚实反馈信息（Miller et al.，2005；Zhao et al.，2012）。Fradkin et al.（2018）通过在 Airbnb 上进行实验研究发现，当平台给评价激励时，会促进更多、含信息量更大的评价，且整体上降低了评价的等级，减轻了声誉结果的有偏性。另一种方式就是由卖家提供激励。卖家可以对买家的评价反馈提供报酬，从而发出关于自身类型的信号，为自己带来更多的交易机会（Rochet and Tirole，2003；Li and Xiao，2004）。此时，买家出于互惠，倾向于提供更多、更正面的评价（Cabral and Li，2015）。卖家的好评有礼可以显著提高评论的正面程度，而且在产品质量高时，好评有礼的效果更好。

可以看出，上述文献把重点放在如何提高评价反馈的真实性问题上。本文与这些文献不同之处在于，我们认为评价的翔实性更加重要，原因有两点：一是买家提交的评价越翔实，包含的信息量则越大，对潜在的买家越具有参考价值，从而促进交易的实现；二是评价越翔实，越容易鉴别是否真实，这不仅有助于潜在的买家鉴别，也有助于平台开发相关的算法去识别，从而有助于加强评价管理。

现实中，平台愿意根据评价的翔实程度对买家进行激励。比如，亚马逊非常鼓励评价翔实度，经常有买家写出上千字的评价，并基于翔实程度开发了相关的算法工具，能够自动剔除大量虚假评价；国内的京东商城为提高评价的信息量，也推出了评价模版，以鼓励买家从更多的维度进行评价。而淘宝和天猫则是通过引入卖家针对评价再次反馈等方式进一步释放信息量，以便潜在买家进行判断。

有关研究也支持评价翔实性的重要性。比如，Bolton et al.（2004）、Chen et al.（2004）以及 Tadelis（2016）的研究都表明平台收益和平台上评价的翔实程度之间存在正相关的关系，即买家的评价反馈越翔实，越能促成平台达成更多交易。

本文另一个创新是对激励主体的融合考察。与上述文献把激励主体分为平台与买家两类主体，并分别进行考察。本文认为，在现实中，因为买家进行评价时会同时遇到这两类主体的激励，如果分别进行考察不能反映买家决策时的激励条件，应该把这两类主体的激励同时考虑进来。由于评价产生外部性收益能够更好地为平台所内部化，因此，我们把平台企业作为激励机制设计的主体，同时把卖家对买家的一些激励行为看成是干扰因素，会对买家进行评价的成本带来影响，从而能够更加真实地反映买家进行评价反馈的决策环境。

基于以上考虑，我们建立了一个考察如何激励买家进行翔实评价的激励机制模型，并把卖家干扰作为激励机制设计的重要环境变量考虑进来。这也构成了本文的主要创新之处。

二、没有卖家干扰的激励机制设计

（一）模型设定

考虑某平台市场，买家完成交易后可以通过提交评价对卖家声誉做出反馈。我们引入评价翔实性假设：即买家进行评价时，主要考虑评价的翔实程度，不会进行故意虚假评价。假定买家做出的评价的翔实程度用 q 来表示，$q \in (0, 1)$。买家提高评价的翔实度需要付出成本，该成本包括撰写评价时直接付出的精力，以及撰写评价所花时间的机会成本。因此，我们假定买家进行评价的成本函数为：

$$C = \frac{c}{2}q^2 \tag{1}$$

其中，c 为买家评价的成本系数，属于外生参数。

根据 Bolton et al.（2004）、Chen et al.（2004）以及 Tadelis（2016）等研究，买家评价的翔实度可以提高平台的交易规模，进而提高平台收益。为简单，我们假定评价的翔实程度和平台交易规模呈线性关系，令 Q 代表平台的交易量，有：

$$Q = \delta \cdot q \tag{2}$$

其中，δ 代表每单位评价的翔实程度的变化引起平台收益变化。

进一步，假设平台只通过对用户收取交易手续费来获得收益，因此平台规模和平台收益之间也是线性关系。故，π 代表平台的整体收益，则有：

$$\pi = \gamma \cdot Q + \theta \tag{3}$$

其中，γ 代表平台从每一笔交易中收取的手续费；θ 为随机变量，服从正态分布，$\theta \sim N(0, \sigma^2)$，$\sigma^2$ 代表买家评价影响力的评价效果的波动性。σ^2 越大，表明评价的翔实程度对平台收益的影响越不稳定。之所以要引入不确定性，是因为本文仅考虑买家评价的翔实程度，而其评价内容可能是正向的，也可能是负向，从而对平台收益的影响存在不确定性。

假定平台对买家评价激励也是采用线性合同，基于该反馈产生的收益来间接给出。令 S 表示平台企业支付给买家进行评价的报酬，则有：

$$S = \alpha + \beta \cdot \pi \tag{4}$$

其中，α 代表固定激励，代表平台的激励门槛。如果 $\alpha > 0$，则意味着不管买家评价的翔实程度是多少，即使为零，平台都给激励，这意味这家平台的激励门槛较小，平台固定激励水平较高；如果 $\alpha < 0$，意味着评价需要满足一定的条件才能获得激励，也即平台的激励门槛比较高，平台固定激励水平较低，买家只有写出比较翔实的评价才能获得激励。

$\beta > 0$ 是可变激励，代表平台对买家评价的激励强度，即 β 越大，买家完成同样的翔实程度得到报酬越高。

把式（2）和式（3）代入式（4），我们有：

$$S=\alpha+\beta(\gamma\cdot\delta\cdot q+\theta) \tag{5}$$

定义 $\varphi\equiv\gamma\cdot\delta$ 代表每单位买家评价翔实度的提高对平台收益的综合影响，此时有：

$$S=\alpha+\beta(\varphi\cdot q+\theta) \tag{6}$$

式（6）表示的是买家评价翔实度和其收入之间的关系。

假设买家的效用函数具有不变绝对风险规避特征，即 $u=-e^{-\rho w}$，其中，ρ 是绝对风险规避度量，w 是实际货币收入。买家的实际货币收入等于给出真实评价得到的激励减去评价付出的成本，有：

$$w=\alpha+\beta(\varphi\cdot q+\theta)-\frac{c}{2}q^2 \tag{7}$$

易得，买家的确定性等价收入 W 为：

$$W=E(w)-\frac{\rho\beta^2\sigma^2}{2}=\alpha+\beta\cdot\varphi\cdot q-\frac{c}{2}\cdot q^2-\frac{\rho\beta^2\sigma^2}{2} \tag{8}$$

平台的期望收益等于平台收益减去平台为了激励买家翔实评价付出的成本。令 U_p 代表平台的收益，则平台的期望收益为：

$$E(U_p)=\pi-S=(1-\beta)\varphi\cdot q-\alpha \tag{9}$$

对于平台来说，在平台进行评价激励机制设计时，平台需要在给定买家的参与约束和激励相容约束下决定固定激励水平 α 和可变激励水平 β 的大小。

（二）均衡解

首先看参与约束（Individual Rationality，IR）。在本文中，参与约束是指买家给出评价的收益大于不给评价的收益，因此买家会愿意给出评价。令买家不参与评价的保留收入为0，因此买家的参与约束可以表述如下：

$$\alpha+\beta\cdot\varphi\cdot q-\frac{c}{2}\cdot q^2-\frac{\rho\beta^2\sigma^2}{2}\geqslant 0(IR) \tag{10}$$

激励相容约束（Incentive Compatibility，IC）是指，买家会选择一个最佳的 q 来最大化确定性等价收入，即自身的效用，因此买家的激励约束可以表述如下：

$$\frac{\partial W}{\partial q}=\beta\cdot\varphi-c\cdot q=0(IC) \tag{11}$$

显然，在这一模型中，平台不会给出多余的激励，参与约束表达式中的等号是成立的。

所以，平台对买家的评价激励问题可以表达为：

$$MaxU_p=(1-\beta)\cdot\varphi\cdot q-\alpha \tag{12}$$

$$s.t.\ (IR)\alpha+\beta\cdot\varphi\cdot q-\frac{c}{2}\cdot q^2-\frac{\rho\beta^2\sigma^2}{2}=0 \tag{13}$$

$$(IC)\beta\cdot\varphi-c\cdot q=0 \tag{14}$$

利用拉格朗日法求解，得出：

$$q^*=\frac{\varphi^3}{c(\varphi^2+c\rho\sigma^2)} \tag{15}$$

$$\beta^*=\frac{\varphi^2}{\varphi^2+c\rho\sigma^2} \tag{16}$$

$$\alpha^*=\frac{\varphi^4(c\rho\sigma^2-\varphi^2)}{2c(\varphi^2+c\rho\sigma^2)^2} \tag{17}$$

$$U_p^*=\frac{\varphi^4}{2c(\varphi^2+c\rho\sigma^2)} \tag{18}$$

根据上述结果，我们发现：对于买家来说，其评价的翔实程度 q 与其评价成本系数 c、风险态度 ρ 以及评价影响力的随机性 σ^2 成反比，表明买家给出评价的成本越高，或其越厌恶风险，或者其评价影响力越不确定能发挥作用，则不越不愿给出翔实的评价。

其次，如图 1 所示，对于平台来说，其对买家评价的可变激励水平 β 居然是和买家的风险态度 ρ 以及评价影响力的随机性 σ^2 也成反比。这表明，当买家越厌恶风险、评价影响力越不确定，平台就越不愿意提高可变激励水平。这一点好像有违直观，背后的逻辑则主要是从平台的利益来看，根据式(18)，可以发现买家的风险厌恶水平和评价影响力的不确定性的提高都会导致其收益下降。因此，从平台的角度来看，自然在这种情况下，就不愿通过提高可变激励水平来激励买家进行反馈了。

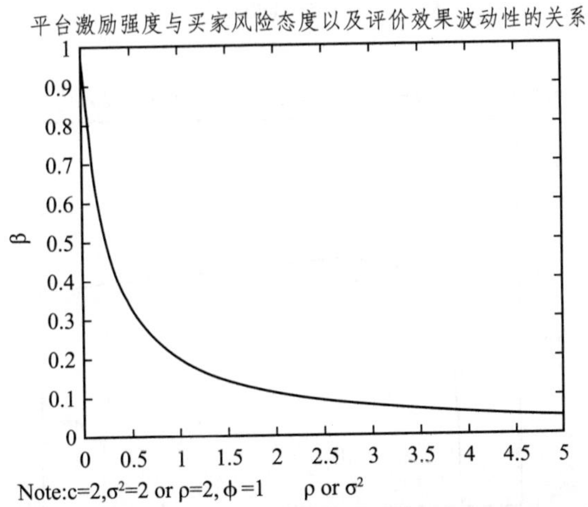

图 1　平台的可变激励水平与买家风险态度和评价效果的波动性的关系

同时，由式（19）和图 2 可知，平台对买家评价的可变激励水平 β 与买家评价对平台收益的综合影响系数 φ 成正比。这一点很符合经济直观，买家评价对平台收益的综合影响越大，平台越愿意付出更多努力激励买家进行更加翔实的评价，因此对买家每增加一单位评价的可变激励水平越高。

$$\frac{\partial\beta}{\partial\varphi}=\frac{2\varphi c\rho\sigma^{2}}{(\varphi^{2}+c\rho\sigma^{2})^{2}}>0 \tag{19}$$

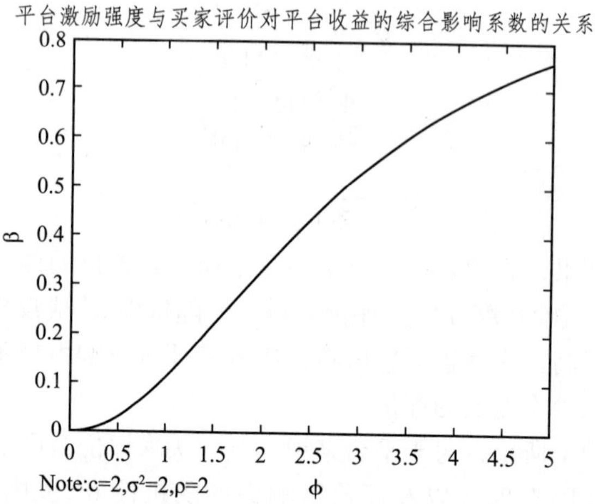

图 2 平台的可变激励水平与买家评价对平台收益的综合影响系数的关系

最后，如图 3 所示，对于平台的固定激励水平 α，它和买家的风险态度与评价效果的波动性的关系并非单调的，而是会根据买家进行评价的成本范围有所调整。具体地，根据下式，

$$\frac{\partial\alpha}{\partial\rho}=\frac{\varphi^{4}\sigma^{2}(3\varphi^{2}-c\rho\sigma^{2})}{2(\varphi^{2}+c\rho\sigma^{2})^{3}} \tag{20}$$

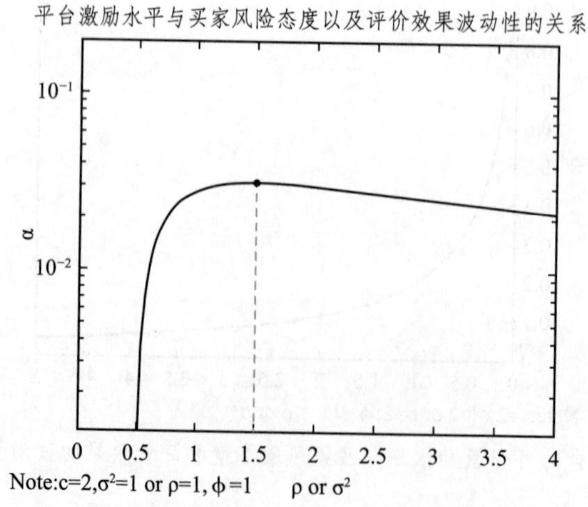

图 3 平台的固定激励水平与买家风险态度和评价效果的波动性的关系

可以发现，当$0<c<\frac{3\varphi^2}{\rho\sigma^2}$时，α 与 ρ 成正比；$c>\frac{3\varphi^2}{\rho\sigma^2}$时，α 与 ρ 成反比。

$$\frac{\partial\alpha}{\partial\sigma^2}=\frac{\varphi^4\rho(3\varphi^2-c\rho\sigma^2)}{2(\varphi^2+c\rho\sigma^2)^3} \tag{21}$$

当$0<c<\frac{3\varphi^2}{\rho\sigma^2}$时，α 与 σ^2 成正比；$c>\frac{3\varphi^2}{\rho\sigma^2}$时，α 与 σ^2 成反比。

同时，如图 4 所示，平台的固定激励水平 α 和买家评价对平台收益的综合影响系数的关系也是非单调的。具体的，如下式：

$$\frac{\partial\alpha}{\partial\varphi}=\frac{\varphi^3(2c^2\rho^2\sigma^4-3\varphi^2c\rho\sigma^2-\varphi^4)}{c(\varphi^2+c\rho\sigma^2)^3} \tag{22}$$

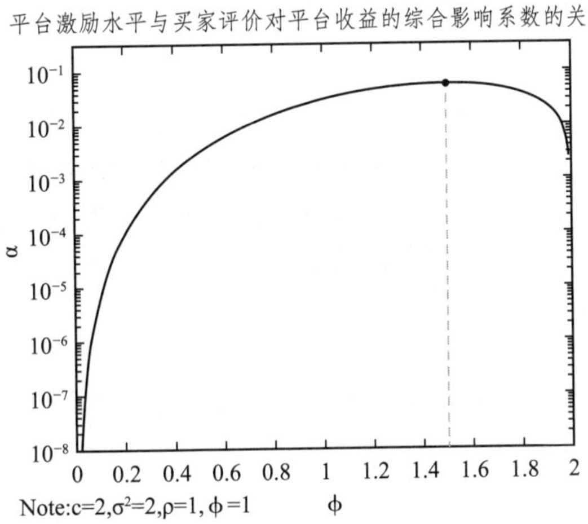

图 4　平台的固定激励水平与买家评价对平台收益的综合影响系数的关系

当$0<\varphi^2<\frac{\sqrt{17}c\rho\sigma^2-3}{2}$时，α 与 φ 成正比；$\varphi^2>\frac{\sqrt{17}c\rho\sigma^2-3}{2}$时，α 与 φ 成反比。这是因为，平台企业在不同的发展阶段，其收益受买家评价的影响不同。当买家评价对平台收益的综合影响总体较小时，平台固定激励水平随买家评价对平台收益的综合影响系数的提高而提高；当买家评价对平台收益的综合影响总体较大时，平台固定激励水平随买家评价对平台收益的综合影响系数的提高而降低。由此可以看出，在平台成长期，即当买家评价对平台收益的影响小于平台初创期且大于成熟期时，平台对买家评价的固定激励水平达到最高点。平台成长期是平台能否迅速积累有效用户从而成长为大型平台的关键时期，因此，平台愿意对买家进行更高水平的固定激励来促进买家进行更加翔实的评价。

根据以上讨论，我们可以得出如下命题：

命题 1：当不存在卖家干扰时，平台对买家评价的可变激励水平 β 和买家的风险态度以及评价效果的波动性都成反比，和买家评价对平台收益的综合影响系数成正比。平台对买家评价的固定激励水平 α 和买家风险态度、评价效果的波动性呈非单调关系：当评价成本系数 c 处于$\left(0, \frac{3}{\rho\sigma^2}\right)$时，固定激励水平和买家风险态度、评价效果的波动性成正比；当 c 处于$\left(\frac{3}{\rho\sigma^2}, +\infty\right)$时，固定激励水平和买家风险态度、评价效果的波动性成反比。同时，平台对买家评价的固定激励水平 α 也和买家评价对平台收益的综合影响系数 φ 呈非单调关系：当$0<\varphi^2<\frac{\sqrt{17}c\rho\sigma^2-3}{2}$时，固定激励水平和综合影响系数成正比；当$\varphi^2>\frac{\sqrt{17}c\rho\sigma^2-3}{2}$时，固定激励水平和综合影响系数成反比。

命题 1 所反映的经济直观含义为，当买家的评价成本系数不高时，而其风险态度越高，或者其评价效果给平台带来的收益波动越大，平台通过提高固定激励水平，降低可变激励水平来对买家进行激励；当买家的评价成本系数比较高时，那么如果他的风险态度越高，评价效果越不稳定，则平台企业从自身利益的角度，反倒会降低激励强度，既降低固定激励水平，也会降低可变激励水平。

三、纳入卖家干扰的激励机制设计

（一）参数设定

我们的第二个模型将卖家的干扰行为纳入进来。卖家的干扰行为包含好评有礼和差评骚扰两类。我们用 w_s 和 c_s 两个变量刻画卖家干扰，其中 w_s 是卖家给好评有礼的程度，c_s 是卖家给出差评骚扰的程度。现实中，好评有礼的形式可能是以红包的方式送给消费者一定的货币报酬，差评骚扰的形式可能是骚扰电话等。为了便于分析，我们在模型中用货币来衡量这两个变量，并假定这两个变量为外生变量。另外，我们设定 p 为整个平台中诚信交易的概率，p 也是一个外生变量。引入这一参数的目的是想刻画买家进行评价时的平台交易环境，该环境会影响卖家进行干扰的程度。

整个博弈的过程中，双方策略的关键依旧在于：平台决定给出激励的程度，反映在参数 α 和 β 的大小及结构上；买家决定是否给出评价，以及给出评价的翔实程度。

在考虑卖家的情况下，买家的效用函数应考虑两种情境：

诚实交易下，买家给出翔实的评价会得到额外的卖家给出的好评有礼：

$$w=\alpha+\beta(\varphi\cdot q+\theta)+w_s\cdot q-\frac{c}{2}\cdot q^2 \tag{23}$$

欺诈交易下，买家给出翔实的评价会受到卖家的差评骚扰，因而成本会增加：

$$w=\alpha+\beta(\varphi\cdot q+\theta)-\frac{c}{2}\cdot q^2-c_s\cdot q \tag{24}$$

因此，买家的期望效用为：

$$E(w)=\alpha+\beta(\varphi\cdot q+\theta)-\frac{c}{2}\cdot q^2+p\cdot w_s\cdot q-(1-p)\cdot c_s\cdot q \tag{25}$$

确定性等价收入为：

$$W_b=E(w)-\frac{\rho\beta^2\sigma^2}{2}=\alpha+\beta\cdot\varphi\cdot q-\frac{c}{2}\cdot q^2-\frac{\rho\beta^2\sigma^2}{2}+p\cdot w_s\cdot q-(1-p)\cdot c_s\cdot q \tag{26}$$

平台期望收益的表达式为：

$$U_p=\pi-S=(1-\beta)\varphi\cdot q-\alpha \tag{27}$$

（二）均衡解

首先考虑平台企业激励机制设计需满足买家的参与约束和激励相容约束。买家的参与约束可以表述如下：

$$\alpha+\beta\cdot\varphi\cdot q-\frac{c}{2}\cdot q^2-\frac{\rho\beta^2\sigma^2}{2}+p\cdot w_s\cdot q-(1-p)\cdot c_s\cdot q\geqslant 0(IR) \tag{28}$$

激励相容约束可以表述如下：

$$\frac{\partial W}{\partial q}=\beta\cdot\varphi-c\cdot q+p\cdot w_s-(1-p)\cdot c_s=0(IC) \tag{29}$$

所以，卖家干扰下，平台对买家的评价激励问题可以表达为：

$$\text{Max}U_p=(1-\beta)\cdot\varphi\cdot q-\alpha \tag{30}$$

$$\text{s.t. }(IR)\alpha+\beta\cdot\varphi\cdot q-\frac{c}{2}\cdot q^2-\frac{\rho\beta^2\sigma^2}{2}+p\cdot w_s\cdot q-(1-p)\cdot c_s\cdot q=0 \tag{31}$$

$$(IC)\beta\cdot\varphi-c\cdot q+p\cdot w_s-(1-p)\cdot c_s=0 \tag{32}$$

为简化求解，我们令 $m\equiv p\cdot w_s-(1-p)\cdot c_s$，m 表示卖家干扰给买家评价带来的预期收益，衡量了卖家对买家评价干扰的正向程度。当 $m>0$，$pw_s>(1-p)c_s$，说明卖家的正向干扰（好评有礼）给买家评价带来的预期收益大于负向干扰（差评骚扰），这时要么平台中要么诚信交易占比居多，要么卖家的干扰手段以好评有礼为主，整体上对于买家来说，都属于交易环境比较好的情形。当 $m<0$ 时，则表明卖家骚扰更严重，或者平台中诚信占比低，整体交易环境对于买家来说比较差。

同样地，通过拉格朗日法求解，可得：

$$q^{**}=\frac{\varphi^3}{c(\varphi^2+c\rho\sigma^2)}+\frac{m}{c} \tag{33}$$

$$\beta^{**}=\frac{\varphi^2}{\varphi^2+c\rho\sigma^2} \tag{34}$$

$$\alpha^{**}=\frac{\varphi^4(c\rho\sigma^2-\varphi^2)}{2c(\varphi^2+c\rho\sigma^2)^2}-\frac{\varphi^3 m}{c(\varphi^2+c\rho\sigma^2)}-\frac{m^2}{2c} \tag{35}$$

$$U_p^{**}=\frac{\varphi^4}{2c(\varphi^2+c\rho\sigma^2)}+\frac{\varphi m}{c}+\frac{m^2}{2c} \tag{36}$$

根据上述结果，我们发现：对于买家来说，其评价的翔实程度 q 与其评价成本系数 c、风险态度 ρ 以及评价影响力的波动性 σ^2 成反比，表明买家给出评价成本系数越高，或其越厌恶风险，或者其评价影响力越不确定能发挥作用，则不越不愿给出翔实的评价。而其评价的翔实程度 q 与卖家干扰的正向程度 m 成正比，表明市场诚信度越高或卖家对买家的好评有礼力度越大，买家越愿意给出翔实的评价。

如图 5 和图 6 所示，平台对买家评价的可变激励水平 β 依然和买家的风险态度 ρ 以及评价影响力的波动性 σ^2 成反比，和买家评价对平台收益的综合影响系数 φ 成正比，与前文没有卖家干扰的模型结果相同。

与前文中没有卖家干扰的模型不同的是，平台固定激励水平 α 与买家风险态度、评价效果的波动性都随卖家干扰程度的不同，呈现非单调关系。具体分析如下：

根据式（37），

$$\frac{\partial\alpha}{\partial\rho}=\frac{\varphi^3\sigma^2[(2m+3)\varphi^3+(2m-\varphi)c\rho\sigma^2]}{2(\varphi^2+c\rho\sigma^2)^3} \tag{37}$$

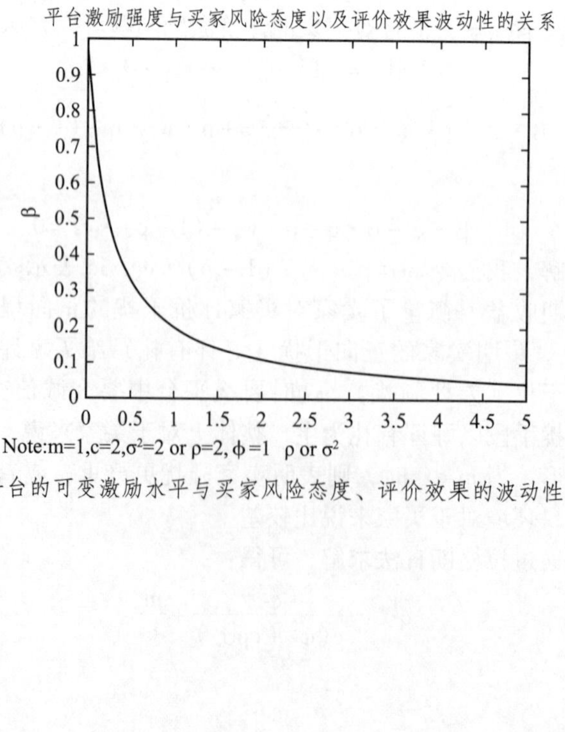

图 5 平台的可变激励水平与买家风险态度、评价效果的波动性的关系

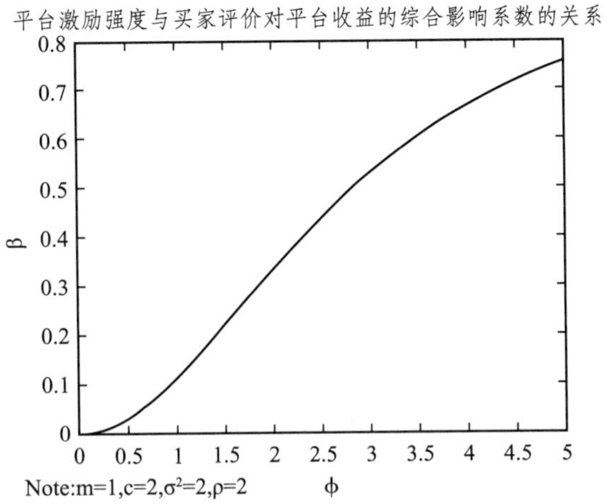

图6　平台的可变激励水平与买家评价对平台收益的综合影响的系数的关系

当 $m<-1.5$ 时，α 与 ρ 成反比；当 $-1.5<m<\frac{\varphi}{2}$ 时，若 $c<\frac{(2m+3)\varphi^3}{\rho\sigma^2(\varphi-2m)}$，$\alpha$ 与 ρ 成正比，若 $c>\frac{(2m+3)\varphi^3}{\rho\sigma^2(\varphi-2m)}$，$\alpha$ 与 ρ 成反比；当 $m>\frac{\varphi}{2}$ 时，α 与 ρ 成正比。

类似地，根据式（38），

$$\frac{\partial\alpha}{\partial\sigma^2}=\frac{\varphi^3\rho[(2m+3)\varphi^3+(2m-\varphi)c\rho\sigma^2]}{2(\varphi^2+c\rho\sigma^2)^3} \tag{38}$$

当 $m<-1.5$ 时，α 与 σ^2 成反比；当 $-1.5<m<\frac{\varphi}{2}$ 时，若 $c<\frac{(2m+3)\varphi^3}{\rho\sigma^2(\varphi-2m)}$，$\alpha$ 与 σ^2 成正比，若 $c>\frac{(2m+3)\varphi^3}{\rho\sigma^2(\varphi-2m)}$，$\alpha$ 与 σ^2 成反比；当 $m>\frac{\varphi}{2}$ 时，α 与 σ^2 成正比。

此结果如图7所示：在图7中，横轴为买家的风险态度和评价效果的波动性，纵轴表示固定激励水平。

同时，平台固定激励水平 α 也与买家评价对平台收益的综合影响系数 φ 随卖家干扰程度的不同，呈现非单调关系。根据式（39），

$$\frac{\partial\alpha}{\partial\varphi}=\frac{-\varphi^2(\varphi^5+m^2\varphi^4+3c\rho\sigma^2\varphi^3+4m^2c\rho\sigma^2\varphi^2-2c^2\rho^2\sigma^4\varphi+3m^2c^2\rho^2\sigma^4)}{c(\varphi^2+c\rho\sigma^2)^3} \tag{39}$$

平台固定激励水平 α 对买家评价对平台收益的综合影响系数 φ 的导数是 φ 的高次函数，其函数形态较为复杂。直观起见，我们选取与图7中相同的三个卖家干扰水平，来作图观察平台固定激励水平 α 与买家评价对平台收益

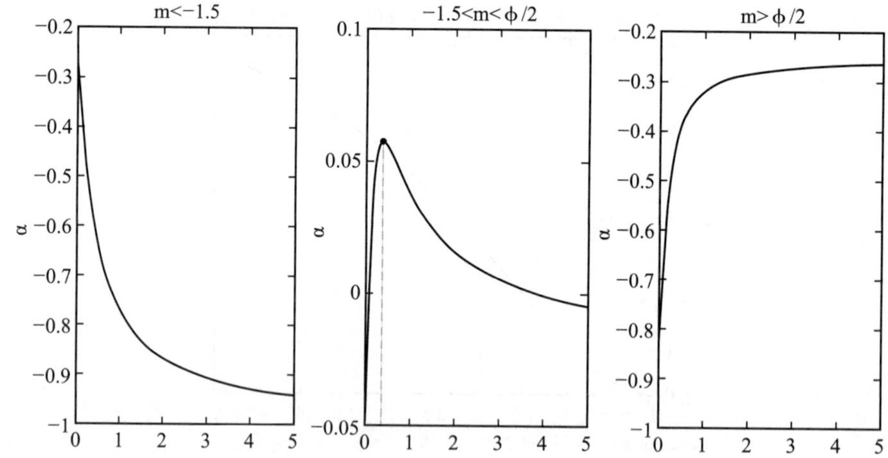

Note:m=−2(left),−0.3(middle),1(right),c=2,σ²=2 or ρ=2, ϕ=1　　ρ or σ²

图 7　平台固定激励水平与买家风险态度、评价效果波动性的关系

的综合影响系数 φ 的关系，结果如图 8 所示。

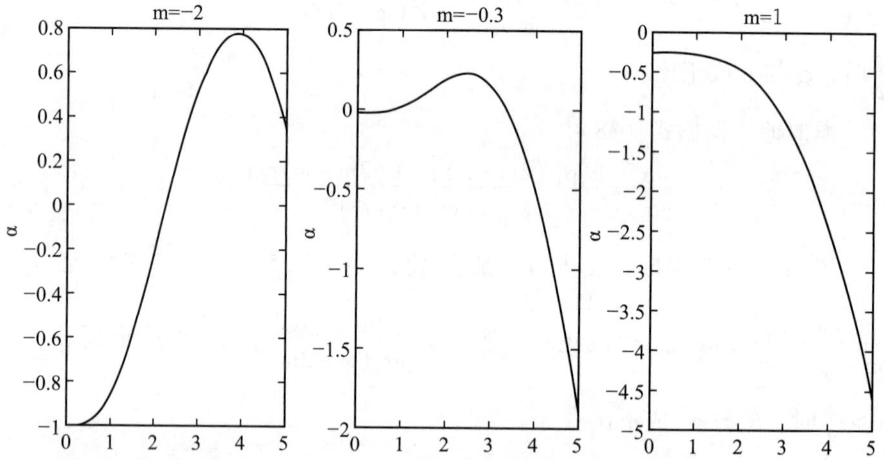

Note:c=2,σ²=2,ρ=2　　ϕ

图 8　平台固定激励水平与买家评价对平台收益的综合影响系数的关系

由图 8 可知，当卖家干扰为负向时，当买家评价对平台收益的综合影响系数较小时，平台固定激励水平与综合影响系数成正比，当买家评价对平台收益的综合影响系数较大时，平台固定激励水平与综合影响系数成反比；当卖家干扰为正向时，平台固定激励水平与买家评价对平台收益的综合影响系数成反比。这一结果可以初步说明，卖家对买家评价的正向干扰可以对平台的固定激励起到替代作用。

归纳以上讨论，我们有如下命题：

命题2：当存在卖家干扰时，平台对买家评价的可变激励水平β和买家的风险态度以及评价效果的波动性都成反比，和买家评价对平台收益的综合影响系数φ成正比。平台的固定激励水平α和买家风险态度以及评价效果的波动性根据卖家干扰的正向程度不同而呈不同的非单调关系：当$m<-1.5$时，固定激励水平与买家风险态度以及评价效果的波动性成反比；当$-1.5<m<0.5$时，若$c<\frac{2m+3}{\rho\sigma^2(1-2m)}$，固定激励水平与买家风险态度以及评价效果的波动性成正比，若$c>\frac{2m+3}{\rho\sigma^2(1-2m)}$，固定激励水平与买家风险态度以及评价效果的波动性成反比；当$m>0.5$时，固定激励水平与买家风险态度以及评价效果的波动性成正比。同时，平台的固定激励水平α也和买家评价对平台收益的综合影响系数根据卖家干扰的正向程度不同而呈不同的非单调关系：当卖家干扰为负向时，当买家评价对平台收益的综合影响系数较小时，平台固定激励水平与综合影响系数成正比，当买家评价对平台收益的综合影响系数较大时，平台固定激励水平与综合影响系数成反比；当卖家干扰为正向时，平台固定激励水平与买家评价对平台收益的综合影响系数成反比。

命题2所反映的评价激励设计的直观含义是，当市场交易环境较差，卖家的负向干扰较多时，平台对买家评价的激励强度会随着买家的风险态度提高以及评价效果波动性提高而下降：即固定激励水平和可变激励水平都会下降。原因是，当负向干扰较多时，如果买家风险态度高，其评价效果波动性又比较大，平台要激励卖家做出翔实评价，就需要付出较高的激励成本，会降低其收益水平，因此平台此时会降低激励水平；反过来，当市场较好时，卖家的正向干扰比较多时，即使买家的风险态度高，评价效果波动性大，但平台也愿意提高固定激励水平，适度降低可变激励水平，因为此时，这些评价从总体上会提高平台收益。当市场中卖家正向和负向干扰在一定范围时，平台的激励机制就需要根据买家的评价成本系数进行调整：当评价成本较小时，平台愿意随着用户风险态度和评价效果波动性的增加来提高固定激励水平，吸引用户进行翔实评价；而当用户评价成本系数较高时，平台则不愿意提高激励强度，反倒随着用户的风险态度和评价效果波动性的提升而降低固定激励水平。

四、对比分析

接下来，我们将对两个模型的均衡解进行对比分析。首先，我们比较存在卖家干扰和不存在卖家干扰的两种情况下买家评价的翔实程度的变化，即：

$$\Delta q=q^{**}-q^{*}=\frac{m}{c} \tag{40}$$

我们可以发现，评价的翔实程度的变化（Δq）取决于卖家采取干扰行为的正向程度（m），m 越大，Δq 越大。当 $m>0$，即卖家干扰为正向干扰时，与不存在卖家干扰相比，买家评价的翔实程度会提高；反之，当 $m<0$，即卖家干扰为负向干扰时，与不存在卖家干扰相比，买家评价的翔实程度会降低。即，正向的卖家干扰可以起到正向作用，提高评价的翔实程度；负面的卖家干扰可以起到消极作用，降低评价的翔实程度。

接下来，我们来考察卖家干扰对平台收益的影响。根据式（18）和式（36），有式（41）：

$$\Delta U = U_p^{**} - U_p^{*} = \frac{m\varphi}{c} + \frac{m^2}{2c} \tag{41}$$

其中，ΔU 代表存在卖家干扰和没有卖家干扰的均衡收益之差。经简单计算可以发现，当 $m>0$ 及 $m<-2\varphi$ 时，$\Delta U>0$。

这表明卖家的干扰策略可以在两种情况下能提高平台的均衡收益：一是平台中诚信交易占比较大，且卖家干扰的策略更多采用好评有礼时；二是平台中欺诈交易占比较多且卖家干扰的策略主要为差评骚扰时。

第一种情形意味着当平台诚信环境较好，卖家干扰会以好评有礼为主。该情形中卖家策略能激发充分的翔实评价，和平台收益形成了良性互动，平台交易量提升给平台带来的收益高于其激励成本的增加，故平台收益是上升的。而第二种情形中，平台的不诚信交易占比较多，同时卖家的差评骚扰泛滥，这会使得买家评价的翔实程度下降。这不仅使得评价对其他消费者参考价值下降，从而对平台的销售额也影响不大，也使得平台企业因此节约了激励买家的成本，二者相抵的话，反倒提高了平台企业的净收益。

这一点在现实平台评价管理中也可以观察到。一些诚信度较高的平台上，如京东、天猫，我们往往可以看到卖家往往会通过发红包等好评有礼的方式来激励买家的评价，买家也往往给出较为翔实的评价，平台对此类干扰行为也往往不会进行严厉监管。而在一些诚信度较差的平台上，卖家更愿意采用差评骚扰的方式干预用户评价，此时用户往往不予评价或简单评价，评价相识度下降，平台往往也不会采用力度较大的激励措施去激励用户做出如实评价。

最后，我们分析卖家干扰对平台激励方式的影响。一方面，两个模型中 β 的均衡解是相同的，表明卖家干扰不会影响平台的可变激励水平；另一方面，α 的均衡解出现了变化，意味着平台的固定激励水平需要改变。实际上，纳入卖家干扰后，平台对买家的固定激励水平具体是变大还是变小，取决于 m 的值。

$$\Delta\alpha = \alpha^{**} - \alpha^{*} = -\frac{m}{c}\left(\frac{m}{2} + \frac{\varphi^3}{\varphi^2 + c\rho\sigma^2}\right) \tag{42}$$

当 $m>0$ 时，平台上存在积极的卖家干扰，此时 $\Delta\alpha<0$，卖家干扰策略

降低了平台的固定激励水平。当平台上的卖家干扰以正向为主时，可以对平台激励起到替代作用，所以会降低平台的固定激励水平。当 $m < -\frac{2\varphi^3}{\varphi^2 + c\rho\sigma^2}$ 时，平台上存在特别消极的卖家干扰，此时 $\Delta\alpha < 0$，卖家干扰策略降低了平台的固定激励水平。当平台上的卖家干扰特别消极时，也会替代平台的固定激励水平，此时买家在卖家严重的差评骚扰下不愿意去做评价，平台提高固定激励水平只会降低收益，因此平台会降低固定激励水平。当 $-\frac{2\varphi^3}{\varphi^2 + c\rho\sigma^2} < m < 0$ 时，平台上存在比较消极的卖家干扰，此时 $\Delta\alpha > 0$，卖家干扰策略提高了平台的固定激励水平。此时卖家的负向干扰水平较低，平台愿意提高固定激励水平来抵消卖家的负向干扰。

同时，根据式（43）：

$$\frac{\partial \Delta\alpha}{\partial \varphi} = -\frac{m(\varphi^4 + c\rho\sigma^2)}{c(\varphi^2 + c\rho\sigma^2)^2} \tag{43}$$

当 $m > 0$ 时，平台的固定激励水平变动与买家评价对平台收益的综合影响系数成反比；当 $m < 0$ 时，平台的固定激励水平变动与买家评价对平台收益的综合影响系数成正比。这一结论也是对平台激励与卖家干扰的替代关系的一个体现：当存在正向的卖家干扰时，平台的固定激励水平随买家评价对平台收益的综合影响系数的增加而降低；当存在负向的卖家干扰时，平台的固定激励水平随买家评价对平台收益的综合影响系数的增加而升高，来抵消卖家的负向干扰。

因此，我们可以得出如下命题：

命题3：和没有卖家干扰相比，在卖家干扰下，平台对买家评价的可变激励水平不变，但固定激励水平会有变化。当存在正向的或者特别消极的卖家干扰行为时，平台企业设置相对更低的固定激励水平。相反，当存在比较消极的卖家干扰行为时，平台企业会适当提高固定激励水平。

命题3首先表明，当平台对用户评价激励机制设计时，可变激励部分几乎不受卖家干扰的影响，主要是受买家的评价成本系数、风险态度以及评价效果波动性等特征参数的影响。固定激励部分则受卖家干扰比较严重和复杂：当卖家的干扰行为整体是正向的时候，平台可以降低平台的固定激励水平，从而降低平台对所有买家激励所付出的成本，实质是因为卖家的好评有礼形成了对平台激励的良好补充。另外，当卖家干扰行为整体是非常严重的负向时，平台也会降低固定激励水平，因为此时平台激励已经见效甚微，买家受到的骚扰导致他不会做出翔实的评价。只有在卖家的负向干扰相对于正向干扰不太严重时，平台为激励买家进行评价，才会提高固定激励水平。

五、在线交易平台激励政策分析

我们主要考察了淘宝、京东以及亚马逊这三家当前主流的在线商品交易平台的评价激励政策。这几家平台都对买家的评价反馈行为提供一定的激励，而具体的激励机制又存在一定的差异，非常适合进行对比分析。

首先，这三家平台对买家的激励形式不同。第一种激励形式是提供直接经济激励，比如京东，以京豆作为奖励载体，根据评价字数、是否晒单、商品价格等决定送给买家京豆的数量，而京豆能以100:1的比例抵扣现金，可在未来的订单中抵扣货款；第二种是以售后服务等方式激励，比如淘宝，以淘气值作为奖励载体，淘气值对应着淘宝的会员等级，根据会员等级，买家可以享有在线客服、退货保障卡、极速退款、购物奖励、换肤权益、生日权益等会员特权；第三种是通过身份认可等来激励买家评价，比如亚马逊会对做出详细和认真评价的买家奖励荣誉勋章，表示官方对其身份的肯定。下面，我们逐一分析这三个平台的激励政策。

京东的激励以京豆作为奖励载体，并将政策直接公布在网站上，十分明确。京东的激励规则中设有激励门槛和一定的激励强度。激励门槛值指的是评价需要满足一定的条件才能得到激励。京东的政策中规定了评价字数需要大于10个字才可以获得京豆，这10个字便对应着京东的激励门槛值。激励强度是指对更翔实的评价给更高的激励。京东的政策是和字数或是否晒单直接相关，即京东将字数和晒图看作衡量评价的翔实程度的指标。京东的评价激励政策具体如表1所示。

表1 京东评价送京豆政策

送京豆方式	商品价格（元）	京豆数量（个）
评价送京豆（字数≥10）	20 < 京东价 < 100	10
	京东价≥100	20
晒单送京豆	20 < 京东价 < 100	10
	京东价≥100	20
物流服务评价送京豆	京东配送订单金额 > 200	10

资料来源：京东京豆说明，https：//help. jd. com/user/issue/167－332. html。

其中，京东将100字以上且带图的评价认定为优秀评价，奖励双倍京豆，而与其他评价内容重复超过30%的评价则会被认定为无效评价，会被折叠。

淘宝的评价激励规则与会员体系挂钩。淘气值决定了买家的会员等级，而淘气值则由购物金额、购物次数、评价、互动等决定，其中购物分占主导。其中，只要发布评价就有机会获取淘气值，而高水平评价可以获得随机价值的红包。淘宝对高水平评价的定义是“10 字以上，带图，有参考价值”。然而，平台没有将更具体的激励规则公布给买家。不过，根据淘宝用户的反馈，激励规则同样和评价字数相关，评论超过 80 字可以得 50 分淘气值①。相对于京东，淘宝的激励强度较弱，但激励方式较灵活。

亚马逊的评价激励规则完全抛弃经济激励的做法。亚马逊一贯秉承“客户体验至上”，它清楚地规定：不允许任何人带有经济利益目的地评论一个产品。而关于评价规则的页面则十分简洁，仅仅介绍了一条好的评价的标准，并鼓励大家分享对商品的评价。但是亚马逊做了一个优秀评论者的排行榜，会在名人堂表彰在过去几年排名较高的评论者，并且对相应的评论者标签化，如“前 1000 名评论人”，这也是对买家评价的一种激励。

对比下来，三个平台的激励强度存在差别。京东对买家评价的直接经济激励强度最大，淘宝次之，亚马逊最弱。具体比较结果如表 2 所示。

表 2　京东、淘宝和亚马逊评价激励方式对比

电商	买家评价激励	卖家干扰
京东	以京豆的方式进行激励，京豆可以抵现，也可以获得会员服务 激励规则明确，但不够灵活，激励强度较大	禁止好评返现
淘宝（天猫）	淘气值：对应着会员体系，积分越高，能享受的会员服务越多。无法直接变现。激励规则不公开，激励门槛值明确（10 个字以上，带图。） 激励规则不明确，比较灵活	禁止好评返现
亚马逊	无任何经济激励，不提倡以任何经济激励的方式影响人们的评价。 名誉激励	一律为违规

其次，几乎所有平台中都存在卖家干扰。这些干扰既包括“好评有礼”之类的正向干扰，也包括“差评骚扰”之类的负向干扰。从三家的平台管理政策来看，都有对卖家干扰行为的管理举措。

京东直接发布禁止卖家好评返现的规则。一方面，由于京东自营占主流，本身好评返现和差评骚扰就不普遍；另一方面，自建物流使京东能够通过检查包裹的方式来惩处好评返现，因而京东禁止好评返现较有成效。

① 在淘宝网站上，有不少买家留下的评价信息如下：“以前在淘宝买东西都是系统自动评价的，后来才知道可以涨淘气值，才知道评论的重要性，所以以后无论要买什么东西都要把这句话复制粘贴下来，然后再写宝贝评论，没错，评论 80 字可以得 50 积分，字数凑够了，非常感谢大家观看。”

淘宝对卖家干扰同样是明令禁止的，但是卖家干扰依旧比较严重。针对好评返现，淘宝因为没有自建物流，抽检难度较大，只能通过线上检查、买家举报等方式发现违规情况。但是卖家在包裹中偷偷进行好评返现的现象非常普遍，且买家往往不会举报这种情况，平台也就无从知晓，更无法管理。针对差评骚扰，淘宝的管理同样力不从心。由于卖家众多，质量良莠不齐，淘宝中存在一些不良卖家，用一些恶劣的手段诱导或胁迫买家删除差评。

亚马逊对卖家干扰一律杜绝，并进行严格实施，多次对卖家的“刷单刷评”行为进行封号和法律起诉。在 2018 年春节时期，因发现大量中国卖家存在刷单刷评的行为，亚马逊再一次进行了大规模的封杀。①

综合以上，我们发现，这三个平台都会对买家进行激励，而表现形式存在差别。激励的规则中，存在一定的门槛，比如京东需要在 10 个字以上，而淘宝需要在 10 个字以上、带图、追评。总体而言，在固定激励水平方面，京东 > 淘宝 > 亚马逊，在可变激励水平方面，京东 > 淘宝 > 亚马逊。

由于消费者的风险态度以及评价效果波动性数据不易获得，因此我们主要对命题三进行验证。

我们首先考察各个平台上卖家干扰的程度。我们在百度搜索“淘宝 差评骚扰”“淘宝 好评激励”“淘宝 假货”；“京东 差评骚扰”“京东 好评激励”“京东 假货”；以及“亚马逊 差评骚扰”“亚马逊 好评激励”“亚马逊 假货”这些关键词，搜索结果数量如表 3 所示。

表 3 百度关键词搜索词条数对比 单位：条

	淘宝	京东	亚马逊
卖家骚扰	33700000	100000000	5660000
好评激励	3190000	5480000	2310000
假货	37700000	24300000	9680000

注：搜索日期为 2020 年 10 月 9 日。

百度搜索的词条数量初步显示，淘宝和京东中都存在比较消极的卖家干扰手段，亚马逊的卖家干扰整体比较微弱。并且，淘宝的假货现象比京东更为严重。2015 年，工商总局对网购平台进行质量检测的抽查结果显示，淘宝的正品率仅为 37.25%，天猫的正品率为 85.71%，京东的正品率为 90%②。结合这两个数据，我们可以大致推测京东上的诚信交易的比例高于淘宝（天猫）。对应到模型中的概念，我们判断，综合卖家干扰和诚信交易两个因素，京东和淘宝上的卖家干扰都属于“比较消极”的水平。此时，相比于亚马逊

① 资料来源：搜狐科技，http：//www. sohu. com/a/224997337_117373。

② 资料来源：搜狐新闻，http：//news. sohu. com/20150128/n408120609. shtml。

的评价激励政策，京东和淘宝的评价激励政策中固定激励门槛相对较低，即固定激励水平较高，与命题3一致。

接下来，我们考察平台评价激励政策的实行效果。由于这些平台都有一定的反爬虫策略，数据不易获得，因此我们分别在京东和淘宝①两个平台上对同一商品②选取销量最高的五家店铺，分析这五家店铺的此种商品在2020年10月1～7日的评价数据，来进行简略的数据分析，结果如表4所示。

表4　京东与淘宝七日评价对比分析

店铺归属平台	店铺序号	评价总数	有效评价比例	评价平均长度
淘宝（天猫）	1	42	0.50	30
	2	456	0.33	25
	3	33	0.39	17
	4	373	0.04	15
	5	217	0.04	14
京东	1	82	0.55	37
	2	31	0.55	25
	3	15	0.53	73
	4	127	0.95	32
	5	17	0.59	25

按照京东和淘宝的评价政策，重复率过高或文字无意义的评价会被折叠。表4中的评价总数指被展示的评价与被折叠的评价的数值加总；有效评价比例指被展示的评价占总评价数的比例；评价平均长度计算的是被展示的评价的平均长度。

由表4可知，尽管在这七天中淘宝的评价总数高于京东，但是京东的有效评价比例（单边T检验，$P=0.008$）和平均评价长度（单边T检验，$P=0.045$）均高于淘宝。这表明，平台制定的评价激励政策可以从评价内容和评价长度两方面有效激励买家进行更加翔实的评价。并且，当两平台上都存在比较消极的卖家干扰行为时，具有更高固定激励水平的平台，可以吸引买家进行更多内容更加丰富、信息含量更高的评价，这一结果进一步证明命题三的有效性。

① 一方面，亚马逊没有任何直接经济激励，很难进行数据上的对比分析；另一方面，亚马逊多数商品只有评分，没有详细评价，因而在这一部分未将亚马逊纳入进来。

② 为保证此商品同时在淘宝和京东上售卖，且售卖店家既有京东自营店铺也有第三方店铺，我们选取耐克AirMax运动鞋进行数据统计与分析。

以上案例和数据分析可以初步地得出以下结论：第一，平台对买家评价的激励很普遍，特别是基于评价的翔实程度的激励已经被各大平台采纳，更准确地说，平台激励可以看成由固定激励水平和可变激励水平两部分构成，并且，买家对激励是比较敏感的，也证明平台激励是一种能够促进翔实评价的有效手段；第二，当存在比较消极的卖家干扰时，平台的固定激励水平较高，当存在微弱的卖家干扰时，平台的固定激励水平较低；第三，当平台上存在比较消极的卖家干扰时，平台的固定激励水平越高，越能激励买家进行更加翔实的评价。这些结论和我们理论模型基本吻合，同时也对建模的思路有支撑作用。

六、结论及建议

（一）主要结论

本文考察了存在卖家干扰情况下，平台对买家评价反馈行为的激励机制设计。和现有文献相比，我们更加强调如何提高买家评价的翔实程度，以对潜在买家提供更多信息。根据这一思路，我们得出一些比较富有新意的结论：

第一，无论有没有卖家干扰，平台的可变激励水平都和买家的绝对风险规避程度成反比，同时也和买家的评价效果波动性成反比，但与买家评价对平台收益的综合影响系数成正比。这一点非常符合经济直观，也符合现实的激励政策设计。

第二，和没有卖家干扰相比，平台的固定激励水平受卖家干扰影响较大。平台对买家的固定激励水平，具体是变高还是变低，取决于卖家干扰行为总体的正向程度。当卖家干扰整体倾向于正向的时候，卖家干扰能够降低平台的固定激励水平，降低平台激励的成本，这意味着此时，卖家的正向干扰在一定程度上替代了平台的激励功能。

第三，对于买家的评价翔实度来说，当卖家干扰为正向时，可以提高评价翔实度水平，反之，会降低翔实度水平。而对平台企业来说，卖家干扰不见得一定会损害平台利益，当存在总体效用为正卖家干扰时，卖家干扰可以提高平台的收益，反之，则会降低平台收益。

我们得出的上述结论，得到了一些经验检验文献的支持。比如，Li et al.（2016）通过淘宝数据研究的卖家“评价有礼”机制，结果表明该机制确实能促进买家评价，更重要的是起到信号传递的作用，即优质的卖家更倾向于选择该机制，且买家能够识别这一信号，形成对单一的评价反馈系统的补充。汪旭晖、张其林（2017），Fradkin（2018）也指出，卖家的正向干扰行为具备一定的合理性。

在理论分析上，和现有的文献相比，我们主要的创新在于是从平台的角度来考虑对买家评价的激励。Dellarocas（2006）通过建模讨论卖家操纵行为对卖家利润以及消费者剩余的影响，证实大部分情况下，几乎所有的卖家都会操纵他们的在线声誉，但另外也承认操纵是一种卖家传递质量的信号，从信号传递的角度肯定了卖家干扰行为的合理性。但其文章主要考虑卖家和买家之间的互动关系，没有从平台的角度来考虑这一问题，毕竟评价政策是平台企业制定，而我们则以平台的视角，把卖家干扰作为约束条件，来分析其对买家评价的激励。并把卖家的正向干扰（好评有礼）和逆向干扰（差评骚扰）一并考虑，结合平台整体的诚信度，作为买家进行评价的外部环境，来分析平台企业对买家评价行为的激励机制设计。

（二）政策建议

首先，平台需要给翔实的评价额外激励。现实中大多数平台给出的激励仅取决于评价与否，而非取决于评价是否真实详细。而通过本文的研究，只有当翔实评价的激励存在的时候，买家更愿意参与评价并给出翔实的评价。在业界，最重视用户评价翔实度的交易平台是亚马逊。阅读亚马逊的评价激励政策会发现，它的激励政策的设计充分考虑了评价效果等因素，并且是以固定激励为主。

翔实评价激励需要一定的技术手段或机制设计作为支撑，令平台可以识别出翔实评价。随着大数据技术的发展，比如文本挖掘、情感分析等，平台对于翔实评价的识别准确度会越来越高。另外，平台还可以通过机制设计的思维来识别翔实评价。比如 Miller et al.（2005）提出的同辈预测机制（peer-prediction method），对激励机制设计思路具有重要的启示。现实中已有平台借鉴其思路推出“评价再评价”机制，淘宝中买家可以对其他买家的评价点赞或者回复。如果一个评价的赞同数多，那么它的真实性和可参考意义越大。亚马逊中，买家还可以对其他买家进行二次评价，令买家自发甄别不真实评价。

其次，平台需管制卖家的差评骚扰。差评骚扰对平台只有消极作用，必需加以管制。现实生活中，卖家往往通过电话、短信等方式骚扰，甚至近年出现了类似“呼死你”等低劣的手段，给买家造成极大的骚扰。卖家对买家的私下报复往往被认为处于平台不可控的范围。但随着科技的发展，事前阻止是可以实现的。比如滴滴采取的匿名电话模式，交易双方获得对方的联系方式是经过加密的，无法做出直接的骚扰。另外，平台应当采取事后惩罚的手段，惩戒卖家的差评骚扰。比如，提供一个专门的差评骚扰投诉窗口，激励买家投诉，一旦被投诉差评骚扰，卖家将受到严厉的惩罚。

最后，平台应视情况管理卖家的好评有礼。当平台本身诚信交易的占比较高时，卖家的好评有礼可以促进平台的均衡收益。这一情形下，平台可以放任卖家的好评有礼或采取宽松的管制政策。但当平台本身欺诈交易的占比较高时，卖家的好评有礼会降低平台的收益，此时平台应当严格管理卖家的好评有礼。

（三）可能的扩展研究

本文在构建平台的目标函数时，只考虑到评价的翔实程度，而没有考虑平台的好评率所产生的影响。其实，好评率在特定时期，尤其是平台起步期，对平台的收益具有促进作用。因此，好评率也可能是平台追求的目标。在后续的研究中，我们可以把这一因素纳入进来。

另外，本文构建的买家效用函数中，未区分买家给出不同性质评价时的心理因素对其效用的影响。买家给差评的心理效用普遍要高于买家给好评的效用。因为买家给好评完全属于一种利他的行为，而给差评则是买家对自己所受伤害的报复，是一种利己行为。如果将这一点考虑进模型，平台的参与约束和激励相容都会因此发生变化。

参考文献

[1] 李玲芳、洪占卿：《关于双向声誉机制的作用机理及有效性研究》，载《管理科学学报》2015 年第 2 期。

[2] 李维安、吴德胜、徐皓：《网上交易中的声誉机制——来自淘宝网的证据》，载《南开管理评论》2007 年第 5 期。

[3] 刘伟、丁凯文：《考虑声誉效应的网络众包参与者行为博弈模型及仿真分析》，载《运筹与管理》2020 年第 5 期。

[4] 王博、金鑫：《声誉理论下的投资人决策——以股权众筹平台为例》，载《产业经济评论（山东大学）》2018 年第 4 期。

[5] 汪旭晖、张其林：《平台型网络市场中的“柠檬问题”形成机理与治理机制——基于阿里巴巴的案例研究》，载《中国软科学》2017 年第 10 期。

[6] 汪旭晖、张其林：《平台型电商声誉的构建：平台企业和平台卖家价值共创视角》，载《中国工业经济》2017 年第 11 期。

[7] 杨琦峰、高亚婷、宋平：《双重声誉下银行对 B2B 平台的激励机制设计》，载《北京邮电大学学报（社会科学版）》2020 年第 1 期。

[8] 张燕平、张顺、钱付兰、张以文：《基于用户声誉的鲁棒协同推荐算法》，载《自动化学报》2015 年第 5 期。

[9] 张哲宇、罗彪、梁樑：《网络环境下的消费者态度转变——基于在线口碑信息框架交互作用的实验研究》，载《管理科学学报》2018 年第 11 期。

[10] 周黎安、张维迎、顾全林：《信誉的价值：以网上拍卖交易为例》，载《经济研究》2006 年第 12 期。

[11] Avery, C., Resnick, P., and Zeckhauser, R., 1999: The Market for Evaluations, *American Economic Review*, Vol. 89, No. 3.

[12] Bar - Isaac, H. and Tadelis, S., 2008: Seller Reputation, *Foundations and Trends in Microeconomics*, Vol. 4, No. 4.

[13] Basili, M. and Rossi, M. A., 2019: Platform - mediated Reputation Systems in the Sharing Economy and Incentives to Provide Service Quality: The Case of Ridesharing Services, *Electronic Commerce Research and Applications*, Vol. 39.

[14] Bolton, G., Greiner, B., and Ockenfels, A., 2013: Engineering Trust: Reciprocity in the Production of Reputation Information, *Management Science*, Vol. 59, No. 2.

[15] Bolton, G. E., Katok, E., and Ockenfels, A., 2004: How Effective are Electronic Reputation Mechanisms? An Experimental Investigation, *Management Science*, Vol. 50, No. 11.

[16] Brown, J. and Morgan, J., 2006: Reputation in Online Auctions: The Market for Trust, *California Management Review*, Vol. 49, No. 1.

[17] Cabral, L. and Li, L., 2015: A Dollar for Your Thoughts: Feedback - Conditional Rebates on eBay, *Management Science*, Vol. 61, No. 9.

[18] Cai, H., Jin, G. Z., Liu, C., and Zhou, L., 2014: Seller Reputation: From Word - of - Mouth to Centralized Feedback, *International Journal of Industrial Organization*, Vol. 34.

[19] Chen, K - Y., Hogg, T., and Wozny, N., 2004: Experimental Study of Market Reputation Mechanisms, *Proc. ACM Conference on Electronic Commerce.*

[20] De Langhe, B., Fernbach, P. M., and Lichtenstein, D. R., 2015: Navigating by the Stars: Investigating the Actual and Perceived Validity of Online User Ratings, *Journal of Consumer Research*, Vol. 42, No. 6.

[21] Dellarocas, C., 2000: Immunizing Online Reputation Reporting Systems Against Unfair Ratings and Discriminatory Behavior, *Proceedings of the 2nd ACM conference on Electronic commerce. ACM.*

[22] Dellarocas, C., 2003: The Digitization of Word of Mouth: Promise and Challenge of Online Feedback Mechanisms, *Management Science*, Vol. 10, No. 49.

[23] Dellarocas, C., 2006: Strategic Manipulation of Internet Opinion Forums: Implications for Consumers and Firms, *Management Science*, Vol. 52, No. 10.

[24] Dellarocas, C., Dini, F., and Spagnolo, G., 2006: Designing Reputation (Feedback) Mechanisms, *Handbook of Procurement*, *Nicola Dimitri*, *Gustavo Piga*, *Giancarlo Spagnolo*, *eds.*, *Cambridge University Press.* Available at SSRN: https://ssrn.com/abstract=896729.

[25] Dellarocas, C. and Wood, C. A., 2008: The Sound of Silence in Online Feedback: Estimating Trading Risks in the Presence of Reporting Bias, *Management Science*, Vol. 54, No. 3.

[26] Ert, E., Fleischer, A., and Magen, N., 2016: Trust and Reputation in the Sharing Economy: the Role of Personal Photos in Airbnb, *Tourism Management*, Vol. 55.

[27] Fradkin, A., Grewal, E., Holtz, D., 2018: The Determinants of Online Review Informativeness: Evidence from Field Experiments on Airbnb (Working paper). Available at SSRN: https://ssrn.com/abstract = 2939064 or http://dx.doi.org/10.2139/ssrn.

2939064.

[28] Gössling, S., Hall, C. M., and Andersson, A. C., 2018: The Manager's Dilemma: a Conceptualization of Online Review Manipulation Strategies, *Current Issues in Tourism*, Vol. 21, No. 5.

[29] Horton, J. and Golden, J., 2015: Reputation Inflation: Evidence from an Online Labor Market, Work Paper.

[30] Klein, T. J., Lambertz, C., Spagnolo, G., and Stahl, K., 2006: Last Minute Feedback, *CEPR Discussion Papers.*

[31] Lallement, J., Dejean, S., Euzeby, F., and Martinez, C., 2019: The Interaction Between Reputation and Information Search: Evidence of Information Avoidance and Confirmation Bias. *Journal of Retailing and Consumer Services*, Vol. 53.

[32] Li, L. I., 2010: Reputation, Trust, and Rebates: How Online Auction Markets can Improve their Feedback Mechanisms, *Journal of Economics & Management Strategy*, Vol. 19, No. 2.

[33] Li, L. I., Tadelis, S., and Zhou, X., 2016: Buying Reputation as a Signal of Quality: Evidence from an Online Marketplace, *National Bureau of Economic Research.*

[34] Li, L. I. and Xiao, E., 2004: Money Talks: Rebate Mechanisms in Reputation System Design, *Management Science*, Vol. 60, No. 8.

[35] Luca, M. and Zervas, G., 2016: Fake It Till You Make It: Reputation, Competition, and Yelp Review Fraud, *Management Science*, Vol. 62, No. 12.

[36] Mayzlin, D., Dover, Y., and Chevalier, J., 2014: Promotional Reviews: An Empirical Investigation of Online Review Manipulation, *American Economic Review*, Vol. 104, No. 8.

[37] McDonald, C. G. and Slawson, V. C., 2002: Reputation in an Internet Auction Market, *Economic Inquiry*, Vol. 40, No. 4.

[38] Miller, N., Resnick, P., and Zeckhauser, R., 2005: Eliciting Informative Feedback: The Peer – Prediction Method, *Management Science*, Vol. 51, No. 9.

[39] Nisar, T. M., Prabhakar, G. P., Ilavarasan, P. V., and Baabdullah, A. M., 2018: Up the Ante: Electronic Word of Mouth and its Effects on Firm Reputation and Performance, *Journal of Retailing and Consumer Services*, Vol. 53.

[40] Resnick, P., Kuwabara, K., Zeckhauser, R., and Friedman E., 2000: Reputation System, *Communications of the ACM*, Vol. 43, No. 12.

[41] Rochet, J. C. and Tirole, J., 2003: Platform Competition in Two – sided Markets, *Journal of the European Economic Association*, Vol. 1, No. 4.

[42] Tadelis, S., 2016: Reputation and Feedback Systems in Online Platform Markets, *Annual Review of Economics*, Vol. 8.

[43] Vidanagama, D. U., Silva, T., and Karunananda, A. S., 2019: Deceptive Consumer Review Detection: A Survey, *Artificial Intelligence Review*, Vol. 53, No. 2.

[44] Xu, H., Liu, D., Wang, H., and Stavrou, A., 2015: E – commerce Reputation Manipulation: The Emergence of Reputation – Escalation – as – a – Service, *Proceedings of 24th World Wide Web Conference.*

[45] Zervas, G., Proserpio, D., and Byers, J., 2015: A First Look at Online Reputation on Airbnb, Where Every Stay is Above Average (Working paper). Available at SSRN: https: //ssrn. com/abstract = 2554500 or http: //dx. doi. org/10. 2139/ssrn. 2554500.

[46] Zhao, H., Yang, X., and Li, X., 2012: An Incentive Mechanism to Reinforce Truthful Reports in Reputation Systems, *Journal of Network and Computer Applications*, Vol. 35, No. 3.

Platform Incentive Mechanism for Buyer's Feedback under Seller's Manipulation

Yong Wang　Weiyi Zhang　Yifang Chen

Abstract: The key to the feedback mechanism of online trading platform is whether the buyer is willing to make informative feedbacks. Buyers ' feedback is influenced by both the platform's design of feedback incentive mechanism and sellers' interference behavior. Seller's interference includes positive interference, such as favorable review temptation; Or negative interference, such as negative review harassment. Therefore, the design of platform's incentive for buyers' feedback needs to take into account the interference behavior of the sellers. This paper studies how to design the incentive mechanism for buyers ' feedback under the sellers' interfering behaviors. The main conclusions include that the fixed incentive level of the platform to buyers needs to be adjusted according to the degree of sellers' interference behaviors (favorable review temptation or negative review harassment); In terms of variable incentive level, the incentive of the platform to buyers is not affected by sellers' interference behaviors. Third, when the proportion of credit transactions on the platform is relatively high, allowing sellers to engage in positive interference (favorable review temptation) can increase the platform's revenue in general.

Keywords: Reputation System　Feedback　Seller's Manipulation　Platform Incentive Mechanism.

JEL Classification: C61　C72　D47

附录

本文第五部分“在线交易平台激励政策分析”中，在京东和淘宝两平台上获取的2020 年10 月1 ~7 日的买家评价原始数据样表分别如附表1 和附表2 所示。

附表 1 京东买家评价原始数据样表

用户 ID	用户评价	型号	鞋码	评价时间
j*** c	鞋底较硬，脚宽的建议购买时尺码选大一码，鞋子质量可以的	AIR MAX EXCEE - 黑/白	42	2020 - 10 - 08 09：47
任*** 扬	每次都买京东，价格合理，商品实在，每年在京东买一大堆，解决全村的网购行情	AIR MAX EXCEE - 黑/白	42	2020 - 10 - 07 22：34
桂*** 3	合适	AIR MAX EXCEE - 黑/白	40	2020 - 10 - 07 12：22
j*** e	鞋有点瘦，脚宽的需要换大一号。换货第二天就到了	AIR MAX EXCEE - 黑/白	42. 5	2020 - 10 - 07 10：49
j*** i	满意 ~	AIR MAX EXCEE - 黑/白	43	2020 - 10 - 06 15：12
j*** H	尺码大小：正好 透气性能：好 舒适程度：特别舒服 柔软程度：棒 其他特色：没色差	AIR MAX EXCEE - 黑/白	42. 5	2020 - 10 - 06 13：12
L*** 2	大小合适，穿起来很舒服，做工精细，非常大气	AIR MAX EXCEE - 黑/白	40	2020 - 10 - 06 10：10
w*** e	柔软程度：偏硬，穿着不舒服，有点挤。透气性一般，除了外形我比较喜欢，其他感觉一般般	AIR MAX EXCEE - 黑/白	41	2020 - 10 - 06 09：46
宋*** 千	物流很快，试穿一周很舒服是正品，满意	AIR MAX EXCEE - 黑/白	42. 5	2020 - 10 - 06 07：58

附表2　　淘宝买家评价原始数据样表

评价	评价时间	追评	追评时间
一般般，感觉做工有点粗糙，穿着还行，挺保暖的，鞋垫感觉也不行，拿下来的时候底面黏糊糊的，这个材料也不咋样，物流还好，前天下午拍的，今天中午到的	10.05		
幸运叶子是我经常光顾的一家老店，值得信赖。鞋子穿起来都很舒服，上脚也很棒。客服服务态度也特好，推荐大家购买	09.26		
穿上真的太帅了，这条街关注高。值得拥有	09.26		
鞋回来我就马上试穿了一下，穿着挺舒服的，平时42码，买的42.5的，挺合脚的，“幸运叶子运动”好评！	10.07		
风格款式介绍：时尚　舒适度：舒适　尺码推荐：脚肥比平时大半码	10.07		
此用户没有填写评论！	10.04	收到货后，试穿一下这款运动鞋上脚很舒适，值得购买，五星好评	收货1天后追加：
鞋子看起来不错，试穿也舒服。感觉性价比高	10.05		
一直在幸运叶子运动家买，物流很快，穿上也非常舒服	10.02		
孩子说挺喜欢的，穿着也非常舒服的	10.02		

第 19 卷第 4 辑　　产业经济评论　　Vol. 19　No. 4
2020 年 12 月　　Review of Industrial Economics　　December 2020

跨越中等收入陷阱：基于产业互联网发展战略视角的评述

陈维宣　吴绪亮*

摘　要：随着中国经济增长进入中等收入阶段，陷入中等收入陷阱的风险逐渐上升，新冠肺炎疫情的冲击等因素无疑加重这一风险。本文在现有文献的基础上，对中等收入陷阱的成因及后果、可能导致中国陷入中等收入陷阱的风险因素、产业互联网对跨越中等收入陷阱的作用机制，以及产业互联网的发展战略等方面进行评述。研究发现，产业互联网的发展将通过推动收入分配结构优化、新要素供给规模扩大与质量提升、供给侧结构性改革、国家治理能力提升、新型城镇化建设等途径，针对性地缓解中等收入陷阱的各类成因，有效促进经济潜在增长率与全要素生产率的提升，助推中国跨越中等收入陷阱。展望产业互联网与中等收入陷阱的未来研究方向，至少存在三个值得深入探索的领域：一是构建产业互联网与中等收入陷阱之间的理论框架；二是对产业互联网在助推跨越中等收入陷阱过程中的作用进行跨国比较；三是需要重视对数字福利与数字经济政策的效应评估。

关键词：中等收入陷阱　产业互联网　数字经济　全要素生产率

一、引　　言

2008 年国际金融危机后，世界经济发展呈现出两个显著趋势。一方面，全球经济增长速度逐步放缓，世界银行统计数据表明，全球经济增长率从 2010 年的 4.30% 下降到 2019 年的 2.47%①，危机后 10 年未能实现全球经济复苏，2020 年初爆发的新冠肺炎疫情更是加速了世界经济的衰退进程；另一方面，以人工智能、大数据和云计算等新一代信息技术为代表的通用目的技术正在全球范围内掀起新一轮科技革命与产业变革，数字经济正在从消费互联网的初级阶段发展到产业互联网的高级阶段，并在对冲新冠肺炎疫情的经济冲击中发挥出关键作用。与此同时，中国的经济增长也呈现出两个典型事

* 陈维宣：腾讯研究院；地址：北京市海淀区北四环西路 66 号中国技术交易大厦，邮编 100080；E-mail：weixuanchen@ tencent. com。
吴绪亮：腾讯研究院；地址：北京市海淀区北四环西路 66 号中国技术交易大厦，邮编 100080；E-mail：prestonwu@ tencent. com。

① 资料来源：https：//data. worldbank. org. cn/indicator/NY. GDP. MKTP. KD. ZG？view = chart.

实。一方面，中国的人均国民总收入（gross national income，GNI）在2010年达到4035美元，跨过了世界银行关于"中等偏高收入"国家的界定标准，成功跻身中等偏高收入国家行列；另一方面，中国的人均GNI增长率也开始逐渐放缓，从2010年的9.8%下降到2019年的6.1%①，中国经济发展已经由高速增长阶段转向高质量发展阶段。

世界经济增长趋势的变化与中国经济发展阶段的转变，促使经济学家和政策制定者开始深度思考：中国经济能否跨越当前中等收入阶段，哪些因素会加重中国陷入中等收入陷阱的潜在风险，推动中国跨越中等收入陷阱的动力源泉又在于何处，以及中国将会在何时顺利进入高收入增长阶段？对这四个问题的回答，不仅直接关系到2020年全面建成小康社会和"两个一百年"奋斗目标中第一个目标的实现，而且还关系到在21世纪中叶全面建成社会主义现代化强国的第二个百年奋斗目标，并为中国特色社会主义的政治制度和发展模式提供经济理论和实践上的有力支撑。

本文立足世界与中国经济的发展趋势与特征，围绕中等收入陷阱从产业互联网发展战略的角度进行评述。首先，从导致陷入中等收入陷阱的原因及其后果入手；然后基于现有文献总结可能导致中国陷入中等收入陷阱的潜在风险因素，随后对产业互联网推动经济增长或化解中等收入陷阱风险的作用机制进行综述，并概括性地总结通过发展产业互联网来助推跨越中等收入陷阱的政策方案；最后对未来可能取得重要进展的研究方向进行展望。

二、中等收入陷阱的原因与后果

虽然目前学术界对"中等收入陷阱"的存在性问题仍有争议，但是跨国数据比较分析表明，"中等收入陷阱"是一个普遍现象而非主观臆想，是在发展中国家中普遍存在的一个高概率事件。尤其是自20世纪80年代以来，"中等收入陷阱"现象愈加突出，在长达30~50年的时间里，有一半以上甚至更大比例的进入中低收入区间或者中高收入区间的国家不能进入更高收入阶段（Agénor et al.，2012；张德荣，2013）。

在本质上，中等收入陷阱是经济增长的问题，因此现有文献通常将中等收入陷阱的决定因素归结为影响经济增长的以下几个方面，包括产业结构、收入分配、人口红利、技术创新、制度安排、城市化等几个方面。而新冠肺炎疫情这样"黑天鹅"的出现，无疑更是加强了这些因素的作用力。

（一）收入分配不公

在导致中等收入陷阱的众多因素中，被学者提及最多的当属收入分配不

① 数据来源：国家统计局：《中国统计年鉴2020》，中国统计出版社2020年版。

平等，收入分配不公导致的贫富分化会阻碍经济可持续发展。理论上，收入分配与经济增长存在多重均衡特征，低收入阶段下的收入不平等促进经济增长，中等收入阶段下的收入不平等存在最优水平，而高收入阶段下的收入不平等则阻碍经济增长（贺大兴、姚洋，2014；魏熙晔等，2019）。收入分配结构抑制经济增长的作用机制主要体现在如下四个方面。一是阻碍自主创新。在进入中高收入阶段后，收入差距扩大给内资企业带来的正向市场规模效应不足以抵消外资企业的匹配效应和市场扩张效应，这将对自主创新产生负向抑制作用，导致无法顺利转型为创新驱动的增长模式（程文、张建华，2018）。二是形成利益集团。一方面，收入差距扩大将会导致利益集团具有更强的市场谈判能力并获得更大收入分配份额，进一步导致收入和财富积累的“马太效应”，促使收入差距不断扩大；另一方面，利益集团为维护并扩大既得利益，将会竭尽全力要强化这个有利于自身的分配格局，如果这种弊端的严重性达到了某种限度且没有有效政策手段予以制止，不仅会扭曲政府职能的正常发挥，而且还会造成社会不稳定和社会凝聚力降低，继而成为经济增长停滞甚至国家衰败的原因（奥尔森，2007；李稻葵，2014；蔡昉、王美艳，2014）。三是限制消费需求。收入分配不合理将会导致社会财富则高度集中于少部分家庭，根据边际消费倾向递减规律，由于高收入群体的边际消费倾向显著低于低收入群体，因此高收入群体财富的增长并不会形成对工业品的有效需求，反而是因大多数中低收入群体的有效需求不足限制了社会消费总需求的规模扩张。消费需求的萎缩使得其不仅不能有效拉动经济增长，而且还会导致经济停滞，陷入中等收入陷阱（魏熙晔等，2019）。四是妨碍资本积累。一方面，不平等限制了穷人投资物质资本的能力，使得社会物质资本积累不足，进一步削弱了穷人以及社会整体的收入水平和投资能力；另一方面，即使穷人有能力积累物质资本，不平等也可能会降低他们的人力资本水平。人力资本缺乏降低了物质资本的回报率，使得前沿技术无法在社会推广，社会生产效率得不到有效改善（贺大兴、姚洋，2014）。为了解决收入分配差距过大造成的增长问题而实行的福利政策则进一步加速了发展中国家陷入中等收入陷阱的速度（樊纲、张晓晶，2008）。

（二）人口红利消失

人口红利消失导致国家的潜在增长率下降甚至陷入中等收入陷阱的观点已经在社会各界达成基本共识，人口红利将通过作用于劳动力供给、劳动参与率和资本形成率等方面而影响经济增长（蔡昉，2011；陆旸、蔡昉，2014、2016）。一是人口自然增长率和城乡劳动力转移的持续下降，导致劳动年龄人口总量的缩减，从而不能为经济增长提供充足的劳动力供给；不仅如此，劳动力的减少还将进一步引发劳动力成本的上升，使国家丧失劳动密集产业的比较优势。二是人口年龄结构中老龄化人口所占比重的增加与人口抚养比的持续上升，意味着劳动年龄人口所占比重的降低，导致劳动参与率的下降与自然失业率的提高，从而通过影响潜在就业而降低经济潜在增长率。三是人口总抚养比的上升会加剧社会抚养负担，消费增加而储蓄减少，储蓄率的下降不仅会通过降低投资率而减少物质资本积累，而且还将影响人力资本投资，降低劳动技能水平，从而引起资本形成率和劳动生产率的下降，进一步抑制潜在增长率的提升。

（三）制度安排缺陷

制度虽然不能直接导致增长，但制度的质量对增长的影响巨大且具有不可替代性（郑秉文，2011）；尤其是伴随发展阶段的提升，经济增长对制度的敏感性越来越高（张德荣，2013）。制度缺陷对跨越中等收入陷阱的阻碍被形象地称之为“制度高墙”（Fatas and Mihov，2009）。主要体现在如下三个方面：一是制度缺陷导致市场失灵，对投资决策、生产组织、市场分工等产生扭曲，降低市场对资源的配置效率；二是制度缺陷导致政府失灵，官僚主义和腐败盛行，适宜的经济政策无法得到有效实施，导致政府效率低下；三是制度缺陷导致战略失误，制度权威与公信的丧失，致使国家政权被小利益集团所把持，为了进一步维护既得利益，容易制定与国家利益相背离的错误的发展战略。对拉丁美洲、南亚和中东欧等典型中等收入国家的经验研究均一致表明：制度对经济增长的决定性作用与日俱增，成为经济长期稳定增长与跨越中等收入陷阱的关键与核心因素（Acemoglu et al.，2000；刘世锦、徐伟，2011；张德荣，2013；韩其恒等，2016）。

（四）技术创新停滞

进入中等收入阶段后，伴随着中等收入国家与高收入国家之间技术差距的逐渐缩小，发展中国家长期依赖技术引进的增长方式难以维持，中等收入国家的后发优势逐渐丧失，如果此时该国无法及时将经济增长的源泉转向创新驱动，将因自主创新的停滞导致其技术增长率低于前沿国家，从而陷入中等收入陷阱（龚刚等，2017；黄先海、宋学印，2018；程文、张建华，2018；高明宇，2018）。一方面，技术创新的滞后导致助推产业升级的力量减弱，致使中等收入国家在技术密集型产业领域，与前沿发达国家相比在技术上不具有比较优势；在劳动密集型产业领域，与落后低收入国家相比在工资上不具有比较优势（Asian Development Bank，2011；蔡昉，2011）。另一方面，技术创新滞后还导致潜在增长率和全要素生产率的提升缓慢，导致中等收入国家的经济增长停滞，从而长期停留在中等收入阶段而无法实现增长水平的跃升（蔡昉，2013）。

（五）发展战略失误

错误的发展战略集中体现在背离正确的技术与经济发展规律，使国家经济发展偏离正确的技术与经济发展轨道，从而最终导致国家的失败。一方面，陷入中等收入陷阱的国家往往违背工业化发展顺序，在工业化进程尚未充分开启的时候，未能充分发展劳动密集型的轻工业，而是在政府推动下过早进入资本密集型的重工业，实施背离比较优势的赶超战略（林毅夫，2012；王丽莉、文一，2017）。赶超战略不仅造成生产效率损失，而且还会扭曲制度结构，实施赶超战略经济体的赶超程度越大，经济增长率就越低，经济停滞可能性越大（陈斌开、伏霖，2018）。另一方面，与成功跻身高收入水平国家奉行的出口导向战略和技术立国战略不同，大部分陷入中等收入陷阱的国家通常奉行进口替代战略，但是往往忽视了进口替代战略的时效性。进口替代战略一般在产业发展的早期阶段具有短期促进效应，但是在长期条件下，进口替代战略将会由于国内市场饱和而失去增长动力，因缺乏国际竞争而丧失技术学习机会，因产业选择而挤压农业和中小企业的自主发展（速水佑次郎、神门善久，2009；高世楫、卓贤，2011）。

（六）产业结构失衡

从发展经济学的范畴来看，中等收入陷阱是发展中国家在工业化进程中特定阶段出现的结构转型问题，因此，产业结构转型升级也就成为避免陷入中等收入陷阱的关键（Ohno，2009）。合理的产业结构能够通过促进生产要素从低生产率部门向高生产率部门的转移，提高资源配置效率并产生结构红利，从而为经济提供增长动能（Peneder，2003）；反之，在失衡的产业结构体系下，不仅生产要素难以根据生产率高低进行跨部门转移，而且低生产率部门供给的商品和服务的费用相对高生产率部门而言越来越高，即所谓的“鲍莫尔成本病”（Baumol，1967）。另外，理论经验和国际比较都表明，在中等收入阶段制造业所占比重和生产率增速的下降，或者服务业超过制造业的过快增长，都将对经济增长产生负面影响，从而加大陷入中等收入陷阱的风险（黄群慧等，2017；史丹、白骏骄，2019）。这是因为，服务业所占比重的上升并非必然是产业结构的优化升级或服务业生产能力的真正提升，也有可能是制造业的相对衰败导致的，或者是服务业的相对价格变动造成的（张建华、程文，2019），即所谓的“产业结构早熟”问题。

（七）城市化问题

虽然城市化进程的加快能够促进经济增长，但是过度城市化则有可能对经济增长产生阻碍作用，这是因为经济增长是一个系统性的协同演化过程，单纯的城市化不仅不足以成为经济增长动力，反而可能会成为陷入中等收入陷阱的诱因。一方面，过快的城市化速度与工业化进程不匹配，城市化不是工业化发展的结果，反而是在工业发展程度较低的情况下，大量低技能的农业劳动力直接流入城市服务业，非但没有提高劳动生产率，反而造成了过度与畸形的城市化，导致因城市人口对工业化资源的挤占（田雪原，2006；Jankowska et al.，2012）。另一方面，城市人口的急剧增加，导致城市荷载大幅上升，城市软硬件基础设施和公共服务严重的供不应求；并因高失业率而产生大量城市贫民，进一步加重了城市管理和社会负担，市政服务效率低下。这种低质量的城市化不仅没能拉动经济增长，反而成为经济增长的拖累。

三、中国可能陷入中等收入陷阱的潜在风险

关于中国是否已经落进中等收入陷阱，学术界对此有不同的观点。部分学者如许小年（2017）等认为，由于资本边际收益递减的原因，中国经济已经滑进中等收入陷阱。大部分学者，如厉以宁（2012），陈昌盛、何建武（2019），刘伟、范欣（2019）等则相信，中国完全可以绕开或越过中等收入陷阱。例如陈昌盛、何建武（2019）保守估计，到2028年中国的人均GDP将上升至12949美元（2010年不变价美元水平），从购买力平价的比较来看，届时中国的发展水平将与目前的新西兰相当，在10年内成功跨越中等收入陷阱。刘伟、范欣（2019）持有更加相对乐观的估计，指出中国到2022年的人均GDP水平就将达到1.33万美元，3年内顺利跨越中等收入陷阱，步入高收入国家行列；并在2035年达到3.15万美元，用15年的时间基本实现社会主义现代。

对于中国是否已经滑进或能够跨越中等收入陷阱的争议，实际上是学术界对中等收入陷阱的存在性及其判定标准争议的外在体现。最常见的中等收入陷阱判定标准即是参照世界银行给出的国别收入分类标准。例如世界银行在2020年发布新的标准，中等偏下收入、中等偏上收入和高收入国家的门槛值分别是1036美元、4046美元和12536美元①。除了参照世界银行的这种绝对值方法外，Woo（2011）则建议采用相对值方法，用追赶指数（GUI）来重新界定高、中、低收入阶段。不同标准的采用将会导致国家转入不同收入类别经济体。不仅如此，由于学者们在研究中等收入陷阱问题时面临统计维度模糊、观测时距模糊和收入区间模糊三方面的问题，从而导致对中等收入陷阱存在性及其判定依据上存在巨大的争议，部分学者认为中等收入陷阱客观存在，另一部分学者则指称中等收入陷阱是个伪命题（王燕、申探明，

① 资料来源：https：//datahelpdesk. worldbank. org/knowledgebase/articles/906519-world-bank-country-and-lending-groups.

2019)。虽然学术界对中等收入陷阱的存在性及其判定标准仍然存在意见分歧，但是大部分经济学家仍然指出中国存在可能陷入中等收入陷阱的潜在风险（卢现祥、罗小芳，2013；蔡昉、王美艳，2014），这些风险因素主要在于以下方面。

（一）收入分配不公的风险

理论研究和调查数据均清楚表明，经济发展与收入分配之间具有高度相关性。根据国家统计局数据，1978～2016年，我国基尼系数从0.240不断攀升至0.465，远远高于0.4的国际警戒线水平①，目前，在区域之间、城乡之间、行业之间、技能之间的收入分配结构都面临着严重的失衡问题。因此，众多学者指出中国陷入中等收入陷阱的最大风险可能来自收入分配方面，成为当下中国经济面临的最重要挑战（楼继伟，2010；Vandenberg and Zhuang，2011；魏熙晔等，2019）。George et al.（2004）就曾经告诫过，中国如果不能在2020年之前有效摆脱收入分配不公和两极分化问题，那么中国的现代化进程将有可能像一个“方形轮子”似地走走停停，中断经济增长，甚至掉入中等收入陷阱。

（二）人口红利消失的风险

改革开放以来中国人口结构转型所带来的人口红利的消失将会使中国经济增长放缓，加速中国陷入中国收入陷阱的风险（楼继伟，2010；Vandenberg and Zhuang，2011）。一方面，根据国家统计局发布的数据，中国劳动年龄人口的数量和比重自2012年起连续7年出现双降，7年间减少了2600余万人，而且全国就业人员总量自2018年开始也首次出现下降。不仅如此，2010～2019年，中国的人口自然增长率从4.79%下降到3.34%，65岁以上人口所占比重从8.9%上升到12.6%，人口抚养比从34.2%上升到41.5%②。劳动供给的缩减和老龄化程度的加重，意味中国的劳动力要素投入已经达到极限，劳动力供给推动经济增长的动能正在下降。另一方面，伴随着劳动力不再无限供给，中国的劳动力成本也呈现出显著且持续上升的趋势，名义工资从2013年的4290元增长到2017年的6193元，2008～2017年实际工资平均增长率为8.2%，平均实际工资几乎翻了一番，远高于印度、南非、巴西和俄罗斯等中等收入序列国家③。这意味着，支撑中国快速工业化的传统比较优势趋于弱化，中国正在逐渐丧失低劳动力成本的优势，并加

① 资料来源：魏熙晔、龚刚、李梦雨：《收入分配、产业升级与中等收入陷阱》，载《浙江社会科学》2019年第10期。

② 资料来源：国家统计局：《中国统计年鉴2020》，中国统计出版社2020年版。

③ 资料来源：International Labor Organization，2018：*Global Wage Report* 2018/19：*What Les Behind Gender Pay Gaps*，November 26，2018.

速陷入中等收入陷阱的风险。

（三）产业结构失衡的风险

产业结构失衡导致中国陷入中等收入陷阱的风险也引起经济学家的广泛重视，当前，中国存在的最突出的结构失衡问题可能在于“产业结构早熟”或“过早去工业化”现象（Vandenberg and Zhuang，2011；刘伟，2011；黄群慧等，2017；史丹、白骏骄，2019；张建华、程文，2019）。自2012年以来，中国的产业结构发生显著变化，服务业所占比重首次高于制造业所占比重，并保持持续扩大的趋势，产业结构失衡的风险加速积聚。2012～2019年，从产值比例关系角度看，服务业由45.5%上升至53.9%，而制造业则从45.4%下降到39.0%；从就业比例关系角度看，服务业从36.1%迅速上升至47.4%，而制造业则从30.3%下降至27.5%；从GDP贡献率角度看，服务业从45.0%猛增至59.4%，而制造业却从50.0%大幅下滑至36.8%①。产业结构早熟的负面效应开始逐步显现，一方面，经济增长的动力和稳定性开始出现明显下滑，尤其是通过政策刺激房地产业和金融业等服务业的投资，积累了结构失衡的巨大风险；另一方面，在经济较为发达的东部地区和中部地区都不同程度地存在“鲍莫尔成本病”现象，对产业升级和经济增长的抑制作用逐渐增强（宋建、郑江淮，2017）。

（四）技术创新滞后的风险

虽然中国的技术创新产出已经位居发展中国家的前列，但是要从具有创新潜力的中等收入经济体转变为创新强国并跨越中等收入陷阱，仍然殊非易事，中等收入国家与高收入经济体之间在创新上存在一道无形障碍。结合当前国际形势，中国技术创新滞后的可能风险主要来自以下四个方面。一是制度体制可能成为制约创新发展的根本性因素。中国的科研管理制度相对僵化，知识产权保护制度较为薄弱，成为制约创新驱动发展的瓶颈因素，2019年中国的创新制度在全球国家中位居第60位，尤其是在监管环境方面不具优势②。二是高等教育供给与创新人才需求之间的缺口仍然较大。根据世界银行数据，2017年中国高等教育粗入学率为49.1%，虽然较世界平均水平和中等收入国家群组相对为高，但仍远低于高收入国家的76.8%；研发经费占GDP比重、每百人人口中研究人员数等指标也存在类似情况③。三是关键核心技术受制于人的局面没有得到根本性改变，尚未处于甚至未能跟上世界研发前沿。在工业领域，中国的专利研发重点与发达国家的重合率低于

---

① 资料来源：国家统计局：《中国统计年鉴2020》，中国统计出版社2020年版。

② 资料来源：Cornell University，INSEAD，WIPO：“Global Innovation Index 2019：Creating Healthy Lives，The Future of Medical Innovation”，2019.

③ 资料来源：国家统计局：《国际统计年鉴2019》，中国统计出版社2019年版。

10%，与竞争对手相比仍然处于低端水平；在新兴产业方面，我国芯片技术与发达国家相差 2～3 代，2018 年我国芯片产业进口额为出口额的 3.7 倍，仍然主要依靠进口。根据 IC Insights 数据统计，2018 年我国芯片公司总投入为 110 亿美元，而英特尔一家企业支出超过 145 亿美元。四是科技成果转化与国际扩散有待进一步推动。《中国科技成果转化 2018 年度报告》显示，截至 2018 年底，中国科技成果转化率仅为 10% 左右，而美国转化率高达 70%，这意味着中国每年仅有极少数科研成果从研发机构走向了实体经济，绝大多数科技成果还没有服务于产业进步和经济增长，与发达国家存在较大差距。此外，保护主义的抬头，特别是影响技术密集型部门和知识流动的保护主义呈现抬头之势，对全球创新网络和创新的传播构成风险。

（五）城市化问题的风险

虽然城市化进程不能单独推动经济增长，但是目前也没有哪个国家在城镇化水平不提升的情况下成为中等收入乃至高收入国家（Annez and Buckley，2009）。因此，部分学者认为当前中国的城镇化水平不足、城市功能布局不合理、城市规模过小以及城市间产业结构不合理等问题，成为中国陷入中等收入陷阱的潜在风险（楼继伟，2010；刘伟，2011）。更严重的是，中国在推进城市化的过程中出现的房价过高问题将进一步加速陷入中等收入陷阱的风险。一是房价上涨会提高男性接受高等教育的机会成本，导致高等教育的性别分化，尤其是在东部地区和低收入家庭更是如此（张慧慧等，2018）。而城镇化对中上等收入国家经济增长的刺激作用，恰恰只有在与教育相结合时才能有效发挥（张欢等，2018）。二是房价上涨对实体经济的投资和利润具有倒“U”型的影响特征，房价的过快上涨会通过挤出投资妨碍实体经济的发展（张馨月、滕越洋，2019）。平均而言，房价每上涨 1% 将导致实体经济投资下降 0.219%，特别是东部地区更加明显（郑东雅等，2019）。三是房价上涨对企业创新和技术效率的净效应为负，挤出效应仍然占主导地位，从而抑制了经济的高质量发展，在东部地区尤其如此（刘建江、石大千，2019；郭文伟、李嘉琪，2019）。

四、产业互联网对跨越中等收入陷阱的作用机制

在不同经济发展阶段经济增长的动力机制很可能是不同的，在低收入阶段能够有效促进经济增长的动力因素在中等收入阶段很可能会失效，一个在低收入阶段和中低收入阶段快速增长的发展中国家在进入中高收入阶段以后，如果不能适时转换经济增长动力机制，就会面临被“中等收入陷阱”锁定的风险，因此，能否在中等收入阶段转换增长动力机制很可能是一个国家能否避开“中等收入陷阱”的关键（张德荣，2013）。

从产业革命变迁规律和全球经济发展进程来看，产业互联网将成为在新产业革命中改变世界经济发展格局和重塑国家经济增长动能的核心驱动力量。产业互联网作为新一代信息技术与实体经济深度融合的产物，是新产业革命中最基本和最普遍的产业形态，其本质在于推动经济增长的数字化、网络化、智能化转型。

（一）数字普惠金融与包容性增长

产业互联网的普及应用带来了生产方式、商业模式和价值网络的深刻变革，随之通过数字普惠金融促进包容性增长，对居民收入分配产生重要影响，能够显著缩小城乡收入差距（梁双陆、刘培培，2018；张贺、白钦先，2018；程名望、张家平，2019；张勋等，2019）；而且相对于传统普惠金融，数字普惠金融缩小城乡收入差距的收敛效应更加显著（孙继国、赵俊美，2019）。数字普惠金融对城乡收入差距的收敛机制主要包括三种效应：中介效应、配置效应与消费效应。第一，数字普惠金融拓展了金融服务的边界，降低了低收入群体获得金融服务的门槛与成本，帮助他们获得储蓄和借款，从而可以积累资产、建立个人信用（Demirgüç – Kunt and Klapper，2012）。第二，数字普惠金融激发了金融市场活力，促进了金融行业内部的竞争与合作，提升了金融资源的配置效率和能力，尤其是推动了城市金融资源向农村金融市场的转移和配置。第三，数字普惠金融提高了金融账户拥有率，推动低收入人群获得外源融资，通过增加他们在生活、健康、教育等方面的消费支出，从而促进落后地区的经济增长和贫困人口的收入增加（张贺、白钦先，2018；张勋、谭莹，2019）。总之，证据表明，数字普惠金融的发展使低收入群体的收入效应大于高收入群体，对于欠发达的中西部地区贫困缓解的边际贡献显著高于东部地区（黄倩等，2019）。

（二）要素供给结构转变与质量提升

产业互联网将通过在生产函数中提供新要素供给、改变就业结构和提升人力资本质量，为经济增长提供新动能。一是产业互联网促进新要素供给的产生。一方面，伴随着以 ABC 技术为核心的新一代信息技术的高速发展，应用场景和数据量都呈现出爆发性的指数式增长，数据成为新产业革命中的新兴关键生产要素。与传统的劳动和资本要素不同，数字要素具有规模报酬递增的特征，企业拥有的数据规模越大，进行精准决策和提供优质产品与服务的能力就越高，从而能够吸引更多的消费者，这进一步扩大了企业的数据占有量并提高盈利能力。另一方面，智能技术推动了传统自动化转向智能自动化，创造了一种类似人类的虚拟劳动力，这在本质上也是一种可能突破规模报酬递减规律的新的生产要素。这种新的生产要素具有适应复杂任务、解决跨领域跨行业问题、自我学习和自我更新等特征，从而实现经济长期可持续发展（珀迪等，2017；郭晗，2019）。二是产业互联网推动要素供给结构的转变。一方面，数字技术的推广应用，将会在一定程度上实现生产与业务流程的自动化和智能化，数字劳动（或虚拟劳动力）在一定程度上对劳动力进行替代，不仅能够就业替代效应减少对劳动力的需求，缓解劳动力成本上升造成的增长约束，而且还将因投资回报率上升而促进投资增加和资本积累。另一方面，数字技术在对劳动力产生替代效应的同时，还将通过补偿效应和创造效应增加就业岗位，推动高技能和私人服务型就业的扩张（陈秋霖等，2018；蔡跃洲、陈楠，2019）。而且，数字技术的普及将会推动创业机会均等化，改善农民的创业行为，提高农民的创业概率，通过创业进一步扩大劳动要素投入（张勋等，2019；袁方、史清华，2019）。总之，产业互联网推动了要素投入结构的转变，有效应对人口红利消失对经济增长的负面影响；保守估计，到2035年人工智能技术将使中国经济增速比老龄化情形高出至少0.95个百分点（陈彦斌等，2019）。三是产业互联网促进人力资本质量的提升。数字技术与教育行业的融合促使教育互联网的发展，这一新的教育业态推动了受教育机会的均等化与教育资源的普及化，使更广泛的人群能够更加及时高效地满足个性化教育需求，通过正规教育和非正规教育的途径，促进人力资本积累速度、存量规模与质量水平的整体提升与扩大，从而推动经济的可持续发展。

（三）产业数字化与供给侧结构性改革

从发展经济学的角度，结构转型是经济发展的核心，能否跨越中等收入陷阱，是由国家的产品结构转换能力的差距造成的（李月等，2013）。成功跨越中等收入陷阱的发展中国家通常伴随着生产结构的转型（Fortunato and Razo，2014）；而陷入中等收入陷阱的国家，实质上面对的则是结构转型的陷阱（高明宇，2018）。产业互联网的发展则能够通过在供给侧推动生产结构的数字化、网络化、智能化转型，为中国经济的提供根本动力。一是产业互联网的发展推动新一代信息技术产业的壮大，意味着高技术部门的超常增长，完全符合产业结构优化升级的方向，引起经济结构的内部转型，提高资源配置效率。二是数字技术与产业部门的深入融合，能弥补前期科学发现、技术突破和产品创新上的不足，推动产业结构深化（史丹、白骏骄，2019）。数字密集型行业与所有行业均存在前向完全相关关系，与绝大部分行业都存在前向和后向相关关系，近几年来在连接和平衡第二产业和第三产业上发挥着越来越重要的作用（张辉、石林，2019）。三是产业数字化通过对产业链和价值链的横向整合与纵向集成。在产业链角度，打通企业内和企业间的数据壁垒，推动实现大规模定制、智能制造、服务型制造等生产方式变革，提高产品与服务质量，促使生产结构与需求结构相协调。在价值链角度，数字技术的发展提升了国家的全球价值链参与度，延长了全球价值链的参与长度，并使各国在全球价值链中的最终需求距离有效缩短，提升国家在全球价值链中的地位（韩剑等，2018）。

（四）技术创新与全要素生产率

发展中国家能否成功跨越中等收入陷阱，在根本上取决于依靠自主创新所获得的技术增长率，是否高于发达国家的技术增长率（龚刚等，2017），因此，技术创新是推动发展中国家经济增长与跨越中等收入陷阱的根本动力和基本路径（黄先海、宋学印，2017）。产业互联网通过系统性地提高创新效率，推动技术进步与全要素生产率提升，从而促进经济增长与跨越中等收入陷阱。一是数字化智能化技术创造性地促进技术创新的核心在于，其突破性进展带来了“创新方法的创新”，能够更加高效地识别最有价值的技术组合，从而降低研发成本，提高创新效率（Agrawal et al.，2017）。二是技术创新模式的转变，推动了产业创新主体、机制、流程和模式的重大变革，产业创新不再受到既定的组织边界束缚，开源开放式创新促进了创新规模的扩大与创新能力的提高。三是产业互联网分别通过在应用部门和研发部门的前向创新关联溢出机制和后向创新关联溢出机制，以及在两部门间的互动创新溢出机制，推动了经济系统创新效率的提高与创新规模的扩大（韩先锋等，2019）。证据表明，产业互联网的发展显著地促进了区域创新效率和创新能力的提升，而且创新溢出效应呈现明显正向的“边际效应”递增的非线性特征（温珺等，2010；韩先锋等，2019）。从技术含量角度看，产业互联网发展对技术含量最高的发明创新影响最大，对外观设计创新的影响次之，这说明数字化智能化技术驱动的是真正的创新，而非模仿式创新（温珺等，2019）。从区域比较来看，中西部地区的产业互联网创新溢出红利大于东部地区，说明数字化智能化技术对发展中地区的创新激励效应更大。世界知识产权组织研究结果表明，中国的创新指数排名持续攀升，从2018年的第17位升至2019年的第14位，是中等收入经济体中唯一进入前30名的国家，正在跨越高收入国家和中等收入国家之间的创新鸿沟①。

（五）数字政府与国家治理能力

改善政府治理，抑制政府腐败，是发展中国家规避中等收入陷阱的重中之重（张德荣，2013）。数字技术在政府事务中的深度应用推动了数字政府的建设与发展，为政府治理变革带来颠覆性和革命性的影响（王冰、卢纯昕，2018；黄其松、刘强强，2019），促进了国家治理能力与治理效率的提高，从而降低政府失灵的概率并有利于制度创新与优化，强化治理体系与制

① 资料来源：Cornell University，INSEAD，WIPO：“Global Innovation Index 2019：Creating Healthy Lives，The Future of Medical Innovation”，2019.

度安排对经济增长的助推作用。一是数字技术促使政府部门的信息外延极大拓展，对经济运行的监测能力持续提高，使政府运用海量数据预测经济运行态势，促进政府决策模式从经验主义的模糊决策方式转向数据驱动的科学决策方式，增强政策工具的群体精准定位与实施，更加有效地进行政策效应评估，从而推动国家治理能力的提升。目前，绝大多数中央部门的核心业务都有数据库支撑，核心业务数据库覆盖率总体在 80% 以上（高世楫、廖毅敏，2018）。二是数字治理是国家治理现代化的内在要求，数字治理能力将内嵌在国家治理体系和国家治理能力之中（陈端，2019），以大数据为代表的数字技术能够显著提升政府绩效并有效抑制腐败行为（赵云辉等，2019），为推进治理能力现代化奠定制度基础（刘筱勤，2015）。通过利用大数据技术建立廉政大数据平台与廉情评价预警分析系统，能够较好地解决政府治理中信息不对称问题，提高政府部门的信息透明度，降低政府腐败的监督成本，抑制政府官员的寻租行为，从而促进监管质量和法制水平的提升，构建良好的营商环境，推动产业投资与经济发展。

（六）智慧城市与新型城镇化

环境污染、生产效率低下公共服务供给失衡、社会不稳定等一系列“城市病”，可以依托智慧城市来探索解决。一是能够显著降低城市环境污染，有助于解决工业化进程中“先污染后治理”的环境问题，提高新型城镇化的建设质量（石大千等，2018；崔立志、陈秋尧，2019）。而且智慧城市的减污效果具有规模效应和时间效应两个明显特征，其中前者是指智慧城市规模越大降低环境污染的作用越强（石大千等，2018）；后者则是指智慧城市不仅能降低当年环境污染，而且降污效应随时间推移逐渐增强（崔立志、陈秋尧，2019）。二是智慧城市建设能够通过推动技术创新、优化要素配置和加快产业升级等途径，显著促进城市全要素生产率的提高（张卫东等，2018）。在技术创新方面，智慧城市能够显著提升城市创新力水平，尤其是技术含量最高的发明专利上（付平、刘德学，2019）。在要素配置方面，智慧城市能够推动劳动与资本要素的合理流动与集聚发展，提高城市的劳动生产率。在产业升级方面，智慧城市建设显著促进了产业结构合理化和高级化发展（赵建军、贾鑫晶，2019），尤其是推动制造业转型升级（张营营、高煜，2019），解决城市生产结构与需求结构失衡问题。三是智慧城市引发一系列政府工具创新，重塑公共服务供给模式，优化公共服务供给机制，为政府管理及公共服务供给带来极大的便捷性和精准性（刘淑妍、李斯睿，2019）。城市管理者通过利用在人口、教育、治安、就业、交通、社保、卫生、工商、税收、民政等方面的数据优势，准确预测社会的公共服务需求，进而提供以需求为导向的公共服务，实现公共服务的供需结构匹配降低公共服务供给成本，提升公共服务供给能力与质量（唐皇凤、陶建武，2014）。四是智慧城市通过变革城市居民的生活方式与社会结构，显著提高居民生活质量，提升居民的社会参与，推动社会阶层的中产化，能够有效降低社会的不稳定性，为经济的可持续增长奠定良好的社会环境基础（易卫华、张赛飞，2013）。

五、产业互联网的发展战略综述

产业互联网已经成为新产业革命中不可避免的基本趋势和潮流，能否充分发挥产业互联网的潜力推动经济的可持续发展，在很大程度上取决于战略和政策。不过，要实现这一目标并非易事，政府部门必须采取全方位的政策并运用新思维，在产业互联网发展与化解数字化相关风险之间保持适当平衡。学者们从如下五个方面论述了数字经济和产业互联网的发展战略。

（一）出台产业互联网国家战略

虽然不同国家跨越中等收入陷阱的发展经验亦存在差异（Tran，2010），每个国家都需要根据自身的资源禀赋、路径依赖及制度特征来选择自身的发展战略（Paus，2012）。腾讯研究院和中国人民大学的测算结果表明，中国的国家数字竞争力持续提升，2018年的国家数字竞争力指数为81.42，成为仅次于美国的全球数字经济大国①。正确的战略和积极连贯的政府政策是在开放经济条件下发展中经济体提升国家竞争力和跨越中等收入陷阱的关键决定因素（Paus，2012）。因此，我国需要尽快明确产业互联网在国家经济发展与产业国际竞争中的主导地位。

一是加强对产业互联网发展的顶层设计。在当前已经出台的《关于深化“互联网+先进制造业”发展工业互联网的指导意见》《新一代人工智能发展规划》等国家战略的基础上，结合当前国际竞争态势和国内技术产业发展形势，进一步出台产业互联网全领域的顶层规划设计，释放以新一代信息技术推动包括农业和服务业在内的全行业、全流程的价值链重构与融合。二是制定产业互联网的发展路线图。从经济演化的视角来看，产业互联网将贯穿新产业革命发展的始终，参考产业生命周期理论，加强对产业互联网发展规律与演进逻辑的理论研究，加快编制产业互联网发展的基本路线图，从而为长期内的产业互联网发展提供参照框架。

（二）健全要素收入分配制度

国家网信办测算数据表明，2018年中国数字经济规模达31.3万亿元，

① 资料来源：腾讯研究院、中国人民大学：《国家数字竞争力指数研究报告2019》，2019年5月13日。

占国内生产总值的比重达 34.8%，数字经济已经成为经济增长的新动能①。据国际数据资讯公司（IDC）预测，到 2025 年中国将产生 48.65ZB 的数据量，成为全球最大的数据体，数字要素对经济增长的驱动作用持续扩大②。

2020 年 4 月 9 日，中共中央、国务院《关于构建更加完善的要素市场化配置体制机制的意见》公布，数据作为一种新型生产要素写入文件中，与土地、劳动力、资本、技术等传统要素并列为要素之一，提出要加快培育数据要素市场，推进政府数据开放共享、提升社会数据资源价值、加强数据资源整合和安全保护，这具有突破性和深远性的意义。

一是对数据进行明确的权属界分。明确个人数据、政府数据和商业数据之间的性质差异与权利区别，解决数据内容、采集、存储、管理和分析之间的权属分离的问题，从法律层面对数据的产权属性予以清晰界定，为数据交易提供法律基础（徐凯舟，2019；李政、周希禛，2020）。二是平衡数据利用与数据保护之间的矛盾。既要充分保护个人隐私数据，又要推进数据脱敏与广泛应用；既要保护私有数据产权，又要推动公共数据的开放共享（徐凯舟，2019；李政、周希禛，2020）。三是建立健全数据交易机制。充分发挥市场在数据要素配置中的决定性作用，要由市场按贡献决定报酬分配份额；引导培育数据交易市场，探索成立全国性数据交易中心；完善数据交易制度，建立健全数据资源交易机制、定价机制与监管机制（马涛，2019；李政、周希禛，2020）。

（三）实施立体式的产业政策

考察成功进入高收入水平的国家，可以发现在这些国家中，无一例外地存在着多种产业政策，通常以改善国内产业结构以增强国家的产业国际竞争力为目标，例如 14 ~ 18 世纪的英国，19 世纪的美国和德国，19 世纪后期的日本以及 20 世纪后期的韩国和中国台湾（Cimoli et al.，2009）。经济增长动能转换阶段也通常是产业政策密集实施的时期。对新产业革命条件下的实证研究也发现，数字贸易产业开放度与政府的产业政策对国家数字贸易国际竞争力具有明显的正向效应，证实产业政策在促进国家数据竞争力提升方面的积极作用（蓝庆新、窦凯，2019）。因此，中国需要加快实施立体式的产业政策，扶持和促进产业互联网的合理有序发展。

一是从纵向角度看，除前文所述顶层设计之外，还包括技术层、应用层、安全层和生态层四个层面的政策。在技术层政策方面，进一步加强国家财政资金对基础科学研究和关键核心技术创新的支持力度，支持通用技术领

① 资料来源：国家互联网信息办公室：《数字中国建设发展报告（2018 年）》，2019 年 5 月 6 日。

② 资料来源：国际数据公司：《世界的数字化：从边缘到核心》，2018 年 11 月。国际数据公司：《IDC：2025 年中国将拥有全球最大的数据圈》，2018 年 11 月。

域的原创性和突破性创新，鼓励垂直细分领域的互补性与渐进性创新。在应用层政策方面，协调各政府部门将产业互联网作为行业发展政策的重要内容，构建国家产业互联网典型解决方案应用平台，进一步加快推动企业上云的步伐，促进中低端产业的的数字化、网络化与智能化转型，提高传统产业的全要素生产率。在安全层政策方面，推动传统安全理念向数字安全风险管理转型，传统“确立边界”的安全机制向“协同开放”的机制转变（张晓，2020），构建“情报—攻防—管理—规划”四位一体的产业安全系统，加快产业安全市场培育，推动市场结构由竞争型市场向低集中度型市场转变，形成若干具有国际竞争力的产业安全核心企业（腾讯研究院、腾讯集团市场公关部，2020）。在生态层政策方面，充分发挥产业技术联盟等中介组织在生态建设方面的作用，围绕产业互联网在产业链、价值链、创新链和资金链等各个环节打造生态圈层，同时注意发挥大型企业与中小企业之间的协同共生效应。

二是从横向角度看，包括供给侧、环境侧和需求侧三个方面的政策。在供给侧政策方面，一方面，需要加强数字基础设施建设，包括传统的宽带降费提速与光纤到户计划等，以及新兴的5G、IPv6、物联网等下一代网络基础设施；另一方面，增强智能科技产业的研发投入力度，建立公共研发服务平台，强化知识产权保护等。在环境侧政策方面，实施结构性的微观财政政策，分级分类给予税收优惠；创新金融机构对产业互联网企业的估值算法，降低企业的融资难度；实施包容审慎的监管政策，尤其是为初创的中小企业进行技术与模式创新提供稳定的激励机制（阿瑟，2018）。在需求侧政策方面，政府积极充当产业互联网技术和产品的前期消费者，扩大政府部门的公共采购规模；根据规模、利润、创新等指标，对符合条件的企业进行财政补贴，降低企业的经营与研发成本；鼓励大型企业将非核心业务进行外包分工，以此带动细分领域的中小企业发展等。

（四）推动政策、规则与标准的一体化联通

习近平总书记在2017年的“一带一路”国际合作高峰论坛主旨演讲中指出，“要促进政策、规则、标准三位一体的联通，为互联互通提供机制保障”，确立了政策、规则、标准“三位一体”的新高度，不仅为国家间的互联互通提供了新的机制保障，也为国家经济增长与通用技术扩散提供了深刻启发。政策、规则与标准的一体化联通，能够降低企业研发、生产与经营的合规成本与制度性交易费用，促进产业发展活力的提高。

一是降低产业政策与竞争政策之间的矛盾冲突。一方面，需要借鉴美国的经验，将产业政策与竞争政策共同视作促进产业发展与竞争力提升的重要政策，把竞争理念嵌入产业政策内核之中，主要采用功能性、服务性政策工具，重点支持基础技术与通用技术的研究与扩散（沈梓鑫、江飞涛，2019）；

另一方面，明确产业政策有效性边界，在制定产业政策时重视政策效应的约束条件，并将产业政策视为政府与企业签订的不完全契约，实施更为灵活和市场化的产业规制策略（侯方宇、杨瑞龙，2019）。

二是构建全球统一的数据贸易政策与规则体系。一方面，针对当前区域主义下数字贸易条款碎片化问题日益严重的形势，中国需坚持以 WTO 规则作为数字贸易总准则，积极推动数字政策、规则和标准的协调一致，对已有的碎片化的数字贸易治理规则进行整合与重构，加快构建全球统一的规则框架（宗良等，2019）；另一方面，制定实施分级分类的数据贸易规则，构建隐私保护与自由贸易相兼容的数据贸易机制，禁止重要数据跨境流动，非敏感非限制性数据有条件地跨境流动，授权和认证数据自由流动等（茶洪旺等，2019）。除此之外，由于互联网普及率差距与数字贸易开放度差距越小的国家之间，越倾向于签署包含数字贸易条款的协定，因此中国应优先与“一带一路”沿线国家中已与中国有区域贸易协定的国家缔结数字贸易条款，建设跨境数字贸易港口等（韩剑等，2019）。

三是以标准作为促进产业互联网发展的重要政策工具。一方面，以兼容性标准为重点推动技术与产业间的深度融合发展，以兼容性标准帮助实现智能系统与机械设备的兼容并行，构建企业间协作生产的网络组织结构；另一方面，大力推动指导性技术文件和团体标准等的发展，协调解决技术创新与标准发展速度差异之间的矛盾，在推动技术创新与防范标准失误风险之间取得平衡。

（五）积极应对数字革命的劳动力市场挑战

数字革命的爆发式进展所带来的技能偏向性技术进步，引发社会对劳动力失业可能性的普遍关注。如果不能恰当地处理这些担忧，那么这种负面情绪将会在不同群体间持续蔓延，破坏就业结构的稳定性，阻碍经济高质量发展。因此，中国在充分享受和利用数字红利的同时，需要积极进行相应的就业政策革新，积极应对数字革命带来的劳动力市场挑战。

一是革新现行的正规教育体制，在高等教育层面，加快调整高校学科结构和专业结构，整合、归并或淘汰一批传统学科，增设一批与数字化智能化技术相关的新学科、新专业（杜传忠、许冰，2018）；在中等教育与基础教育层面，加大数字科学相关知识的普及力度，提高社会对新技术的基本认识程度，从而减轻或降低对岗位替代的担忧。二是在职业教育层面，重点发展中高级职业教育，鼓励多种所有制形式教育机构的发展，扩大中高级技能型人才的供给规模；倡导终身学习理念，推动学习型组织发展，特别是面向受影响最严重的工人的新技能培训，降低工人与工作之间的技能不匹配程度。三是健全完善社会保障制度，加强社会保障系统建设，充分利用以大数据为代表的新兴数字技术，精准识别和发现在就业结构调整中受到冲击最大的社会群体，从失业保险、失业津贴、最低收入保障等方面入手，降低技术革命对失业群体的负面影响（蔡跃洲，陈楠，2019）。四是充分发挥数字普惠金融对创业的促进作用，降低低收入低技能人群在创业时的融资约束，通过自主创业带动就业规模的扩大。

六、总结性评述

在经历改革开放四十多年的高速增长之后，中国经济发展同步进入"新常态"和"中等收入阶段"，经济增长的源泉和动能发生转换，同时面临陷入中等收入陷阱的风险。综上所述，虽然中国目前仍然存在陷入中等收入陷阱的潜在风险因素，但是产业互联网的发展将通过推动收入分配结构优化、新要素供给规模扩大与质量提升、供给侧结构性改革、国家治理能力提升、新型城镇化建设等途径，全面深刻地促进经济潜在增长率与全要素生产率的提升，助推中国成功跨越中等收入陷阱，而不仅仅是延缓陷入中等收入陷阱的时间。

虽然学者们对产业互联网和中等收入陷阱进行了广泛而深入的研究，但是通过以上论述来看，未来至少在三个方面仍存有巨大的探索空间。

首先，构建数字经济或产业互联网与中等收入陷阱之间的理论框架。虽然我们能够从理论直觉和部分间接证据上看到产业互联网对推动经济增长和跨越中等收入陷阱的动力作用，但是就现有文献来看，仍然缺乏将数字经济或产业互联网纳入到对中等收入陷阱的研究中来。尤其是在数字经济时代，数据成为推动经济发展的关键生产要素，如何在现有的理论体系中将数据要素纳入其中，并与其他生产要素产生协同效应，改变要素边际替代率和潜在经济增长率，是未来需要探索的一个重要方向。

其次，数字经济或产业互联网对跨越中等收入陷阱的助推作用虽然能够在理论上能推演出来，但是现有文献中还缺少足够的实证证据直接表明这一作用，尤其缺乏跨国比较的研究。因此，未来的一个可能的研究方向是在成功跨越和不幸陷入中等收入陷阱的国家之间进行跨国比较，聚焦于自 20 世纪 70 年代以来数字经济或产业互联网在经济增长中的作用，并建立持续追踪的跨国动态比较数据库，研究数字经济或产业互联网能否推动低收入国家和陷阱中国家的跨越式增长。此外，其中可能最要解决的就是"索洛悖论"的难题，如何构建统一的核算框架，以体现出数字经济或产业互联网在经济增长中的作用。跨国比较研究结论对中国的政策制定也将起到强烈的借鉴作用。

最后，重视对数字福利与数字经济政策的效应评估。目前以欧美主要发达国家为主的经济体正在积极向数字经济转型，中国部分地区也走在数字经济发展的前列，但是长久以来形成的数字鸿沟似乎并没得到有效消除，甚至在某些区域呈现出明显的加剧现象。数字经济发展的成果并没有均匀普遍地惠及所有人口，因此，未来可能的一个重要研究方向就是监测和评价不同区域和不同群体之间的数字福利差距随数字经济发展的变化。由数字福利引致的另一个研究方向就是，及时评估数字经济政策对区域经济增长与数字福利变化的政策效应，从而为政府制定更合理的政策措施提供理论支撑与见解。

参考文献

[1] 布莱恩·阿瑟：《技术的本质：技术是什么，它是如何进化的》，浙江人民出版社 2018 年版。

[2] 蔡昉、王美艳：《中国面对的收入差距现实与中等收入陷阱风险》，载《中国人民大学学报》2014 年第 3 期。

[3] 蔡昉：《“中等收入陷阱”的理论、经验与针对性》，载《经济学动态》2011 年第 12 期。

[4] 蔡昉：《理解中国经济发展的过去、现在和将来——基于一个贯通的增长理论框架》，载《经济研究》2013 年第 11 期。

[5] 蔡跃洲、陈楠：《新技术革命下人工智能与高质量增长、高质量就业》，载《数量经济技术经济研究》2019 年第 5 期。

[6] 茶洪旺、付伟、郑婷婷：《数据跨境流动政策的国际比较与反思》，载《电子政务》2019 年第 5 期。

[7] 陈斌开、伏霖：《发展战略与经济停滞》，载《世界经济》2018 年第 1 期。

[8] 陈昌盛、何建武：《在悲观中寻找确定性：2019 年经济形势及十年增长展望》，刘世锦主编，《中国经济增长十年展望（2019—2028）：建设高标准市场经济》，中信出版社 2019 年版，第 19 ~ 32 页。

[9] 陈端：《数字治理推进国家治理现代化》，载《前线》2019 年第 9 期。

[10] 陈秋霖、许多、周羿：《人口老龄化背景下人工智能的劳动力替代效应——基于跨国面板数据和中国省级面板数据的分析》，载《中国人口科学》2018 年第 6 期。

[11] 陈彦斌、林晨、陈小亮：《人工智能、老龄化与经济增长》，载《经济研究》2019 年第 7 期。

[12] 程名望、张家平：《互联网普及与城乡收入差距：理论与实证》，载《中国农村经济》2019 年第 2 期。

[13] 程文、张建华：《产业创新升级视角下“中等收入陷阱”的跨越》，载《产经评论》2018 年第 9 卷第 4 期。

[14] 程文、张建华：《收入水平、收入差距与自主创新——兼论“中等收入陷阱”的形成与跨越》，载《经济研究》2018 年第 4 期。

[15] 崔立志、陈秋尧：《智慧城市渐进式扩容政策的环境效应研究》，载《上海经济研究》2019 年第 4 期。

[16] 杜传忠、许冰：《第四次工业革命对就业结构的影响及中国的对策》，载《社会科学战线》2018 年第 2 期。

[17] 樊纲、张晓晶：《“福利赶超”与“增长陷阱”：拉美的教训》，载《管理世界》2008 年第 9 期。

[18] 付平、刘德学：《智慧城市技术创新效应研究——基于中国282个地级城市面板数据的实证分析》，载《经济问题探索》2019年第9期。
[19] 高明宇：《中国经济发展新常态下的中等收入陷阱问题研究》，载《改革与战略》2018年第34卷第6期。
[20] 高世楫、廖毅敏：《数字时代国家治理现代化和行政体制改革研究》，载《行政管理改革》2018年第1期。
[21] 高世楫、卓贤：《发展中国家落入“中等收入陷阱”的原因分析和启示》，载《理论学刊》2011年第12期。
[22] 龚刚、魏熙晔、杨先明、赵亮亮：《建设中国特色国家创新体系跨越中等收入陷阱》，载《中国社会科学》，2017年第8期，第61~86页。
[23] 郭晗：《人工智能培育中国经济发展新动能的理论逻辑与实践路径》，载《西北大学学报（哲学社会科学版）》2019年第49卷第5期。
[24] 郭文伟、李嘉琪：《房价泡沫抑制了经济高质量增长吗？——基于13个经济圈的经验分析》，载《中国软科学》2019年第8期。
[25] 国际数据公司：《世界的数字化：从边缘到核心》，2018年11月。
[26] 国际数据公司：《IDC：2025年中国将拥有全球最大的数据圈》，2018年11月。
[27] 国家互联网信息办公室：《数字中国建设发展报告（2018年）》，2019年5月6日。
[28] 国家统计局：《中国统计年鉴2020》，中国统计出版社2020年版。
[29] 韩剑、蔡继伟、许亚云：《数字贸易谈判与规则竞争——基于区域贸易协定文本量化的研究》，载《中国工业经济》2019年第11期。
[30] 韩剑、冯帆、姜晓运：《互联网发展与全球价值链嵌入——基于GVC指数的跨国经验研究》，载《南开经济研究》2018年第4期。
[31] 韩其恒、李俊青、刘鹏飞：《2016要素重新配置型的中国经济增长》，载《管理世界》2016年第1期。
[32] 韩先锋、宋文飞、李勃昕：《互联网能成为中国区域创新效率提升的新动能吗》，载《中国工业经济》2019年第7期。
[33] 贺大兴、姚洋：《不平等、经济增长和中等收入陷阱》，载《当代经济科学》2014年第36卷第5期。
[34] 侯方宇、杨瑞龙：《产业政策有效性研究评述》，载《经济学动态》2019年第10期。
[35] 黄其松、刘强强：《大数据与政府治理革命》，载《行政改革》2019年第1期。
[36] 黄倩、李政、熊德平：《数字普惠金融的减贫效应及其传导机制》，载《改革》2019年第11期。
[37] 黄群慧、黄阳华、贺俊、江飞涛：《面向中上等收入阶段的中国工业化战略研究》，载《中国社会科学》2017年第12期。
[38] 黄先海、宋学印：《中国跨越潜在“中等收入陷阱”的新增长战略：从追赶导向到竞争导向》，载《国际经济评论》2018年第1期。
[39] 蓝庆新、窦凯：《基于“钻石模型”的中国数字贸易国际竞争力实证研究》，载《社会科学》2019年第3期。
[40] 李稻葵：《突破中等收入陷阱的路线图》，载《经济研究》2014年第1期。
[41] 李月、邸玉娜、周密：《中等收入陷阱、结构转换能力与政府宏观战略效应》，载

《世界经济》2013 年第 1 期。
[42] 李政、周希禛：《数据作为生产要素参与分配的政治经济学分析》，载《学习与探索》2020 年第 1 期。
[43] 厉以宁：《论“中等收入陷阱”》，载《经济学动态》2012 年第 12 期。
[44] 梁双陆、刘培培：《数字普惠金融、教育约束与城乡收入收敛效应》，载《产经评论》2018 年第 9 卷第 2 期。
[45] 林毅夫：《遵循比较优势发展战略，进行结构持续升级，避免中等收入陷阱》，引自《“CMRC 中国经济观察” 第 31 次报告会》，2012 年 10 月 27 日。
[46] 刘建江、石大千：《高房价对企业创新的影响：是挤出还是挤入？——基于双边随机前沿模型的测算》，载《中国软科学》2019 年第 9 期。
[47] 刘世锦、徐伟：《“陷阱”还是“高墙”：中国经济面临的真实挑战与战略选择》，载《中国经济时报》2011 年 6 月 19 日。
[48] 刘淑妍、李斯睿：《智慧城市治理：重塑政府公共服务供给模式》，载《社会科学》2019 年第 1 期。
[49] 刘伟、范欣：《中国发展仍处于重要战略机遇期——中国潜在经济增长率与增长跨越》，载《管理世界》2019 年第 1 期。
[50] 刘伟：《突破“中等收入陷阱”的关键在于转变发展方式》，载《上海行政学院学报》2011 年第 1 期。
[51] 刘筱勤：《大数据与廉政制度创新》，载《中国行政改革》2015 年第 12 期。
[52] 楼继伟：《中国经济的未来 15 年风险、动力和政策挑战》，载《比较》2010 年第 6 期。
[53] 卢现祥、罗小芳：《中国能跨越“中等收入陷阱”吗？——基于利益集团理论视角的分析》，载《社会科学战线》2013 年第 7 期。
[54] 陆旸、蔡昉：《从人口红利到改革红利：基于中国潜在增长率的模拟》，载《世界经济》2016 年第 1 期。
[55] 陆旸，蔡昉：《人口结构变化对潜在增长率的影响：中国和日本的比较》，载《世界经济》2014 年第 1 期。
[56] 马克·珀迪、邱静、陈笑冰：《人工智能助力中国经济增长》，埃森哲研究报告 2017 年版。
[57] 马涛：《健全数据作为生产要素参与收益分配机制》，载《学习时报》2019 年 11 月 27 日。
[58] 曼瑟·奥尔森：《国家的兴衰：经济增长、滞胀和社会僵化》，上海世纪出版集团 2007 年版。
[59] 沈梓鑫、江飞涛：《美国产业政策的真相：历史透视、理论探讨与现实追踪》，载《经济社会体制比较》2019 年第 6 期。
[60] 石大千、丁海、卫平、刘建江：《智慧城市建设能否降低环境污染》，载《中国工业经济》2018 年第 6 期。
[61] 史丹、白骏骄：《产业结构早熟对经济增长的影响及其内生性解释——基于互联网式创新力视角》，载《中央财经大学学报》2019 年第 6 期。
[62] 宋建、郑江淮：《产业结构、经济增长与服务业成本病——来自中国的经验证据》，载《产业经济研究》2017 年第 2 期。

[63] 速水佑次郎、神门善久著，李周译：《发展经济学：从贫困到富裕》（第3版），社会科学文献出版社2009年版。
[64] 孙继国、赵俊美：《普惠金融是否缩小了城乡收入差距？——基于传统和数字的比较分析》，载《福建论坛·人文社会科学版》2019年第10期。
[65] 唐皇凤、陶建武：《大数据时代的中国国家治理能力建设》，载《探索与争鸣》2014年第10期。
[66] 腾讯研究院、腾讯集团市场公关部：《2020产业安全报告：产业互联网时代的安全战略观》，2020年1月10日。
[67] 腾讯研究院、中国人民大学：《国家数字竞争力指数研究报告2019》，2019年5月13日。
[68] 田雪原：《警惕人口城市化中的“拉美陷阱”》，载《宏观经济研究》2006年第2期。
[69] 王冰、卢纯昕：《大数据质量治理的逻辑与边界》，载《理论学刊》2018年第6期。
[70] 王丽莉、文一：《中国能跨越中等收入陷阱吗？——基于工业化路径的跨国比较》，载《经济评论》2017年第3期。
[71] 王燕，申探明：《“中等收入陷阱”在中国存在吗？——人口红利与技术进步的视角》，载《江西社会科学》2019年第3期。
[72] 魏熙晔、龚刚、李梦雨：《收入分配、产业升级与中等收入陷阱》，载《浙江社会科学》2019年第10期。
[73] 温珺、阎志军、程愚：《数字经济与区域创新能力的提升》，载《经济问题探索》2019年第11期。
[74] 徐凯舟：《数据要素参与收入分配应重视权属分离和数据保护问题》，载《中国电子报》2019年12月13日。
[75] 许小年：《转折点上的中国经济——从资本积累到技术创新》，深圳创新发展研究院，http://www.cxsz.org/index.php/Project/project_detail/id/41/category_id/1.html。
[76] 易卫华、张赛飞：《智慧城市的社会影响与对策研究》，载《科技管理研究》2013年第10期。
[77] 袁方、史清华：《从返乡到创业——互联网接入对农民工决策影响的实证分析》，载《南方经济》2019年第10期。
[78] 张德荣：《“中等收入陷阱”发生机理与中国经济增长的阶段性动力》，载《经济研究》2013年第9期。
[79] 张贺、白钦先：《数字普惠金融减小了城乡收入差距吗？——基于中国省级数据的面板门槛回归分析》，载《经济问题探索》2018年第10期。
[80] 张欢、徐康宁、孙文远：《城镇化、教育质量与中等收入陷阱——基于跨国面板数据的实证分析》，载《数量经济技术经济研究》2018年第5期。
[81] 张辉、石琳：《数字经济：新时代的新动力》，载《北京交通大学学报（社会科学版）》2019年第18卷第2期。
[82] 张慧慧、徐力恒、张军：《房价上涨可以解释高等教育升学率的性别差异吗?》，载《世界经济文汇》2018年第4期。
[83] 张建华、程文：《服务业供给侧结构性改革与跨越中等收入陷阱》，载《中国社会科学》2019年第3期。

[84] 张卫东、丁海、石大千:《智慧城市建设对全要素生产率的影响——基于准自然实验》,载《技术经济》2018 年第 37 卷第 3 期。

[85] 张晓:《“数据驱动创新”的政策研究:来自 OECD 的经验》,载《电子政务》2020 年第 1 期。

[86] 张馨月、滕越洋:《房地产增长有利于实体经济增长吗?——基于企业利润的中介效应研究》,载《山东社会科学》2019 年第 11 期。

[87] 张勋、谭莹:《数字经济背景下大国的经济增长机制研究》,载《湖南师范大学社会科学学报》2019 年第 6 期。

[88] 张勋、万广华、张佳佳、何宗樾:《数字经济、普惠金融与包容性增长》,载《经济研究》2019 年第 8 期。

[89] 张营营、高煜:《智慧城市建设对地区制造业升级的影响研究》,载《软科学》2019 年第 33 卷第 9 期。

[90] 赵建军,贾鑫晶:《智慧城市建设能否推动城市产业结构转型升级?——基于中国 285 个地级市的“准自然实验”》,载《产经评论》2019 年第 5 期。

[91] 赵云辉、张哲、冯泰文、陶克涛:《大数据发展、制度环境与政府治理效率》,载《管理世界》2019 年第 11 期。

[92] 郑秉文:《“中等收入陷阱”与中国发展道路——基于国际经验教训的视角》,载《中国人口科学》2011 年第 1 期。

[93] 郑东雅、皮建才、刘志彪:《中国的房价上涨与实体经济投资:拉动效应还是挤出效应?》,载《金融评论》2019 年第 4 期。

[94] 宗良、林静慧、吴丹:《全球数字贸易崛起:时代价值与前景展望》,载《国际贸易》2019 年第 10 期。

[95] Acemoglu, D. and Robinson J. A., 2000: Why did the West Extend the Franchise? Democracy, Inequality, and Growth in Historical Perspective, *The Quarterly Journal of Economics*, Vol. 115, No. 4.

[96] Agénor, P. R., Canuto, O., and Jelenic, M., 2012: Avoiding Middle - Income Growth Traps, *World Bank Working Paper*, No98.

[97] Agrawal, A., McHale, J., and Oettl, A., 2018: Finding Needless in Haystacks: Artificial Intelligence and Recombinant Growth, *NBER Working Paper*, No. 14024.

[98] Annez, P. C. and Buckley, R. M., 2009: *Urbanization and Growth: Setting the Context*, The World Bank.

[99] Asian Development Bank, 2011: *Asia 2050: Realizing the Asian Century*, Asian Development Bank.

[100] Baumal, W. J., 1967: Macroeconomics of Unbalanced Growth: The Anatomy of Urban Crisis, *The American Economic Review*, Vol. 57, No. 3.

[101] Cornell University, INSEAD, WIPO, 2019: *Global Innovation Index 2019: Creating Healthy Lives, The Future of Medical Innovation*, 2019.

[102] Demirgüç - Kunt, A. and Klapper, L. F., 2012: Measuring Financial Inclusion: The Global Findex Database, *World Bank Policy Research Working Paper*, No. 6025.

[103] Fatas, A. and Mihov, I., 2009: Another Challenge to China's Growth, *Harvard Business Review*, Vol. 87, No. 3.

[104] Fortunato, P. and Razo, C., 2014: Export Sophistication, Growth and the Middle – income Trap, in Salazar – Xirinachs, et al eds. *Transforming Economies: Making Industrial Policy Work for Growth, Jobs and Development*, UNCTAD.

[105] George, J. G. and Heginbotham, E., 2004: The Latin Americanization of China?, *Current History*, Vol. 103, No. 674.

[106] International Labor Organization, 2018: *Global Wage Report 2018/19: What Lies Behind Gender Pay Gaps*, November 26, 2018.

[107] Jankowska, A., Nagengast, A., and Perea, J. R., The Product Space and the Middle – Income Trap, *OECD Development Centre*, No. 311.

[108] Mario, C., Dosi, G. and Stiglitz, J. E., 2009: *Industrial Policy and Development*, New York: Oxford University Press.

[109] Ohno, K., 2009: Avoiding the Middle – Income Trap: Renovating Industrial Policy Formulation in Vietnam, *ASEAN Economic Bulletin*, Vol. 26, No. 1.

[110] Paus, E., 2012: Confronting the Middle Income Trap: Insights from Small Latecomers, *Studies in Comparative International Development*, Vol. 47, No. 2.

[111] Peneder, M., 2003: Industrial Structure and Aggregate Growth, *Structural Change and Economic Dynamic*, Vol. 14, No. 4.

[112] Vandenberg, P. and Zhuang, J., 2011: *How Can China Avoid the Middle – Income Trap?*, Asian Development Bank.

[113] Woo, W. T., 2011: *Understanding the Middle – Income Trap in Economic Development: The Case of Malaysia*, World Economy Lecture Delivered at the University of Nottingham, Globalization and Economic Policy.

Overcoming the Middle – income Trap: A Review Based on the Perspective of Industrial Internet Development Strategy

Weixuan Chen　Xuliang Wu

Abstract: As China's economic growth has entered the middle – income stage, the risk of falling into the middle-income trap has gradually increased. The impact of the COVID – 19 epidemic and other factors undoubtedly aggravate this risk. On the basis of the existing literature, this paper reviews the causes and consequences of the middle-income trap, the risk factors that may lead China to fall into the middle-income trap, the action mechanism of the industrial internet to overcome the middle-income trap, and the development strategy of the industrial internet. To review the existing literature, the development of the internet industry will promote the income distribution structure optimization, the new factor supply scale and quality improvement, supply side structural reform, governance and new urbanization construction, improve the capacity to reduce all kinds of causes in the middle-income trap, effectively promote the economy's potential growth rate and total factor productivity has increased, helping China across the middle-income trap. Outlook the future research direction of the internet industry and middle-income trap, there are at least three worth exploring areas: the first is to build industry between the Internet and the middle-income trap theoretical framework, the second is the Internet industry in boosting role in the process of crossing the middle-income trap international comparison, and the third it is to need to pay attention to the effect evaluation of digital welfare and economic policy.

Keywords: Middle – Income Trap　Industrial Internet　The Digital Economy　Total Factor Productivity

JEL Classification: O11　O33

第 19 卷第 4 辑
2020 年 12 月

产业经济评论
Review of Industrial Economics

Vol. 19　No. 4
December 2020

共享住宿中的社交收益与经济利益
——基于顾客契合行为的研究视角

王　博　贾　婷*

摘　要：在以 P2P 为主导模式的共享住宿平台中，社交互动质量的提升促使更多的普通顾客升级为契合型顾客。契合型顾客能够通过平台内的在线评论机制发表观点，通过口碑推荐和服务反馈加入到产品的价值增值环节当中，将高质量社交互动转化为房东收益。本文以小猪短租中的 682 家房源为样本进行回归分析，结果显示，由口碑推荐行为和服务反馈行为共同构成的顾客契合行为会对房东收益产生倒“U”型影响，即在共享住宿平台中，随着顾客契合行为的不断增加，房东收益会呈现出先增加后减小的变化趋势。因此，为进一步扩大顾客契合行为的价值贡献，房东应当对契合型顾客进行适度引导、平台应当优化信息发布渠道并扩大信息影响范围。

关键词：共享住宿　顾客契合　房东收益

一、引　　言

伴随着互联网技术的发展和消费理念的转变，共享模式逐渐受到大众认可，其在旅游服务领域的应用给传统住宿行业带来破坏式创新，使共享住宿平台逐渐进入大众视野。当下，共享住宿平台通过整合共享海量分散的闲置房屋资源吸引越来越多的顾客参与其中，根据《中国共享住宿发展报告（2020）》中的数据显示，消费共享住宿产品的顾客人数自 2017 年起就以每年 50% 左右的增长率不断上升，2019 年的全年顾客人数更是达到了 19382 万人①，这使得共享住宿产品逐渐与标准化酒店产品形成分庭抗礼之势。在各类住宿产品供给平台中，为保证经济收益的可持续性，服务提供者通常会

---

* 本文受黑龙江省哲学社会科学研究规划项目“基于数据整合的黑龙江省网络信用治理策略研究”（17SHB048）、中央高校基本科研业务费专项资金（HIT. HSS. 201857、HIT. HSS. HXJS202013）的资助；感谢匿名审稿人的宝贵意见。

王博：哈尔滨工业大学；地址：哈尔滨南岗区西大直街 92 号，邮编 150001；E-mail：wangbo@hit. edu. cn。

贾婷：哈尔滨工业大学；地址：哈尔滨南岗区西大直街 92 号，邮编 150001；E-mail：18S016004@stu. hit. edu. cn。

① 参见国家信息中心 http：//www. sic. gov. cn/News/557/10549. htm 内容。

采用各种方式来增加互动，将顾客的被动性消费转变为主动性参与，以此促进契合型顾客的出现。一般而言，契合型顾客相较于普通顾客对企业产品具有更强的忠诚度，能够通过口碑推荐、信息分享、建议反馈、共同发展等非交易行为参与到产品的价值增值环节当中，是企业竞争优势的重要来源之一（Pansari and Kumar，2017）。共享住宿平台作为提供新型住宿产品的交易场所，其 P2P 交易模式与标准化住宿产品供给平台中的 B2C 交易模式存在显著差别，这进一步导致新平台中顾客契合行为的表现水平发生变化。首先，在共享住宿平台中，顾客契合行为的出现频率一般会高于标准化住宿产品供给平台。从 B2C 交易模式到 P2P 交易模式，住宿产品由标准化向个性化转变、服务供给者由企业向个体转变，这就导致在消费共享住宿产品过程中，追求个性化服务体验的顾客需要通过虚拟和实体两个渠道与房东展开更为广泛的沟通交流。新情境下主客之间社交互动频率的提升能够帮助顾客更加充分地了解房东特征、房源质量以及旅游目的地的人文景观，这有助于顾客与房东之间建立长期的信任及承诺关系，进而做出更多的顾客契合行为。其次，在共享住宿平台中，通过顾客契合行为生成的信息内容丰富度会强于标准化住宿产品供给平台。与 B2C 交易模式不同的是，P2P 交易模式提倡房东与顾客之间的点对点互动，在该社交互动过程中房东可以通过分享美食美景、出行选择等内容给顾客带来异质性消费体验，这就使得在新情境下主客之间互动内容的深度和广度得到提升。互动程度的加深使得契合型顾客在发表看法时不仅会对服务质量进行判断，而且会对服务特征进行描述，还可能给予改进服务的对策建议。可以发现，在共享住宿平台中，主客间社交互动质量的提升使顾客契合行为的发生频率更高、生成内容更丰富，这就需要进一步考虑，在新情境下，社交质量的变化会对服务提供者经济利益产生怎样的作用，即共享住宿平台中的顾客契合行为会如何影响房东收益？为解答上述问题，本文以共享住宿平台为研究背景，通过理论和实证分析，来理清该情境下顾客契合行为与服务提供者收益之间的关系，达到明晰顾客契合行为价值增值作用的目的。

通过揭示共享住宿平台中顾客契合行为与房东收益之间的关系，将实现如下边际贡献。（1）将顾客契合的研究场域由传统的旅游服务领域扩展到共享住宿平台中。在已有研究中，学者对于旅游服务领域中顾客契合行为的分析多着眼于驱动因素研究，仅有少量文章关注传统住宿业中顾客契合行为与服务提供者收益之间的关系，这其中专门针对共享住宿平台的研究更是缺乏，通过研究新情境下顾客契合行为的价值增值作用，能够拓展顾客契合理论的应用范围。（2）揭示了顾客契合行为与房东收益之间存在的倒“U”型关系。在已有研究中，学者们利用结构方程模型计算得到顾客契合行为会对服务提供者收益产生正向作用，但对于两者之间可能存在的二次关系缺乏讨论。以共享住宿平台为研究背景，实证发现，随着顾客契合行为的不断增加，房东收益会呈现出先上升后下降的变化趋势，即存在一个使顾客契合行为发挥最优作用的数值点，该结论丰富了顾客契合行为的研究成果。(3) 提出了从需求侧进行适度引导的顾客管理策略。一般而言，房东可以通过优化服务、展示产品、积极沟通等方式来促进顾客消费意愿及行为，以此增加自身收益，但基于本文的研究结论，房东还可以通过社交互动适度引导契合型顾客，让其利用在线评论机制来调整潜在顾客的消费意愿及行为，帮助房东获取更高的经济收益。

二、文献综述

本文的研究内容是共享住宿平台中顾客契合行为与房东收益之间的关系。房东收益是服务提供者收益的一种表现形式，通过梳理顾客契合行为与服务提供者收益相关的研究，能够为研究的开展奠定基础。共享住宿属于旅游服务领域，这使得该领域中与顾客契合行为相关的研究成果能够提供启示。因此，本研究将从上述两方面展开文献综述。

顾客契合行为与服务提供者收益之间的关系研究。随着服务主导逻辑的出现和关系营销范式的盛行，企业的顾客管理目标由单纯与顾客建立持续性关系向促进契合型顾客出现转变，顾客契合因此成为关系营销领域中学者关注的新热点（Verhoef et al.，2010）。Brodie et al.（2011）在总结前人研究的基础上，提出顾客契合的 5 个基本命题，对顾客契合进行了较为全面的界定，该定义受到学界的广泛认同与支持，他们认为顾客契合反映了一种在特定的服务关系中通过交互体验而产生的心理状态，这种状态能够促进共创价值的生成，并且在服务关系网络中发挥中心作用。顾客契合行为就是上述心理状态由机体内部向外表现而产生的对企业提供超越购买的非交易行为（Van Doorn et al.，2010；Jaakkola and Alexander，2014；邵景波等，2017）。在传统的研究背景下，学者认为顾客契合行为的产生能够通过提升顾客忠诚等方式为企业绩效带来卓越贡献（Hollebeek et al.，2016），并实证检验了顾客契合行为与顾客忠诚的关系。例如，在医疗服务保健业中，顾客契合会经由信任和满意来增加关系强度，进而提升顾客忠诚度（Banyte et al.，2014），手机用户的品牌契合会促进顾客忠诚意向的形成（Dwivedi，2015），公园游客的特定顾客契合行为也会对顾客忠诚和价格感知产生正向影响（Bergel and Brock，2019）。根据上述研究可以发现，在不同的服务领域中，顾客契合行为的发生能够促进其自身忠诚度的形成。在对顾客契合行为与企业收益的直接效应分析中，学者们基于不同情境展开讨论。通过理论分析特定的顾客契合行为—口碑推荐的作用效果，学者发现顾客能够通过该行为生产和传播信息，进而影响其他顾客的持续购买和交叉购买行为，并对银行财务业绩产生影响，进一步的实证结果显示，口碑推荐确实与银行收益之间存在显著的正向关系（Marolt et al.，2020）。此外，在以 B2C 为主要交易模式的中型和小微型企业中，学者实证发现企业驱动的顾客契合行为能够增加自身收益（Moliner et al.，2020），这说明作为产品服务提供者和消费环境营造者的企业，已经意识到顾客契合行为对提升自身经济收益的重要性，并开始对该行为进行管理。虽然上述研究的实证结果都显示出顾客契合行为能够为企业财务业绩带来积极的作用效果，但是也有学者通过理论分析和实证检验发现，在相同的竞争环境中，对于具有高声誉的企业而言，顾客契合行为的作用效果可能并不明显（Beckers et al.，2017）。在进一步将顾客契合行为进行细分的研究中，Bai et al.（2020）等发现仅有个人契合、互动契合会对企业绩效产生显著影响，而粉丝互动这一契合行为的促进效果并不明显。即通过对不同类型顾客契合行为的作用效果进行更深入的分析后，研究结果显示异质性的顾客契合行为会对企业的经济收益产生差别化影响。

旅游服务领域中的顾客契合行为研究。自 2011 年起，学者们就开始关注旅游服务领域中的顾客契合，Brodie et al.（2011）的基础性定义对该领域中顾客契合的概念化产生了深远的影响，早期的定义之一就认为旅游领域中的顾客契合是顾客与企业品牌的个人联系，表现为购买情境之外的认知、情感以及行为反应（So et al.，2014）。这使得之后在该领域关于顾客契合的研究中，学者们多从心理和行为的双维度视角展开分析，而对于顾客契合行为的专门研究较少。在包含行为维度的顾客契合研究中，学者们主要分析了其在旅游服务领域中的驱动因素和影响结果（So et al.，2019）。在驱动因素方面，首先，学者们对旅游业展开分析。研究结果发现，在旅游虚拟社区中，顾客感知价值、社区认同、自我成就、社交、学习等参与动机会对契合行为产生影响（韩小芸，2016；周泽鲲，2019）；在实际交易过程中，员工外表吸引力和顾客社交互动意愿会影响顾客契合（Fang et al.，2019）。其次，学者们对酒店业展开分析。基于企业角度，Zhang et al.（2019）将能够对企业绩效产生重要影响的顾客契合行为作为研究对象，实证发现情感价值、社会价值和认知价值的形成会对评分评论、博客撰写以及顾客间互动这三种关键的契合行为发挥积极作用。基于顾客角度，关系质量、企业认同、自我提升以及社交整合分别会对口碑推荐和共同创造产生正向影响（Romero，2017）。在作用结果方面，顾企关系质量、顾客忠诚成为该领域关注的热点（Touni，2019；Rather，2019）。学者先对顾客契合与顾客忠诚意愿的关系展开分析，在实证检验得到二者之间的正向显著作用关系后（Harrigan，2017），从心理角度入手，分析了在旅游社交媒体中顾客信任、顾客依恋等心理状态在顾客契合和顾客忠诚之间的中介效应（Li，2020）。可以看到，目前在旅游住宿领域中鲜有研究涉及顾客契合行为与服务提供者收益之间的关系分析，然而，顾客契合行为的出现能够对企业财务业绩的提升产生重要作用，这就需要更多的研究将顾客契合行为与企业经济/财务结果联系起来，如入住率、收入、盈利能力等（So et al.，2019）。并进一步关注塑造旅游业和酒店业未来发展方向的领域，如共享经济、技术等（Taheri，2019；Hao，2020）。

综上所述，学者们已经对顾客契合行为展开了大量研究，这为本研究提供了坚实的理论基础，然而，现有研究在以下方面尚存在不足。第一，缺乏对共享住宿平台中顾客契合行为带来的社交收益的讨论。共享住宿平台作为提供新型住宿产品的交易场域，其中顾客契合行为的表现水平相较于标准化住宿产品供给平台已经发生变化，这就需要对新情境下由顾客契合行为产生的社交收益进行关注。第二，关于顾客契合行为和服务提供者收益之间的关系分析不足。在已有研究中，学者们重点关注了顾客契合行为对顾客忠诚度、顾企关系质量的影响，却对顾客契合行为的直接经济效益缺乏讨论，这就需要对这方面的研究内容进行补充。第三，现有研究对客观数据的应用较少。在测量顾客契合行为时，学者们多采用案例分析法和问卷调查法，这导致研究数据主观性较强，为改善这一现象，学者们需要利用新技术、新手段获取客观数据来完成对顾客契合行为的测量，以提升研究的客观性。

基于此，按照如下思路展开分析。首先，依据共享住宿平台特性进行顾客契合行为的界定并分析其构成；其次，从顾客角度出发，分析顾客契合行为对房东收益可能带来的影响，并基于此提出研究假设；再次，根据研究假设确定变量的类型及内涵，利用 python 软件爬取国内代表性共享住宿平台——小猪短租中的在线房源数据，并在此基础上完成变量测量工作，进行描述性统计分析和相关性分析，构建计量模型、展开回归分析，并对计算结果进行解读；最后，在总结研究成果基础上，针对房东和平台提出对策建议，并展望未来可能的研究方向。

三、顾客契合行为与房东收益的研究假设

通过界定共享住宿平台中顾客契合行为的构成，本文进一步分析了不同类型的顾客契合行为是如何通过调整现有顾客及潜在顾客的情感及认知，从而对房东收益产生影响的，以此挖掘顾客契合行为与房东收益之间的关系。

（一）共享住宿平台中的顾客契合行为构成

在消费共享住宿产品的过程中，顾客一般会经历产品订购、产品使用和产品评价三个阶段，其中前两个阶段是交易顺利完成的基础，第三个阶段是实现交易价值增值的关键。通过分析顾客在这三个阶段中的行为表现，可以发现顾客契合行为会发生在产品评价阶段。在该阶段，契合型顾客能够利用共享住宿平台中的在线评论机制自由发表看法，对房东及其产品服务进行补充性说明。一般而言，这类补充性说明会包含两方面的信息，一是对房东及其产品服务的积极评价，主要表现为推荐好评；二是帮助房东改进服务质量

的方法措施，主要表现为反馈建议。基于此，本文认为共享住宿平台中的顾客契合行为是指顾客利用在线评论机制做出的非交易行为，主要包括口碑推荐行为和服务反馈行为。

（二）顾客契合行为与房东收益之间的关系

价值共创理论认为顾客在消费产品和服务时，能够通过整合利用操作性资源对企业经济价值的增加产生影响。借鉴该理论，本文认为共享住宿平台中的契合型顾客可以通过口碑推荐行为和服务反馈行为将掌握的信息资源投入产品的价值创造过程中，这两种行为通过调整契合型顾客自身和其他潜在顾客的认知及消费行为，对服务提供者收益产生影响，具体分析如下。

口碑推荐行为与房东收益。口碑推荐行为是指契合型顾客利用在线评论机制给出好评，并向潜在顾客推荐该房东及其房源，这种行为一般会通过两条路径对房东收益产生影响。一方面会通过给出口碑推荐行为的契合型顾客发挥作用。通常来讲，口碑推荐行为出现的原因是现有顾客对于本次消费体验感到满意，即房东服务能够同时满足顾客在基本住宿和异质性体验两方面的需求，这会促使现有顾客与房东形成良性可持续性关系，进而为其做出重复购买行为奠定基础，而上述行为的发生会对房东收益产生正向影响。另一方面会通过尚未消费的潜在顾客发挥作用。现有顾客基于在线评论机制生成的非结构化信息是对房东及其房源的补充性描述，能够帮助潜在顾客更加深入地了解房东真实的服务水平。当这些描述中存在好评推荐时，就能够促进潜在顾客消费意愿及行为的形成，进而提升房东收益。但结合共享住宿产品特征展开更进一步的分析时，口碑推荐行为的正向作用效果可能发生变化。这是因为，拥有企业背书和行业规范的标准化住宿产品不同的是，共享住宿产品是由个人提供的体验型产品，个体声誉难以衡量且产品不存在统一的质量标准，这使得潜在顾客在消费时会存在较强的感知风险，此时如果房东及其房源获得的口碑推荐过多，就会让潜在顾客形成“刷单”的疑虑。由于平台尚未建立顾客间直接互动的板块，这导致潜在顾客的疑虑无法消除，进而有可能降低其消费意愿及行为，对房东收益产生负面影响。基于上述两方面的作用效果，提出如下研究假设。

假设 1：在共享住宿平台中，口碑推荐行为与房东收益的作用关系可能呈现出倒“U”型曲线的特征，即随着口碑推荐行为的不断增加，房东收益会先增大后减小。

服务反馈行为与房东收益。服务反馈行为是指契合型顾客通过在线评论机制对房东服务及其房源产品给出的改进建议，它也会通过两方面对房东收益产生影响。首先，服务反馈行为会通过给出对策建议的契合型顾客发挥作用。对于契合型顾客而言，其做出服务反馈行为的主要目的之一是为了帮助房东提升服务质量，以更好地满足自身的消费偏好，这一方面会提升房东服务质量；另一方面会加强契合型顾客对房东及其房源的情感联系，并促进其重复消费意愿的形成与外显，这两方面的作用效果均会对房东收益带来正向影响。其次，服务反馈行为会通过尚未消费的潜在顾客发挥作用。对于潜在顾客而言，当其在浏览房源评论时，其中的服务反馈信息代表房东服务及其房源产品需要改进的地方，该信息的少量出现能够让潜在顾客感受到评论的真实性与有效性，这会降低消费的不确定性，增加其消费意愿及行为，正向作用于房东收益。但是当服务反馈信息过多的出现时，这代表由该房东提供的服务需要进行大规模改进，这使得潜在顾客感知到的身体风险和功能风险大幅提升，又会降低其消费意愿及行为，并给房东收益带来消极影响。综上所述，提出如下研究假设。

假设2：在共享住宿平台中，服务反馈行为与房东收益的作用关系可能呈现出倒“U”型曲线的特征，即随着服务反馈行为的增加，房东收益会先增大后减小。

四、变量说明和数据处理

根据理论假设选择研究变量，爬取国内代表性共享住宿平台——小猪短租中的在线房源信息作为样本数据，在此基础上完成变量测量、描述性统计和相关性分析等工作。

（一）变量选择

被解释变量。房东收益作为顾客契合行为的结果，将其确定为被解释变量。

核心解释变量。共享住宿平台中的顾客契合行为由口碑推荐行为和服务反馈行为构成，这就需要将这两个变量作为自变量。基于前文的理论分析和研究假设，口碑推荐行为和服务反馈行为均有可能与房东收益产生倒“U”型的作用关系，这就需要同时将两种行为的平方项也纳入分析当中。综上，核心解释变量包括口碑推荐行为和服务反馈行为的一次项和二次项。

控制变量。为更好地分析核心解释变量的作用效果，就需要控制其他可能对房东收益产生影响的变量。在共享住宿平台中，住宿产品质量、房东信息展示以及违约惩罚措施均会对房东收益产生作用，因此，通过控制与上述三方面相关的变量来解决遗漏变量问题，以此提升研究结论的准确性。在住宿产品质量方面，卧室数量、卫生间数量是对顾客基本住宿需求的满足，会影响顾客重复消费的意愿，并作用于房东收益。在房东信息展示方面，由于房东拍摄的照片能够让顾客更好地了解房源，进而产生正向的消费意愿及行为，这使得照片数量成为需要被关注的控制变量。在违约惩罚措施方面，退订方式是房东面对顾客不守约消费时对自身权益的保护，不同的退订方式会让顾客在产品选购时产生差异化的认知，最终也会反映在房东收益上，这就需要将退订方式也纳入需要进行控制的变量之中。综上所述，控制变量包括卧室数量、卫生间数量、照片数量以及退订方式。

（二）样本来源

小猪短租是当下国内用户接受度较高的本土化共享住宿平台，本研究以其中的北京市房源作为样本来源。小猪短租是 2012 年 8 月上线的国内代表性共享住宿交易平台，其依托互联网技术来整合分享海量、分散的闲置房屋资源。该平台以 P2P 为主要交易模式，通过激励房东提供“充满人情味”的住宿产品来满足顾客个性化的消费体验，进而扩大交易规模、提升平台价值。截至 2019 年 5 月，平台中的房源已覆盖国内 400 多座城市，并拥有超过 5000 万活跃用户[①]，这使小猪短租成为国内共享住宿行业中的头部企业。北京市作为一线城市，具有良好的经济资源和旅游资源，能够为新兴行业的成长提供环境支持。《中国共享住宿发展报告（2020）》中的数据显示，在 2019 年，北京市在房源量、间夜量以及订单量这三个关键指标上都位居全国首位[②]，说明该市中消费共享住宿产品的顾客人数较多，这能够为实证分析提供较为充足的数据。综上所述，本研究利用 python 软件编写代码，随机抽取 682 家小猪短租中的北京市房源作为样本，并爬取这些房源的基本信息和顾客评论作为研究数据。

（三）变量测量

房东收益。收益的一般计算公式是产品购买价格乘以产品数量，然而在共享住宿平台中，真正的产品购买价格只有当消费实际发生时才可以看见。因此，本研究以平台公布的产品预定价格作为购买价格的代理变量。共享住宿平台不会公开每个房源的具体销售量，但已经消费过的顾客可以进行评论，这就可以将订单量作为销售量的代理变量。此外，由于共享住宿中的产品类型多样，这使得产品价格的分布区间较大，为降低异质性，在求取共享住宿产品预定价格与订单总量的乘积后，取该值以 10 为底的对数作为房东收益。

口碑推荐行为和服务反馈行为。本研究关注顾客契合行为与房东收益的关系，由于房东收益来源于闲置房屋使用权的出租，因此，可以将单个房源作为样本点，分别测算出顾客契合行为。通过爬取小猪短租中公开的在线房源数据，可以获得顾客发表的在线评论，通过对这些数据进行文本分析，就可以测量得到相应的顾客契合行为，具体步骤如下。首先，构建小猪短租停

---

① 参见小猪短租 https：//www. xiaozhu. com/aboutus 内容。

② 参见国家信息中心 http：//www. sic. gov. cn/News/557/10549. htm 内容。

用词词典。在对小猪短租中的顾客评论数据进行分词处理后，提取出其中无意义的连接词、感叹词等字词，将它们加入较为一般性的停用词词典中，形成专门针对小猪短租的停用词词典。其次，构建小猪短租词频字典。对于同一观点不同个体会采用差异化的表达方式，而由于小猪短租强调个性化消费，这使得其中的顾客呈现出多元化特征，进而需要构建词频字典来分析得到能够代表顾客契合行为的关键词。通过汇总所有评论数据并进行分词处理，再利用小猪短租停用词词典过滤掉无实际意义的字词，计算得到剩余词语的频率，保存为字典对象，以此作为词频字典。再次，构建顾客契合行为的关键词链表。口碑推荐行为代表顾客对于房东及其房源的好评推广、服务反馈行为代表顾客针对服务质量提供的改进建议，因此，通过分析词频字典，发现"满意、不错、推荐……"和"建议、提议、改进……"等词能够反映口碑推荐行为和服务反馈行为，将其这些词语进行汇总分别构建口碑推荐行为和服务反馈行为的关键词链表。最后计算每个房源中关键词链表的出现次数，并将该次数与总评论数作比，以此作为口碑推荐行为和服务反馈行为的测量值。

控制变量。卧室数量、卫生间数量直接可以通过整理爬取得到的在线数据来获得。照片数量、退订方式则需要进一步处理才能得到。首先是照片数量，可以通过爬取每个房源中照片的统一资源定位符（URL），进一步求出照片 URL 的总数作为照片数量的测量值。其次是退订方式，不同房东对顾客退订的要求不一样，通过阅读退订说明，可以发现按照顾客取消预定是否扣除首日房费之外的剩余房费为标准能够对房东设置的退订方式进行分类，当退订说明中表达的意思为是时就取 1，不是则取 0，以此可以完成对退订方式的测量。

（四）描述统计和相关性分析

在完成变量选取和测量工作的基础上，首先进行描述性统计分析和相关性分析，来初步观察了解变量的基本统计性质和变量之间的关联性，计算结果如表 1 和表 2 所示。

表 1　　描述统计

	个案数	平均值	标准差	最小值	最大值
房东收益	682	4.071	0.349	3.096	5.322
口碑推荐行为	682	0.442	0.215	0.056	2.944
口碑推荐行为^2	682	0.242	0.448	0.003	8.670

续表

	个案数	平均值	标准差	最小值	最大值
服务反馈行为	682	0.020	0.032	0.000	0.235
服务反馈行为^2	682	0.001	0.004	0.000	0.055
卧室数量	682	1.940	1.110	1.000	11.000
卫生间数量	682	1.240	0.700	0.000	10.000
照片数量	682	26.444	14.028	5.000	117.000
退订方式	682	0.730	0.446	0.000	1.000

资料来源：笔者整理。

表 2 相关性分析

房东收益	1								
口碑推荐行为	0.087*	1							
口碑推荐行为^2	0.013	0.871**	1						
服务反馈行为	0.138**	0.138**	0.038	1					
服务反馈行为^2	0.053	0.124**	0.043	0.873**	1				
卧室数量	0.036	-0.045	-0.049	0.004	0.007	1			
卫生间数量	0.155**	-0.043	-0.034	0.001	0.015	0.707**	1		
照片数量	0.431**	0.038	-0.005	0.064	0.054	0.262**	0.358**	1	
退订方式	0.168**	0.060	0.017	0.120**	0.083*	0.025	0.031	0.186**	1

注：* 和 ** 分别表示在 0.05 级别和 0.01 级别上，相关性显著。

首先，通过描述性统计可以发现，在 682 家房源中，所有房源都获得过口碑推荐，部分房源没有收到过服务反馈。在卧室数量、卫生间数量以及照片数量方面，不同房源之间的差别较大，这从侧面反映出小猪短租中房东提供的房源类型多样。通过观察退订方式的平均值，可以发现大部分房东在顾客毁约时，会收取首日住宿费之外的额外费用，这说明小猪短租中房东设定的惩罚措施比较严厉。其次，通过相关性分析可以发现，核心解释变量的一次项及其二次项之间的相关系数、卫生间数量和卧室数量之间的相关系数均超过 0.7，并且显著，这说明这几个变量之间的线性相关性较强。因此，在后续回归分析时需要判断模型是否存在严重的多重共线性问题。

五、顾客契合行为和房东收益的实证分析

（一）回归分析

由于在核心解释变量和控制变量之中存在相关性偏高的现象，这就需要在回归分析时计算出每个模型中变量的方差膨胀因子（VIF），以此判断模型是否存在严重的多重共线性问题，进而保证研究结论的准确性。表3是计算得到的不同模型的回归结果，表4是不同模型中各变量的方差膨胀因子。

表3　回归分析结果

变量＼模型	模型1	模型2	模型3	模型4	模型5	模型6
核心解释变量						
口碑推荐行为		0.104 (0.056)	0.374 ** (0.113)			0.311 ** (0.114)
口碑推荐行为^2			-0.148 ** (0.054)			-0.122 * (0.054)
服务反馈行为				1.124 ** (0.377)	3.82 *** (0.762)	3.58 *** (0.764)
服务反馈行为^2					-23.175 *** (5.718)	-22.934 *** (5.697)
控制变量						
卧室数量	-0.049 ** (0.015)	-0.048 ** (0.015)	-0.05 ** (0.015)	-0.049 ** (0.015)	-0.05 ** (0.015)	-0.051 ** (0.015)
卫生间数量	0.057 * (0.025)	0.058 ** (0.025)	0.062 * (0.025)	0.058 * (0.025)	0.062 * (0.025)	0.065 ** (0.024)
照片数量	0.01 *** (0.001)	0.01 *** (0.001)	0.01 *** (0.001)	0.01 *** (0.001)	0.01 *** (0.001)	0.01 *** (0.001)
退订方式	0.071 ** (0.027)	0.069 ** (0.027)	0.065 * (0.027)	0.063 * (0.027)	0.058 * (0.027)	0.054 * (0.027)
常数项	3.77 *** (0.034)	3.725 *** (0.042)	3.648 *** (0.05)	3.757 *** (0.034)	3.738 *** (0.034)	3.639 *** (0.05)
观察值	682	682	682	682	682	682
R^2	0.206	0.210	0.219	0.217	0.235	0.244

注：* $P<0.05$，** $P<0.01$，*** $P<0.001$，括号里是计算得到的标准误差。

表 4 方差膨胀因子数值

变量＼模型	模型 1	模型 2	模型 3	模型 4	模型 5	模型 6
核心解释变量						
口碑推荐行为		1.008	4.200			4.319
口碑推荐行为^2			4.177			4.231
服务反馈行为				1.017	4.262	4.378
服务反馈行为^2					4.227	4.288
控制变量						
卧室数量	2.001	2.002	2.004	2.001	2.001	2.005
卫生间数量	2.139	2.141	2.146	2.140	2.143	2.149
照片数量	1.189	1.191	1.198	1.191	1.192	1.199
退订方式	1.037	1.040	1.043	1.050	1.052	1.055

注：因变量为房东收益，计算数据是对应模型中各个变量的方差膨胀因子。

（二）结果讨论

模型 1 首先对控制变量的影响效果进行检验。计算结果显示所有控制变量均会对房东收益产生显著影响，其中卧室数量呈现负相关，卫生间数量、照片数量以及退订方式均呈现正相关。究其原因，卧室数量可以反映房间可容纳人数的多少，当其他条件不变时，卧室数量的增多可能代表顾客需要与房东或者其他个体分享整个房源，这有可能导致顾客感知到的空间舒适度下降，进而对房东收益带来消极影响。卫生间数量能够反映房源的舒适程度，当房源拥有较多的卫生间时，顾客的基本住宿需求能够得到更好的满足，这会提升其重复消费意愿及行为。照片是顾客在线上浏览过程中能够对房源产生直观映像的信息载体，房东在共享住宿平台中展示的照片数量越多，越能够帮助潜在顾客形成清晰的认知，进而降低其感知到的功能风险，促进购买行为的发生。退订方式除了能够表现房东服务态度之外，还是房东保护自身利益的一种手段，能够有效降低顾客冲动型消费和临时毁约给房东带来的经济损失，实证结果也显示出要求顾客赔偿首日房价之外的额外定金会为房东收益带来正向影响。进一步计算模型 1 中各个变量的方差膨胀因子，计算得到的数值均没有超过 10，这说明模型不存在严重的多重共线性问题。

模型 2 和模型 3 主要分析核心解释变量之一的口碑推荐行为对房东收益的作用效果。模型 2 在控制变量的基础上加入了口碑推荐行为的一次项，计算结果显示，在控制其他变量的情况下，口碑推荐行为的增加会给房东带来收益的扩大，但是该作用效果并不显著。接着在模型 2 的基础上加入口碑推荐行为的二次项以构造模型 3，计算结果显示模型 3 中二次项前的系数为负（$\beta = -0.148$，$p < 0.01$），一次项前的系数为正（$\beta = 0.374$，$p < 0.01$），这说明口碑推荐行为会对房东收益产生倒“U”型影响，研究假设 1 得到验证，此外，在控制变量的基础上加入口碑推荐行为的一次项和二次项后，样本可决系数的平方值由 0.206 扩大到 0.219，这说明拟合程度在提升。进一步计算模型 2 和模型 3 中各个变量的方差膨胀因子，相关数值均没有超过 10，可以判断这两个模型不存在严重的多重共线性问题。

模型 4 和模型 5 主要分析另一个核心解释变量服务反馈行为对房东收益的作用效果。与模型 2 和模型 3 的构造方法相类似，模型 4 先在仅有控制变量的模型 1 中加入服务反馈行为的一次项，之后模型 5 又在模型 4 的基础上加入服务反馈行为的二次项。计算结果显示，当控制其他变量时，模型 4 和模型 5 中与服务反馈行为相关的核心解释变量前的系数均通过检验，并且模型 5 中二次项前的系数为负（$\beta = -23.175$，$p < 0.001$），一次项前的系数为正（$\beta = 3.82$，$p < 0.001$），这说明服务反馈行为也会给房东收益带来倒“U”型曲线的影响，研究假设 2 同样得到验证，此外，模型 4 和模型 5 的样本可决系数的平方值分别为 0.217 和 0.235，均大于模型 1 中的 0.206，这说明在模型中加入服务反馈行为变量能够提高对房东收益的解释程度。进一步计算模型 4 和模型 5 中各个变量的方差膨胀因子，结果显示各计算数值均小于 10，这说明两个模型不存在严重的多重共线性问题。

模型 6 将两个核心解释变量置于同一个模型中，分析两者对房东收益的作用效果。在分别分析口碑推荐行为和服务反馈行为的作用效果后，构建模型 6，旨在同时分析两个核心解释变量的作用效果。计算结果显示，在控制服务反馈行为、卧室数量、卫生间数量、照片数量以及退订方式等变量之后，口碑推荐行为的一次项与二次项前的系数仍然显著，其与房东收益存在着倒“U”型曲线的作用关系。与此相类似，在保持口碑推荐行为和其他控制变量不变的情况下，房东收益也随着服务反馈行为的增加呈现出先增加后降低的变化趋势。模型 6 的计算结果再一次验证了研究假设 1 和研究假设 2。此外，在向仅有控制变量的模型 1 中同时加入口碑推荐行为和服务反馈行为的一次项和二次项后，样本可决系数的平方值也由模型 1 的 0.206 扩大到模型 6 的 0.244，并且较之前加入单个变量的模型 3 和模型 5 均有增大，这说明随着核心解释变量的不断加入模型的拟合程度也在持续提升。进一步计算模型 6 中各个变量的方差膨胀因子，各变量的 VIF 值均没有超过 10，这说明模型 6 也不存在严重的多重共线性问题。

综上所述，在共享住宿平台中，契合型顾客基于在线评论机制展开的口碑推荐行为和服务反馈行为能够给房东收益带来倒“U”型影响，即随着两类行为的不断增加，房东收益会呈现出先增加后降低的变化趋势，这说明在共享住宿平台中顾客契合行为并非越多越好，其对房东收益的作用效果会存在一个最优值，当顾客契合行为低于最优值时房东应当进行鼓励，而当顾客契合行为高于最优值时房东应当适度抑制。

六、结　　语

（一）研究结论

本文将共享住宿平台作为研究背景，在对顾客契合行为界定后，进一步分析口碑推荐行为和服务反馈行为对房东收益的作用效果，并利用小猪短租中的客观数据进行实证检验，本研究的具体结论如下。

第一，在社交质量提升的共享住宿平台中，顾客契合行为由口碑推荐行为和服务反馈行为构成。在消费共享住宿产品的过程中，顾客与房东之间会展开更加深入的沟通交流，社交互动质量的提升会促进顾客利用在线评论机制发表意见。上述行为主要会生成两类信息，分别是对服务体验的好评推广和对服务改进的对策建议。基于此，本研究认为契合型顾客在共享住宿平台中的行为表现由口碑推荐行为与服务反馈行为构成。

第二，随着共享住宿平台中顾客契合行为的不断增加，房东收益会呈现出先增加后减小的变化趋势。口碑推荐行为和服务反馈行为作为顾客契合行为的有效组成部分，能够通过调节契合型顾客自身和其他潜在顾客的情感及认知，对房东收益产生影响。为理清顾客契合行为与房东收益之间的直接作用关系，本研究在理论分析的基础上提出研究假设，并利用 python 软件爬取小猪短租中的在线房源数据，回归分析得到顾客契合行为和房东收益之间呈现出倒“U”型曲线的作用关系。该实证结果验证了研究假设，并为房东开展顾客契合行为管理提供理论支持。

（二）政策启示

房东作为具体住宿服务的提供者，应当认识到契合型顾客的重要性，通过引导这类顾客的行为表现，来保障自身收入的长期可持续性增长。房东收益的获取会受到供需两方面的作用。从供给方面来讲，房东应当根据顾客需求提出价值主张，以优质贴心的服务质量不断吸引潜在顾客并维持现有顾客；从需求方面来讲，产品服务信息的增加能够调整潜在顾客的认知，并影响其做出消费行为。基于在线评论机制展开的顾客契合行为是生成关于房东及其房源补充性信息的有效手段，而共享住宿平台中的顾客契合行为会对房东收益产生先增后降的作用效果，这使得房东不能对这类行为表现听之任之，而应当通过适度的引导发挥其价值增值作用。综上所述，房东应当主动把握共享住宿平台中的关键性顾客契合行为，并通过对这些行为的管理来促进自身经济效益的提升。

平台型企业作为共享住宿产品资源的整合者，其价值的扩大在于房东与顾客之间交易规模的提升，这就需要平台通过优化系统，来增强顾客契合行为对潜在顾客消费意愿及行为的影响效果。具体来看，平台型企业可以通过以下两方面对系统进行升级。首先，为帮助契合型顾客更好地进行展示，平台应当努力提升在线评论机制的易用性，为顾客契合行为的发生提供良好的外部环境。其次，为扩大顾客契合行为的影响效果，平台应当在调研顾客阅读浏览习惯的基础上，优化房源信息展示模块的页面设计，并在此基础上进一步丰富顾客间沟通交流的渠道，帮助潜在顾客更好地甄别筛选出满意的房源，以促进其购买行为的发生。应当注意的是，平台在提升系统服务质量时必须始终秉持真实客观的原则，避免因为自身的短视行为而使平台中出现“劣币驱逐良币”的不良现象，这样才能使顾客契合行为真正发挥作用，帮助优质房源及其提供者获得更高经济回报的同时，保障平台自身的良性成长。

（三）研究不足与展望

本文以当下方兴未艾的共享住宿平台为研究背景，分析得到了其中的顾客契合行为与房东收益的作用关系，丰富了顾客契合行为的理论研究与应用价值，但受制于时间精力和共享住宿平台的发展现状，在以下两方面的研究还存在不足，在未来的研究中，学者们可以进行补充扩展。

首先，学者们可以通过扩大样本数据来进一步检验本研究提出的研究假设。本研究实证检验了共享住宿平台中的顾客契合行为与房东收益存在倒“U”型曲线的作用关系，但是受到国内共享住宿平台少、样本数据采集难度大的影响，本研究的样本来源仅是国内代表性住宿平台——小猪短租中北京市的房源，样本代表性可能存在不足。这一问题可以随着未来共享住宿平台规模不断扩大，参与人数逐渐增多得到解决。基于此，学者们在进一步的研究中可以逐渐扩大样本空间，从小猪短租中的一个城市扩展到更多的城市，从对单个平台的研究分析扩展到多平台的综合讨论，利用新技术新方法来完善研究内容，进而对共享住宿平台中顾客契合行为与房东收益之间的作用关系进行更加深入的探讨。

其次，学者们可以基于本研究的结论，进一步分析找到顾客契合行为发挥最优作用的数值点，以此更好地了解该行为的价值增值作用。虽然的实证结果已经证明了顾客契合行为与房东收益之间存在倒“U”型曲线的作用关系，但是顾客契合行为的边际效应是怎样的？针对不同房源顾客契合行为的最佳作用点又该如何判断？对于以上两个问题尚未进行解答。因此，学者们可以在进一步的研究中回答上述问题，以帮助房东开展更加精准的顾客管理，实现经济收益最大化。

参考文献

[1] 韩小芸、田甜、孙本纶：《旅游虚拟社区成员“感知—认同—契合行为”模式的实证研究》，载《旅游学刊》2016 年第 8 期。

[2] 邵景波、张君慧、蔺晓东：《什么驱动了顾客契合行为？——形成机理分析与实证研究》，载《管理评论》2017 年第 1 期。

[3] 周泽鲲、乌铁红、唐文跃：《旅游虚拟社区成员的参加动机对其契合行为的影响——以户外旅行俱乐部为例》，载《资源科学》2019 年第 9 期。

[4] Bai, L. J., Yan, X. B., and Yu, G., 2020: Impact of Consumer Engagement on Firm Performance, *Marketing Intelligence & Planning*, Vol. 38, No. 7.

[5] Banyte, J., Tarute A., and Taujanskyte, I., 2014: Customer Engagement into Value Creation: Determining Factors and Relations with Loyalty, *Engineering Economics*, Vol. 25, No. 5.

[6] Beckers, S. F. M., Van Doorn, J., and Verhoef, P. C., 2018: Good, Better, Engaged? the Effect of Company – initiated Customer Engagement Behavior on Shareholder Value, *Journal of the Academy of Marketing Science*, Vol. 46.

[7] Bergel, M. and Brock, C., 2019: Visitors' Loyalty and Price Perceptions: the Role of Customer Engagement, *Service Industries Journal*, Vol. 39, No. 7 – 8.

[8] Brodie, R. J., Hollebeek, L. D., and Ilić, A., 2011: Customer Engagement: Conceptual Domain, Fundamental Propositions, and Implications for Research, *Journal of Service Research*, Vol. 14, No. 3.

[9] Dwivedi, A., 2015: A Higher – order Model of Consumer Brand Engagement and Its Impact on Loyalty Intentions, *Journal of Retailing and Consumer Services*, Vol. 24.

[10] Fang, S., Zhang, C., and Li, Y., 2020: Physical Attractiveness of Service Employees and Customer Engagement in Tourism Industry, *Annals of Tourism Research*, Vol. 80.

[11] Hao, F., 2020: The Landscape of Customer Engagement in Hospitality and Tourism: a Systematic Review, *International Journal of Contemporary Hospitality Management*, Vol. 32, No. 5.

[12] Harrigan, P., Evers, U., and Daly, T., 2017: Customer Engagement with Tourism Social Media Brands, *Tourism Management*, Vol. 59.

[13] Hollebeek, L. D., Conduit, J., and Brodie, R. J., 2016: Strategic Drivers, Anticipated and Unanticipated Outcomes of Customer Engagement, *Journal of Marketing Management*, Vol. 32, No. 5 – 6.

[14] Jaakkola, E., and Alexander, M., 2014: The Role of Customer Engagement Behavior in Value Co – Creation: a Service System Perspective, *Journal of Service Research*, Vol. 17, No. 3.

[15] Li, M. W., Teng, H. Y., and Chen, C. Y., 2020: Unlocking the Customer Engagement – Brand Loyalty Relationship in Tourism Social Media: The Roles of Brand Attachment and Customer Trust, *Journal of Hospitality and Tourism Management*, Vol. 44.

[16] Marolt, M., Zimmermann, H. D., and Pucihar, A., 2020: Enhancing Marketing Performance through Enterprise – Initiated Customer Engagement, *Sustainability*, Vol. 12, No. 4.

[17] Moliner, Miguel ángel, Monferrer, D., and Estrada, M., 2018: Consequences of Customer Engagement and Customer Self – brand Connection, *Journal of Services Marketing*, Vol. 32, No. 4.

[18] Pansari, A., and Kumar, V., 2017: Customer Engagement: the Construct, Antecedents, and Consequences, *Journal of the Academy of Marketing Science*, Vol. 45, No. 3.

[19] Romero, J., 2017: Customer Engagement Behaviors in Hospitality: Customer – Based Antecedents, *Journal of Hospitality Marketing & Management*, Vol. 26, No. 6.

[20] Rather, R. A., Hollebeek, L. D., and Ul Islam, J., 2019: Tourism – Based Customer Engagement: the Construct, Antecedents, and Consequences, *The Service Industries Journal*, Vol. 39, No. 7 – 8.

[21] So, K. K. F., King, C., and Sparks, B., 2014: Customer Engagement with Tourism Brands: Scale Development and Validation, *Journal of Hospitality & Tourism Research*, Vol. 38, No. 3.

[22] So, K. K. F., Li, X., and Kim, H. H., 2019: Customer Engagement in Hospitality and Tourism: A Systematic Review and Future Research Agenda, *Journal of Hospitality & Tourism Research*, Vol. 44, No. 2.

[23] Taheri, B., Hosany, S., and Altinay, L., 2019: Consumer Engagement in the Tourism Industry: New Trends and Implications for Research, *The Service Industries Journal*, Vol. 39, No. 7 – 8.

[24] Touni, R., Kim, W. G. and Ali, M. A., 2019: Antecedents and an Outcome of Customer Engagement with Hotel Brand Community on Facebook, *Journal of Hospitality & Tourism Research*, Vol. 44, No. 2.

[25] Van Doorn, J., Lemon, K. N., and Verhoef, P. C., 2010: Customer Engagement Behavior: Theoretical Foundations and Research Directions, *Journal of Service Research*, Vol. 13, No. 3.

[26] Verhoef, P. C., Reinartz, W. J., and Krafft, M., 2010: Customer Engagement as a New Perspective in Customer Management, *Journal of Service Research*, Vol. 13, No. 3.

[27] Zhang, T., Zhang, P., and Lu, L., 2019: Service Encounter Value and Online Engagement Behaviors, *International Journal of Hospitality Management*, Vol. 85.

Social Benefits and Economic Benefits in Sharing Accommodation

—Research Perspective Based on Customer Engagement Behavior

Bo Wang　Ting Jia

Abstract: In the sharing accommodation platform dominated by P2P, the improvement of social interaction quality promotes more ordinary customers to engaging customers. Engaging customers can express their opinions through the online comment mechanism on the platform, and join the value-added chain of products through word-of-mouth recommendation and service feedback, so as to promote the transformation of high-quality social interaction into landlord income. The results show that the customer engagement behavior composed of word-of-mouth recommendation behavior and service feedback behavior will have an inverted U – shaped impact on the landlord's income, that is, in the sharing accommodation platform, with the continuous increase of customer engagement behavior, the landlord's income will increase first and then decrease. Therefore, in order to further expand the value contribution of customer engagement behavior, the landlord should give appropriate guidance to the engaging customer, and the platform should optimize the information release channel and expand the scope of information influence.

Keywords: Sharing Accommodation　Customer Engagement　Landlord's Income

JEL Classification: M31　P25

第 19 卷第 4 辑
2020 年 12 月

产业经济评论
Review of Industrial Economics

Vol. 19 No. 4
December 2020

自然资源依赖与地区金融发展

李 平 党修宇*

摘 要：诸多研究发现对资源的过度依赖不仅影响了地区经济增长，而且抑制了区域间其他经济和社会活动，但国内相关研究忽略了自然资源依赖对地区金融发展的影响。本文旨在对二者关系进行回答，通过使用 2003~2017 年各省份统计年鉴数据，构建省级层面自然资源依赖和金融发展的指标，系统地分析了二者的关系及其内在机理。结果显示，自然资源依赖度与金融发展呈显著的负相关关系，表明现阶段对自然资源的过度依赖将阻碍地区金融发展水平提高；异质性结果显示，产业结构高级化和增强环境规制力度能够缓解资源依赖对金融发展的负向影响，同时，在软硬件设施发展良好的沿海地区，自然资源与金融发展的关系由负转正；机制检验结果显示，自然资源依赖度越高，地区社会资本发展越滞后，进而阻碍了金融发展；进一步检验结果显示，自然资源依赖将通过阻碍金融发展，进而抑制区域创新。据此研究结论，本文认为，在自然资源的开采利用过程中，应重视其对金融发展的影响，通过加强法治环境建设，积极引导和发展社会资本，以规避自然资源依赖对金融发展的不利影响。

关键词：自然资源依赖 金融发展 腐败 社会资本

一、引 言

丰富的自然资源是地区工业化起步的基础，亦是当地经济增长的先驱动力。因此，早期的经济学理论认为，较之于自然资源匮乏的地区，自然资源丰富的地区经济增长更为迅速。然而，20 世纪后期以来，一些典型化事实与研究发现丰富的自然资源在地区经济增长过程中并未扮演先驱动力的角色，反而成为经济发展的桎梏，这种现象被称为“资源诅咒”（Frankel，2010）。纵观中国不同地区的经济增长，“资源诅咒”同样有迹可循：从空间维度来

* 本文受国家社会科学基金重点项目“开放条件下异质性企业要素配置与全要素生产率提升研究”（19AJL011）的资助。
感谢匿名审稿人的专业意见和修改建议。
李平：山东理工大学经济与管理学部；地址：山东省淄博市张店区共青团路 88 号，邮编：255000；E-mail：lipingsdut@163. com。
党修宇：山东理工大学经济学院；地址：山东省淄博市张店区共青团路 88 号，邮编：255000；E-mail：dxiuyu_sdut@163. com。

看，中国区域经济发展呈现资源丰富地区落后于资源匮乏地区的特征（董利红等，2015）；从时间维度来看，中国“资源诅咒”现象正随时间的推移有所增加（安锦、王建伟，2015）。

在中国“资源诅咒”命题成立的背景下，大量研究探讨了“资源诅咒”背后的作用渠道，发现自然资源依赖会通过影响其他经济活动和社会现象，例如对自然资源依赖会通过挤出制造业、削弱人力资本的积累、恶化市场环境和制度质量等方式，制约当地长期经济增长（胡援成、肖德勇，2007；邵帅等，2013；彭爽、张晓东，2015）。尽管已有研究从多个视角讨论了为什么自然资源依赖会阻碍地区长期经济增长，但国内鲜有研究涉猎自然资源对金融发展的影响及其作用机制。对该问题的讨论，同样是理解自然资源依赖和长期经济增长关系的关键所在。一方面，研究地区经济增长，一个绕不开的问题便是金融体系对经济可持续增长的推动作用，纵观历史上一个区域或一国的崛起，均离不开金融体系的有力支持（Rajan and Zingales，1998；Rajan and Zingales，2003；Aghion et al.，2005）。发达的金融体系通过发挥投资—储蓄转化、提高资金配置效率等功能，促进了地区结构转型和技术进步，进而实现内生增长。另一方面，结合中国现实情况来看，首先，丰厚的资源租金与未成体系的资源审批、开采程序并存，使区域执法效率低下，腐败寻租等行为层出不穷；其次，在地方政府以 GDP 为主的考核方式下，“以资源促发展”的模式逐渐形成且固化，使当地政府忽略了对原生社会资本的引导和发展。上述因素无疑恶化了支撑金融发展的制度基础。由此看来，自然资源依赖对金融发展的阻碍又似乎存在着必然的逻辑。

行文至此，我们想要分析的问题已逐渐清晰，金融部门作为现代经济运行的枢纽和核心，是经济增长的重要机制，而自然资源依赖对金融发展的影响无疑会间接影响地区经济增长。因此，讨论自然资源依赖所带来的上述变化对地区金融发展的影响及其作用关系，不仅能明晰资源禀赋在金融领域中可能存在的“诅咒效应”，也能为中国区域内“资源诅咒”的发生提供新的解释，进而为破除资源诅咒效应提供新的政策见解。

基于上述分析，本文拟探讨自然资源依赖对中国金融区域协调发展的影响及内在作用机制。接下来的文章结构安排如下：第二部分为文献综述；第三部分从腐败和社会资本两个方面分析自然资源依赖对金融发展的影响机制；第四部分为模型构建及数据说明；第五部分为实证检验及分析；第六部分为中介效应检验；第七部分为针对经济后果的进一步检验，通过纳入自然资源依赖和金融发展的交互项，进一步探讨二者的交互项对经济增长的影响；第八部分为结论及启示。

二、文献综述

在讨论如何规避“资源诅咒”的研究中，其中一支文献将研究视角延伸至金融发展，强调了金融发展在规避“资源诅咒”过程中的重要作用。金融发展不仅能够通过动员储蓄，提高储蓄投资转化和资金配置效率等方面刺激地区经济增长，缓解自然资源对经济增长的负向影响（Gylfason and Zoega，2011），而且能够间接加速当地人力资本积累，推动地区创新，从而打破“资源诅咒”（胡援成、肖德勇，2007）。同时，也有研究指出当地金融发展水平跨越特定的门槛后，“资源诅咒”将转变为“资源祝福”。例如，刘耀彬等（2015）的研究则指出金融发展在跨越 1.6352 这一门槛值后，自然资源依赖对经济增长的影响由负转正。张丽、盖国凤（2020）在内生增长模型的基础上引入煤炭资源和金融发展，验证了金融发展在跨越相应的门槛值后，煤炭资源开发对经济增长的影响由负转正。

然而，上述研究忽略了一个重要问题，自然资源依赖是否会影响地区金融发展？若自然资源依赖制约了金融部门的规模扩张和效率提升，使金融体系的有效功能难以充分发挥，当地落后的金融体系自然也无力支持经济长期可持续增长。基于跨国面板数据的研究验证了这一论断。Gylfason and Zoega（2011）首次将自然资源作为资本引入索罗增长模型，发现一国自然资源资本与实物资本之比越高，投资和储蓄的数量和质量则越低。Beck（2011）通过实证检验支持了上述结论，发现资源型国家的银行部门规模普遍较小，且银行部门应履行的金融中介职能未能有效发挥，使得当地企业面临的融资约束远高于非资源型国家的企业。Nili and Rastad（2007）则发现石油出口国对石油的过度依赖严重阻碍了当地金融发展，使其呈现出高投资低增长、资金配置效率低等特征。此后的研究进一步讨论了自然资源依赖影响金融发展的中间渠道。Bhattacharyya and Hodler（2013）认为资源型地区制度环境的普遍较差，这使得当地合同契约难以履行，债务人也缺乏相应的还款动机，而金融行业对契约实施的制度环境变动十分敏感，因此资源型地区的金融发展水平普遍较低。Hattendorff（2012）由贸易条件切入，认为资源型国家单一的出口结构极易遭受贸易条件变化的冲击，在风险增加的情况下，银行部门贷款将收取更高的风险溢价，而较高的贷款利率使得企业和个人的贷款需求降低，从需求角度而言，当地金融发展受到一定的制约。Mlachila and Ouedraogo（2017）则认为资源型商品价格在国际市场中的大幅波动在引起一国宏观经济剧烈波动的同时，也使银行不良贷款增加，使银行流动性相应降低，进而对金融发展产生负面影响。可见，国外相关文献均认为，自然资源与金融发展之间存在着负相关关系。

综上，国内研究认为发达的金融体系有助于规避地区“资源诅咒”的发生。然而，大量以跨国面板数据为基础的研究发现，资源型地区在金融发展过程中普遍存在着金融市场规模小、运行效率低和不完全性程度高等特点，低效的金融市场也难以拉动经济产出。那么，国内自然资源依赖是否同样会挤出地区金融发展？若金融领域也存在资源诅咒效应，自然资源依赖又是通过何种渠道影响金融发展？自然资源依赖对金融发展的影响在不同区域间是否存在异质性？本文旨在回答上述问题，以明确中国区域内自然资源依赖与金融发展之间的关系。较之于以往研究，本文的边际贡献存在以下两点：第一，研究内容上，本文从理论和实证两个层面研究了自然资源依赖对金融发展的影响，并由“自然资源依赖—腐败—金融发展”和“自然资源依赖—社会资本—金融发展”出发，揭示了自然资源影响金融发展的作用机制。此外，考虑到中国不同区域存在显著的差异，本文进一步研究了地区存在产业结构、环境规制和区位差异时，自然资源依赖对金融发展的异质性影响，丰富了现有研究。第二，研究方法上，在“资源诅咒”的研究中，大量实证检验忽略了内生性问题（方颖等，2011），本文通过寻找合适的工具变量最大程度减少实证结果中所存在的内生性，使本文的结果更具可信度。

三、机制分析

关于自然资源依赖对金融发展的影响渠道，现有研究大致从制度环境弱化、贸易条件恶化和大宗商品价格波动三方面进行分析。考虑到中国自然资源出口量占比较低，使用贸易条件和大宗商品价格波动分析自然资源对金融发展的影响显然失却说服力。与此同时，在金融发展理论最新进展也越发强调制度因素在其中的作用。因此，本部分尝试从制度环境切入，分析自然资源依赖如何通过地区腐败和非正式制度（社会资本）①，进而影响金融发展。

制度环境对金融发展的重要性不言而喻。腐败控制作为制度环境的重要维度，良好的腐败控制有助于保障契约顺利实施及投资者合法权益，成为金融体系改革和发展的基本前提（Beck and Levine，2004）。而腐败的存在使地区执法效率和合同执行力度下降，这不仅使得投资者的合法权利难以获得保障，并且造成了银行部门中信贷违约风险骤增，整个地区投融资行为因此受阻，进而阻碍当地的金融发展。不仅如此，Yuxiang and Chen（2011）的研究还指出，腐败的增加将削弱当地政府公信力，破坏当地的政策可信度。由于政策可信度在各项政策、制度改革过程中发挥着重要作用，其下降使得当地政府的金融改革措施难以顺利实施，造成了当地金融

① 制度环境大致可分为政治环境（包括政府主导、干预等）、法治环境（政府廉洁程度）和非正式制度（包括信用、文化等）等三方面。由于中国金融体系中本就存在着严重的指令性贷款、所有制歧视等问题，政府干预对金融发展的影响未必是由自然资源依赖所引发。基于上述考虑，本文着重探讨后两者对金融发展的影响。

发展的相对滞后。

现有研究发现，资源型地区会产生严重的腐败问题（Gylfason，2001），其产生的原因大致可总结为“寻租—自由裁量权—腐败”。大量的资源租金和产权不完善共同滋生了潜在资源开采者寻租行为的发生。一方面，由于自然资源稀缺、可耗竭和不可流动等特点，使其产生相应的稀缺性租金、耗竭性租金和垄断租金，开采者为获取采矿权和超额利润而进行寻租；另一方面，中国自然资源行业现行的产权制度、法律制度、市场规则等缺乏明确的边界，自然资源的所有权和经营权相互交错，这其中无论是资源产权交易制度的不完善还是收益分配制度的缺位，均为寻租行为留下了巨大的空间。与此同时，政府所拥有保管和支配资源的权利使得寻租行为转化为腐败。在资源审批和开采过程中，从生产管理到收益分配等大量权利附着于相关的官员身上，地方政府具有较高的自由裁量权，加之整个过程中繁杂的程序与权责分工不明确并行，吸引了潜在寻租者相互竞争，资源的审批与开采最终成为地方政府攫取私人利益的工具（彭爽、张晓东，2015）。此外，当自然资源的收益能转化为财政收入时，不同的政治权利利益集团出于自身利益的考量，将争夺资源的使用权，进而开展政治层面的腐败（贿选、官场交易等）（赵伟伟、白永秀，2020）。因此，资源型地区固有的官僚主义和腐败之风成为制约当地金融发展水平提升的影响因素之一（Yuxiang and Chen，2011；Bhattacharyya and Hodler，2013）。

基于此，本文提出假设 1。

假设 1：自然资源依赖通过诱发地区腐败，进而阻碍当地金融发展。

除腐败外，社会资本同样是影响金融发展的关键因素。金融业务的开展过程与其他行业的运行方式存在显著差异，其中存在的信息不对称、逆向选择和道德风险问题比其他经济活动更突出。而社会资本所蕴含的社会信任、行为规范和公民参与社会网络等特征，能通过信用机制、关联网络和社会规范的建立，降低信息不对称，减少逆向选择和道德风险（周瑾等，2018）。上述因素也决定了地区金融发展对社会资本的变动更为敏感。具体来看，正规的金融交易行为依赖于社会信任。社会信任由社会资本所决定，较低的社会资本难以在当地形成有效的信用机制，造成地区内授信风险和交易成本增加，进而降低金融资源配置效率，阻碍地区金融发展（Guiso et al.，2004）。不仅如此，基于人缘和地缘交织所形成的社会关联网络有助于非正规金融部门获取融资者的“软信息”，进而促进非正规金融的发展（林毅夫、孙希芳，2005）。而关联网络的缺失不仅弱化非正规金融部门获取“软信息”的能力，并且也难以通过声誉机制约束融资者的行为（周瑾等，2018），进而阻碍了互助性金融的发展。

自然资源依赖会通过直接或间接的方式侵蚀社会资本的积累。从直接影响来看，资源型地区所积累的大量资源财富所传递的出错误信号，会使当地政府和个人忽略社会资本在经济增长中的作用（Woolcock，1998；Yuxiang and Chen，2011）。对政府而言，资源型经济能够凭借单一的开采模式迅速积累社会财富，在当地形成“虚假的繁荣”，加之中国长期存在官员以 GDP 考核为主的“晋升锦标赛”模式，将诱使政府倾向于扶持短期内带来巨大效益的资源型行业，而资源型行业的发展并不依赖社会资本，导致政府忽视了社会资本积累（Gylfason and Zoega，2006）。对个人而言，通过努力维系社会网络、协同合作所获取资源并由此获得的收益远低于资源开采所带来的收益，个人同样缺乏社会资本积累的动机。

从间接影响来看，资源型地区收入差距的拉大和教育的缺失，同样会阻碍社会资本的积累。首先，由于资源开采行业的产权安排问题，资源开采的收益大多集中于矿主和不法官员当中，而未对当地居民产生实质性福利，这使得当地贫富差距由此拉大（徐康宁、韩剑，2006）。当地居民感受到收入分配有失公允时，受“不患寡而患不均”思想的影响，居民的主观性态度将产生转变，人们时常感受到无助和压力并随之使社会信任受损（Wilkinson and Pickett，2009），阻碍了社会资本的积累。其次，资源型地区接受教育的机会成本普遍较高（接受教育意味着需要放弃从事资源行业的收入），并且难以获取人力资本投入后的相应补偿，这弱化了当地居民接受教育的动力。而教育和社会资本之间联系紧密，教育不仅能够使人学会如何与他人相处，提高个人的社交能力，更重要的是教育本身便是一种社会活动，接受教育的过程同时也是个人关系网络逐渐形成的过程，这为社会关系网络的形成提供契机。因此，在资源型地区中，教育的缺失将弱化社会关系型网络形成。总之，自然资源依赖会阻碍社会资本的积累，进而造成当地正规金融和非正规金融发展缺乏非正式制度的保障。

基于此，本文提出假设 2。

假设 2：自然资源依赖通过侵蚀社会资本，进而阻碍地区金融发展。

发达的金融体系能通过融资规模的增加及资金配置效率的提升，拓宽企业的融资渠道，并将资金引入市场中的创新项目，进而促进区域创新。特别是当地区由技术模仿向技术创新阶段转型时，所需的新技术越来越复杂，创新投入所需的资本呈现出规模性、连续性和长期性等特征，使区域创新对地区金融发展程度的要求和依赖也相对更高（Lin，2009）。然而，如上文所述，自然资源依赖使得地区金融发展程度滞后，金融体系的功能严重丧失，资金配置效率低下，这将形成金融制约区域创新的态势。不仅如此，对资源的过度依赖造成当地实体经济投资渠道匮乏、利润微薄。由于金融资源的逐利性，当地金融资源偏向于流向回报较高的虚拟经济，以此获得丰厚的利润。大量金融资源在资本市场中空转，使当地企业难以获得资金以维系研发资本的投入，进而阻碍了区域创新。①

基于此，本文提出假设3。

假设3：自然资源依赖增加将阻碍地区金融发展，进而抑制区域创新。

四、模型构建及数据说明

（一）模型构建

对"资源诅咒"这一命题进行实证检验时的模型构建过程，实质是根据经济增长的源泉和"资源诅咒"传导途径选择控制变量的过程。因此，本文借鉴 Sachs and Warner（1999）设计的回归模型。同时，由于本文旨在分析中国自然资源依赖对金融发展的影响，基准模型设定如下所示：

$$fin_{it} = \alpha_0 + \alpha_1 res_{it} + \alpha_2 control_{it} + \mu_i + \mu_t + \varepsilon_{1it} \tag{1}$$

其中，自然资源依赖度（res），代表中国省级层面对自然资源依赖的程度。金融发展（fin），代表中国省级层面金融发展水平。control 为本文的控制变量，主要包括：经济发展水平（gdp），使用人均 GDP 增长率衡量；固定资产投资（fi），使用固定资产投资占 GDP 的比重衡量；私营经济发展情况（pe），使用非国有职工占城镇职工之比衡量；受教育程度（edu），使用教育年限法进行计算，具体公式为：（小学占比 ×6 + 初中占比 ×9 + 高中占比 ×12 + 本专科占比 ×16 + 研究生占比 ×19）；基础设施建设（inf），使用交通航线密度衡量，具体公式为：（公路 + 铁路 + 内河航道）/10000 平方公里；对外开放程度（open），使用进出口总额与 GDP 之比衡量；城镇化率（urban），使用非农人口占比进行衡量；人口增长率（zzl），使用地区总人口增长率进行衡量；μ_i 代表省份效应；μ_t 代表时间效应。

（二）关键指标度量

1. 自然资源依赖（res）的测算

对于自然资源依赖度这一指标的测算，国内文献主要用以下三个指标进行衡量：其一，区域内自然资源的丰裕程度，如地区能源储量占比（徐康宁、韩剑，2006）；其二，区域内资源产业某项经济指标，如采掘业固定资产投资占固定资产比重（徐康宁、邵军，2006）、能源工业产值占工业总产值的比重（邵帅、齐中英，2008）；其三，采掘业就业人数占总就业人数的比重（邵帅等，2013）。为保证数据的可得性和连续性，本文选用采掘业固

① 实质上，"资源诅咒"产生的根本原因便是两种差异性经济增长方式的可持续与否，即当地是采取技术创新实现内生增长，或是依赖简单的资源开采积累财富，最终陷入经济增长不可持续的"陷阱"。若自然资源依赖对金融发展的阻碍拖累了当地技术创新，"资源诅咒"现象便由此产生。

定资产投资占固定资产比重的比重这一指标衡量中国自然资源依赖度①，并在稳健性检验中使用资源丰裕度作为替换指标，以保证结论的可靠性②。中国现行的行业统计中，采掘业包括煤炭开采和洗选业、石油和天然气开采业等五大行业，因此，这一指标能够较为准确地反映出不同省份对自然资源产业的依赖程度。

2. 金融发展水平（fin）的测算

对于省级层面金融发展水平的测算，以往研究多使用银行贷款余额与 GDP 之比衡量。但由于中国银行内存在大量指令性贷款，使用上述指标可能会高估部分地区金融发展水平（李敬等，2007）。鉴于此，本文使用非国有企业贷款总额与 GDP 之比衡量地区金融发展水平。由于中国并未披露银行业对非国有部门贷款数额，本文借鉴李敬等（2007）的做法，假设银行对于国有部门的信贷与其固定资产投资额存在线性关系，并进一步采用扰动项一阶自相关的固定效应回归，间接估计非国有部门贷款额与 GDP 之比，具体回归方程如下：

$$\text{Loanrate}_{it} = \alpha_0 + \beta \text{State}_{it} + v_{it} + \varepsilon_{it},\ \varepsilon_{it} = \rho \times \varepsilon_{it-1} + \delta_{it},\ |\rho| < 1 \qquad (2)$$

其中 loanrate 为银行信贷与 GDP 之比，state 为国有部门固定资产投资额，β 则代表银行业贷款按比重分配给国有部门与 GDP 之比的比值。v_{it} 为地区虚拟变量，以此控制各省份非国有部门发展的差异性。回归结果如表 1 所示。

表 1 授信分解结果

变量	系数	t 值
βState	0.509	5.04
ρ(AR)	0.90	
R^2	0.1	
obs	450	

资料来源：表中数据为笔者计算所得。

（三）数据来源及统计性描述

本文实际使用 2003 ~ 2017 年省级面板数据进行实证分析，相关变量均来源于各省《统计年鉴》。由于西藏地区数据缺失较为严重，本文将其剔除，

① 部分文献认为使用采掘业就业人数占总就业人数的比重能避免一定程度的内生性问题（方颖，2011），遗憾的是，2012 年行业采用了新的分类标准，统计口径的不一致造成了 2012 年前后数据不可比。

② 虽然已有研究指出资源丰富的地区，其资源依赖程度未必高，但从中国省级层面来看，资源丰裕度和资源依赖度存在明显的序列相关性（孙永平、叶初升，2012）。

最终获得 30 个省份共计 450 个样本进行实证检验。为避免异常值干扰实证结论，相关实证数据本文均进行了 winsor 上下 1% 的平滑处理。

表 2 汇报了相关变量的统计性描述，从表中可以看出自然资源依赖的均值为 0.045，标准差为 0.046，金融发展的均值为 0.577，标准差为 0.202。这表明中国不同省份的自然资源依赖程度和金融发展水平尚存在较大的差异。表 3 统计了不同资源依赖度下金融发展的均值，若当年自然资源依赖高于 50% 分位数，则判定为资源依赖度高的地区，反之为资源依赖度低的地区。总体来看，2003 ~ 2008 年，地区金融发展均值呈下降趋势，2008 年后金融发展均值呈上升趋势，金融发展程度和随洪光等（2017）所测得的趋势一致。从区分资源依赖度情况来看，在资源依赖度低的地区，其金融发展均值要明显高于资源依赖度高的地区。从统计分析来看，初步佐证了本文的观点，接下来的部分将进行更为严谨的实证检验，验证二者之间的关系。

表 2　统计性描述

变量	样本数	平均值	标准差	最小值	最大值
fin	450	0.577	0.202	0.264	1.269
res	450	0.045	0.046	0.000	0.228
fi	450	1.301	0.912	0.264	3.674
gdp	450	0.105	0.055	-0.014	0.241
pe	450	0.854	0.135	0.243	0.979
edu	450	8.647	0.993	6.663	11.854
inf	450	12.834	7.576	1.13	31.6
open	450	0.321	0.393	0.039	1.668
urban	450	0.517	0.143	0.258	0.893
zzl	450	0.053	0.027	-0.004	0.112

资料来源：笔者根据各省《统计年鉴》整理而得。

表 3　金融发展的统计性描述

年份	资源依赖度高	资源依赖度低	年份	资源依赖度高	资源依赖度低
2003	0.585	0.590	2011	0.478	0.612
2004	0.519	0.568	2012	0.504	0.635
2005	0.472	0.528	2013	0.559	0.628
2006	0.459	0.528	2014	0.613	0.648
2007	0.445	0.505	2015	0.686	0.686

续表

年份	资源依赖度高	资源依赖度低	年份	资源依赖度高	资源依赖度低
2008	0.411	0.495	2016	0.707	0.731
2009	0.511	0.606	2017	0.716	0.772
2010	0.519	0.606			

资料来源：笔者根据各省《统计年鉴》整理而得。

五、实证检验及分析

（一）基准检验

本部分检验了自然资源依赖对金融发展的影响，为控制省级层面不随时间变化的因素以及宏观层面因素的冲击，所有回归均控制了省份和时间固定效应，逐步回归结果报告于表4。其中，第1列是没有考虑其他控制变量的情况下，自然资源依赖对金融发展的回归结果。平均而言，当自然资源依赖程度增加1个单位，金融发展水平相应降低0.507个单位。第2～4列逐步加入了经济发展水平、资源诅咒效应的中介变量（包括固定资产投资、私营经济发展水平、教育水平）和基础设施、对外开放、城镇化率、人口增长率等控制变量。从回归结果来看，自然资源依赖对金融发展的影响始终显著为负。上述结果表明，从中国省级层面来看，金融领域中的确存在资源诅咒效应。

表4 基准回归

变量	(1)	(2)	(3)	(4)
res	-0.507*** (0.146)	-0.347** (0.145)	-0.347** (0.145)	-0.405*** (0.147)
fi		0.209** (0.091)	0.150 (0.092)	0.168** (0.089)
gdp			0.003 (0.009)	-0.006 (0.010)
pe			0.185*** (0.067)	0.157** (0.069)
edu			0.041** (0.017)	0.034** (0.017)
inf				-0.008*** (0.001)

续表

变量	(1)	(2)	(3)	(4)
open				0.008 (0.033)
urban				0.594 *** (0.181)
zzl				-0.715 ** (0.350)
常数项	0.627 *** (0.014)	0.653 *** (0.018)	0.070 (0.166)	0.053 (0.164)
年份/省份	控制	控制	控制	控制
obs	450	450	450	450
Adj - R^2/within - R^2	0.70	0.70	0.71	0.74

注：*、**、*** 分别代表在1%、5%、10%水平上显著，括号内为稳健标准误，控制年份、省份效应。

从控制变量来看，经济发展水平、私营经济发展、教育水平、城镇化对金融发展的影响显著为正，固定资产投资和对外开放程度对金融发展的影响并不显著。值得注意的是，基础设施建设和人口增长率对金融发展的影响显著为负。这一结果的可能原因在于，基础设施建设需要大量投资，这会挤占其他类型的投资，中国区域内存在过量的基础设施投资，拖累了地区长期经济增长（James et al.，2007），进而阻碍地区金融发展。人口增长率较快的地区多集中于少数民族集聚的边远省份（王桂新、干一慧，2017），受当地各种条件的制约，金融发展程度仍相对较低。

综合来看，对自然资源依赖程度越高，地区金融发展水平越低。这说明中国省级层面的金融发展受到自然资源依赖的影响，这一结果与以往研究使用跨国面板数据的结果大致相同。当地区陷入资源路径依赖时，过度的资源使用降低了社会中资本边际生产率，钝化了储蓄—投资的积极性，进而阻碍地区金融发展（Gylfason and Zoega，2006）。

（二）稳健性检验

1. 内生性问题处理

虽然本文通过双向固定效应控制了省级层面不随时间变动的因素和其他宏观因素的冲击，但仍不能排除反向因果关系或由于其他潜在的遗漏变量所带来的内生性问题，造成结果的偏误。基于此，本文进一步寻找合适的工具变量，以期最大程度解决内生性问题对文章结论的影响。关于工具变量的选择，遵循与解释变量相关而与被解释变量不相关的原则，选取人均用水量和滞后一期自然资源依赖作为工具变量。选用人均用水量作为工具变量基于两方面考虑，一方面从政策选址方面来看，中国资源型行业的整体规划和布局多分布于内陆地区，而内陆地区的生活用水多低于沿海地区；另一方面从地理分布来看，煤炭、石油和天然气等自然资源多分布于水资源匮乏的地区，水资源呈现出逆向分布（鲁永刚、张凯，2019），上述因素保证了人均用水量具有足够外部性的同时又与自然资源依赖高度相关。选用滞后一期自然资源依赖作为工具变量则是借鉴现有研究的做法，一方面由于解释变量与其高度相关，另一方面“滞后”变量为前定，与当期的扰动项并不相关。一阶段回归中，本文使用基准模型对工具变量与解释变量回归，结果显著为正①，表明工具变量与解释变量显著相关。使用工具变量的回归结果报告于表 5 第 1 列，其中 Kleibergen—Paap rk LM 统计值均在 1% 水平上显著，Kleibergen—Paap rk Wald—F 值远高于 10，Sargan（p）值为 0.27，表明本文所选取的工具变量较为合理。可以看到，在使用工具变量控制内生性后，结论与本文基准回归结果基本一致，只是系数有所增加。

表 5 稳健性检验

变量	(1)	(2)	(3)	(4)	(5)	(6)	(7)	(8)
	IV1	IV2	控制遗漏变量	被解释变量 1	被解释变量 2	解释变量	2003～2008	2009～2017
res	-0.589*** (0.187)	-0.567*** (0.186)	-1.308*** (0.275)	-0.825*** (0.299)	-0.294** (0.121)		-0.236 (0.191)	-0.598*** (0.222)
res1						-0.057*** (0.022)		
控制变量	控制	控制	控制	控制	控制	控制	控制	控制
年份/省份	控制	控制	控制	控制	控制	控制	控制	控制
省份 * 年份效应			控制					
LM 值	258.539 (0.00)	260.215 (0.00)	91.932 (0.00)					
Wald－F 值	359.899	243.939	73.722					
Sargan（p）	0.24	0.17	0.69					

① 人均用水量对自然资源依赖的回归系数为 -0.039，t 值为 -3.30；滞后一期自然资源依赖对自身的回归系数为 0.800，t 值为 27.28。

续表

变量	(1)	(2)	(3)	(4)	(5)	(6)	(7)	(8)
	IV1	IV2	控制遗漏变量	被解释变量1	被解释变量2	解释变量	2003～2008	2009～2017
within－R^2/Centered－R^2	0.76	0.76	0.22	0.74	0.56	0.74	0.75	0.74
Obs	420	420	420	450	450	450	180	270

注：*、**、***分别代表在1%、5%、10%水平上显著，括号内为稳健标准误，控制年份、省份效应。

为确保使用工具变量后结果的稳健性，本文选择加入第三个工具变量进行回归。第三个工具变量选择1988年采矿业就业人数占总就业人数之比衡量。关于此工具变量的选择，本文沿用了Acemoglu et al.（2001）的理念，选取历史变量作为现代变量的工具变量。首先，考虑到中国自然资源依赖具有“历史基础与路径依赖”（贺灿飞、朱彦刚，2010），历史上的自然资源依赖跟当下自然资源依赖高度相关。其次，历史上的自然资源依赖距今足够远，因此其发展也难以与当前发展相关，具备外生性特点。值得注意的是，历史工具变量不随时间的推移而变动，这在双向固定效应模型中会被吸收掉。基于此，本文借鉴Nunn and Nancy（2014）的做法，寻找外生冲击作为间断点后与历史工具变量相乘，得到随时间变动的变量。本文在样本期间内选择了2013年作为间断点，原因是在2013年国务院颁布了《全国资源型城市可持续发展规划（2013－2020）》后，全国对资源型城市发展中所存在的问题进行了规制。表5第2列报告了回归结果，从LM值、F值和Sargan（p）值来看，所选取的工具变量同样是合理的，且结论与前文并无差异。

除反向因果关系外，潜在的遗漏变量同样是造成内生性问题的因素。基于此，文章在双向固定效应的基础上，进一步加入省份×年份固定效应，以控制省级层面逐年变化的冲击因素，结果报告于表5第3列。回归结果仍与基准检验一致。

2. 替换被解释变量

测度金融发展的指标众多，本文进一步选择银行信贷总额与GDP之比和银行贷款与存款之比衡量地区金融发展水平。结果分别报告于表5第4、5列，结果显示自然资源依赖对金融发展的影响仍显著为负。

3. 替换解释变量

本文使用地区自然资源禀赋作为自然资源依赖的代理变量，资源禀赋的计算公式按照社科院的换算公式进行折算：资源禀赋＝(0.9714×焦炭＋1.4286×原油＋1.33×天然气)/总人口。从表5第6列的结果来看，本文的结论依旧稳健。

4. 划分样本区间

本文以 2008 年金融危机为间隔，划分 2003 ~ 2008 年和 2009 ~ 2017 年两个样本区间进行稳健性检验。结果报告于表 5 第 7、8 列，结果显示在 2003 ~ 2008 年，自然资源依赖对金融发展的影响虽然为负但并不显著，2009 ~ 2017 年，自然资源依赖对金融发展的影响显著为负。造成这一结果的原因在于，一方面，金融危机发生后中国金融体系受到了一定程度的负向冲击；另一方面，金融危机发生后引发中国资源价格大幅下跌，进而使资源依赖型地区经济波动幅度增加，对金融发展的负向冲击更为显著。总体上来看，稳健性检验的结果均支持基准回归的结论，表明本文的实证结果是稳健的。

（三）异质性检验

结合前文的分析可知，地区金融发展收到自然资源依赖的负向影响，但中国省际间经济发展水平、产业结构发展等存在着显著的异质性，不同区域间金融发展受自然资源依赖影响时，其所受的影响可能存在明显的差异。基于此，本文基于地区产业结构、环境规制强度和地理区位的特征对省份进一步划分，检验不同区域内自然资源依赖对金融发展的影响是否存在异质性，以此深化对二者关系的理解。

1. 考虑地区产业结构异质性

金融发展与产业结构相辅相成。发达的金融体系有助于减少信息不对称，降低交易费用，促进资本积累，进而推动产业结构升级。发达的产业结构同样能够引致金融需求，提高金融发展水平。由于技术的跨部门差异，各行业对金融部门提供的外部融资需求方面存在系统性差异（Rajan and Zingales，2003）。低端产业结构（例如资源开采行业）无须长期且持续的技术投入，因此对外部融资系统性需求较低，进而造成整体外部融资需求不足，使当地金融部门发展迟滞（Do and Levchenko，2007）。而高端产业结构需要稳定的外部融资，对融资渠道和投融资方式的要求更高，这会导致金融支持与服务模式的转变，进而推动金融发展。因此，高端产业结构和低端产业结构地区中，金融发展水平可能存在差异，进而使自然资源依赖对金融发展的影响存在异质性。本文使用徐德云（2008）的做法测算产业结构升级度①，并按照样本期内均值划分高端产业结构与低端产业结构样本，分别进行检验。地区产业结构异质性的结果汇报于表 6 前 2 列，结果发现，在低端产业结构的样本中，自然资源依赖对金融发展具有显著的抑制作用，而高端产业结构的样本中，自然资源依赖对金融发展的影响并不显著。这一发现间接表明，产业结构升级通过对外部金融要求和多样性的提高，能够促进地区金融

① 产业结构升级度的具体计算公式为：$R = \sum i \times Y_i = 1 \times Y_1 + 2 \times Y_2 + 3 \times Y_3$，其中 i 为不同产业的赋值，$Y_i$ 为第 i 产业的收入占比，R 的范围为 1 ~ 3 之间，R 越高表明当地产业结构层次越高。

发展，避免金融发展陷入“资源诅咒”。

表6　异质性检验

变量	(1)	(2)	(3)	(4)	(5)	(6)
	低端产业结构	高端产业结构	低环境规制强度	高环境规制强度	沿海城市	非沿海城市
res	-0.581*** (0.194)	-0.165 (0.248)	-0.676*** (0.121)	-0.230 (0.406)	1.457** (0.587)	-0.539*** (0.170)
控制变量	控制	控制	控制	控制	控制	控制
年份/省份	控制	控制	控制	控制	控制	控制
within - R^2	0.80	0.72	0.86	0.76	0.87	0.74
Obs	225	225	225	225	150	300

注：*、**、***分别代表在1%、5%、10%水平上显著，括号内为稳健标准误，控制年份、省份效应。

2. 考虑环境规制的影响

随着环境问题日益突出，国内愈发重视并完善环保体系，现有研究认为环境规制力度加大有助于规避“资源诅咒”（宋德勇、杨秋月，2019）。一方面，环境规制的实施使自然资源开采和生产成本上升，企业对资源开采和生产活动将减少，在破除资源路径依赖的同时，促使更多生产要素进入非资源型行业，进而推动地区其他产业的发展。另一方面，环境规制通过“倒逼”企业改进开采和生产技术，更新生产设备等方面，提升资源的开采和利用率，进而减少了对技术创新的挤出，缓解了“资源诅咒”的发生。基于此，我们认为地区间环境规制的差异会使自然资源依赖对金融发展产生不同的影响。关于环境规制的测度，借鉴李胜兰等（2014）的做法，选取规制制定（地方环保法规数）、规制实施（工业污染治理投资与工业总产值之比）、规制监督（排污费收入与工业总产值之比）衡量，进一步使用主成分分析法将三者合成一个综合指标，并按照样本期内均值划分高环境规制强度和低环境规制强度，分别进行检验。

考虑环境规制异质性的结果汇报于表6第3、4列，从结果来看，低环境规制样本中，自然资源依赖抑制了金融发展，而高环境规制样本中，自然资源依赖对金融发展并不存在显著的负向影响。此结果表明，环境规制的实施的确有助于地区降低对自然资源的过度依赖，进而有益于地区破解“资源诅咒”。

3. 考虑区位影响的异质性

表6第5、6列汇报了沿海城市与内陆城市的分样本回归结果，结果表

明，沿海城市样本中，自然资源依赖对金融发展起到了显著的促进作用，而内陆城市样本中，自然资源依赖仍显著阻碍了金融发展。其原因在于：第一，沿海城市凭借先天的区位优势及政策红利，在人力资本积累、基础设施建设、制造业发展、对外开放和市场化程度等方面的发展远超内陆城市，而上述因素均是规避“资源诅咒”的有效手段（邵帅等，2013）。因此，沿海城市中，自然资源对金融发展的影响将由“诅咒”转为“祝福”。第二，资源型产业的选址布局多集中于内陆地区（鲁永刚、张凯，2019），与沿海城市相比，内陆城市金融发展对自然资源依赖的变化更为敏感。因此，作为资源型产业集中的内陆城市，长期陷入资源路径依赖对地区金融发展的阻碍作用更为明显。

六、机制检验

为讨论自然资源依赖对金融发展机制，本文进一步采取中介效应的方式检验“自然资源依赖—腐败—金融发展”和“自然资源依赖—社会资本—金融发展”两条渠道。关于中介效应模型的设定如下所示：

$$fin_{it} = \alpha_0 + \alpha_1 res_{it} + \alpha_2 control_{it} + \mu_i + \mu_t + \varepsilon_{1it} \tag{3}$$

$$cases_{it} = \alpha_0 + \alpha_3 res_{it} + \alpha_4 control_{it} + \mu_i + \mu_t + \varepsilon_{1it} \tag{4}$$

$$sc_{it} = \alpha_0 + \alpha_5 res_{it} + \alpha_6 control_{it} + \mu_i + \mu_t + \varepsilon_{1it} \tag{5}$$

$$int_{it} = \alpha_0 + \alpha_7 res_{it} + \alpha_8 control_{it} + \mu_i + \mu_t + \varepsilon_{1it} \tag{6}$$

$$fin_{it} = \rho_0 + \rho_1 res_{it} + \rho_2 cases_{it} + \rho_3 sc_{it} + \rho_4 int_{it} + \rho_5 control_{it} + \mu_i + \mu_t + \varepsilon_{1it} \tag{7}$$

式（3）为自然资源依赖对金融发展的总效应；式（4）为自然资源依赖对腐败的影响；式（5）为自然资源依赖对社会捐赠的影响；式（6）为自然资源依赖对互联网上网人数的影响；式（7）为加入中介变量后的方程，上述 5 式构成完整的中介效应检验。关于中介变量的选取，本文借鉴已有研究，使用每万人公职人员犯罪数进行衡量腐败（cases），数据来源于《中国检察年鉴》；关于社会资本的构建，本文分别借鉴周瑾等（2018）和万建香、汪寿阳（2016）的做法，使用社会捐赠总额（sc）和每万人互联网上网人数（int）进行衡量。一方面，社会捐赠在体现互助特征的基础上，综合地反映关系网络、价值规范、社会责任等特点；另一方面，互联网上网人数则能较好地刻画人们在进行价值规范的交往互动和关系网络构建时所需的投资。上述数据分别来源于《民政统计年鉴》和中国统计局。由于《中国检查年鉴》中公职人员犯罪数仅自 2016 年后未再统计，因此，中介效应检验部分样本区间为 2003 ~ 2016 年。

中介效应检验结果报告如表 7 所示。第 1 列的结果与基准检验相同。第 2 列和第 3 列结果显示，自然资源依赖对社会捐赠和互联网上网人数的影响显著为负，表明自然资源依赖对社会资本存在着挤出效应。第 4 列的结果显示，自然资源依赖对腐败的影响显著为正，这一结果与以往研究相同，资源租金的存在会滋生出大量的腐败寻租行为。第 5 列的结果显示，腐败对金融发展的影响显著为负，社会捐赠和互联网上网人数对金融发展的影响显著为正。上述结果验证了本文的假说 1 和假说 2，说明了腐败和社会资本是自然资源依赖对金融发展的中介变量，自然资源依赖通过增加地区腐败和降低社会资本积累两条渠道，进而阻碍金融发展。通过 $\rho_i/\beta_1 \times \alpha_i$ 可计算出侵蚀社会资本效应和腐败效应占总效应的比重。其中，侵蚀社会资本效应占总效应的 23.282%（包括社会捐赠占 12.144%、互联网上网人数占 11.138%），腐败效应占总效应的 27.912%。

为保证中介效应结论的稳健性，表 7 第 6～10 列为使用工具变量（滞后一阶解释变量、人均用水量和历史工具变量）的回归结果，结论同样表明自然资源依赖会通过腐败和社会资本两方面，进而影响地区金融发展。

表 7　中介效应检验

变量	(1)	(2)	(3)	(4)	(5)
	fin	sc	int	cases	fin
res	-0.319** (0.146)	-19.369*** (8.768)	-0.209** (0.085)	1.484*** (0.427)	-0.161 (0.146)
sc					0.002** (0.0008)
int					0.170** (0.085)
cases					-0.060*** (0.017)
控制变量	控制	控制	控制	控制	控制
年份/省份	控制	控制	控制	控制	控制
within - R^2	0.72	0.50	0.97	0.46	0.74
Obs	420	420	420	420	420
变量	(6)	(7)	(8)	(9)	(10)
	fin	sc	int	cases	fin
res	-0.400** (0.191)	-34.371*** (12.076)	-0.344*** (0.112)	1.850*** (0.564)	-0.182 (0.193)
sc					0.001* (0.0006)

续表

变量	(6)	(7)	(8)	(9)	(10)
	fin	sc	int	cases	fin
int					0.199** (0.089)
cases					-0.057*** (0.018)
LM 值	224.465 (0.00)	224.465 (0.00)	224.465 (0.00)	224.465 (0.00)	218.420 (0.00)
Wald - F 值	185.488	185.488	185.488	185.488	171.244
Sargan (p)	0.29	0.22	0.16	0.67	0.33
控制变量	控制	控制	控制	控制	控制
年份/省份	控制	控制	控制	控制	控制
within - R^2	0.75	0.50	0.97	0.41	0.76
Obs	390	390	390	390	390

注：中介效应检验的样本期间为 2003 ~ 2016 年，样本总量与上文相比有所减少；*、**、*** 分别代表在 1%、5%、10% 水平上显著，括号内为稳健标准误，控制年份、省份效应。

七、进一步检验

在经济高质量发展过程中，金融发展的作用不可小觑。例如技术创新的提高所依赖的高强度研发投资、连续人力资本投入等条件的实现多依赖于金融体系提供资金的能力（Rajan and Zingales，2003）。然而，前文已经验证了自然资源依赖将对地区金融发展产生负向影响。随之而来的问题是，自然资源依赖又是否通过影响地区金融发展，进而阻碍了地区可持续增长？即金融发展是否是产生“资源诅咒”现象的重要传导渠道。对此问题的回答，有助于为中国“资源诅咒”的成因提供一个新的视角。基于此，本部分将在回归模型中纳入自然资源依赖和金融发展的交互项，进一步检验自然资源依赖通过影响金融发展后，对经济高质量发展产生何种影响。具体回归模型构建如下：

$$rd_{it} = \gamma_0 + \gamma_1 res_{it} + \gamma_2 fin_{it} + \gamma_3 res\_fin_{it} + \gamma_4 control_{it} + \mu_i + \mu_t + \varepsilon_{1it} \quad (8)$$

$$patent_{it} = \gamma_0 + \gamma_5 res_{it} + \gamma_6 fin_{it} + \gamma_7 res\_fin_{it} + \gamma_8 control_{it} + \mu_i + \mu_t + \varepsilon_{1it} \quad (9)$$

关于资源诅咒的文献，大多数使用经济增长率作为被解释变量，但考虑到在资源开采早期，资源型地区亦能积累大量财富促使当地 GDP 迅速增长，这将使最终结果在一定时期内出现偏误。而区域创新则是当地实现内生增长，提升地区经济增长质量的基础，这不仅符合我国现阶段经济发展理念，并且能够减少特定时期资源型地区 GDP 迅速增长所带来实证结果上的偏误。

基于上述考虑，本部分选择创新投入（rd）和创新产出（patent）作为经济高质量增长的替代指标。其余变量与基准回归均一致。创新投入（rd）使用各省R&D经费支出占地区实际GDP比重衡量，创新产出（patent）使用各省专利授权量取对数衡量。式（8）和式（9）中，我们关心 γ_3 和 γ_7 的系数，若二者的系数显著为负，则表明自然资源依赖通过阻碍金融发展，进而影响了区域创新。

进一步检验的结果汇报如表8所示。表8第（1）和第（2）列为双向固定效应回归结果。为解决可能存在的内生性问题，本文进一步使用人均用水量、自然资源依赖滞后一期、金融发展滞后一期、交互项滞后一期作为工具变量进行回归，结果报告于第（3）和第（4）列。在使用工具变量控制内生性后，可以看到金融发展对创新投入和创新产出的作用均显著为正，说明金融发展有助于促进区域创新，这一结论与以往的研究一致。值得注意的是，自然资源依赖对创新投入的影响显著为正，可能的原因在于模型中控制了市场化因素变量，市场化程度所反映的要素配置效率提升，能在一定程度上规避自然资源依赖对创新投入的影响（邵帅、杨莉莉，2011）。交互项的结果均显著为负，说明在加入自然资源依赖后，金融发展对创新投入和创新产出产生了负向影响，这一结论验证了本文假设3。

表8　　进一步检验

变量	(1)	(2)	(3)	(4)
	rd	patent	rd	patent
res	0.030 ** (0.012)	1.161 (1.223)	0.057 *** (0.015)	1.189 (1.543)
fin	0.001 (0.002)	0.852 *** (0.207)	0.004 * (0.002)	0.871 *** (0.230)
res × fin	-0.059 ** (0.025)	-5.432 ** (2.493)	-0.123 *** (0.036)	-6.565 * (3.594)
LM 值			178.615 (0.00)	178.615 (0.00)
Wald - F 值			76.893	76.893
Sargan (p)			0.40	0.65
控制变量	控制	控制	控制	控制
年份/省份	控制	控制	控制	控制
within - R^2	0.88	0.95	0.88	0.95
Obs	450	450	420	420

注：*、**、***分别代表在1%、5%、10%水平上显著，括号内为稳健标准误，控制年份、省份效应。

八、结论及启示

本文通过理论与实证分析了资源诅咒效应是否存在于地区金融发展的领域。理论分析表明自然资源依赖可能通过滋生腐败与挤出社会资本两方面，阻碍地区金融发展。本文进一步基于2003～2017年省级面板数据检验自然资源依赖与金融发展之间的关系，研究结论有以下四点：第一，基准检验结果显示，自然资源依赖显著阻碍了地区金融发展，且在控制内生性问题、替换解释变量和被解释变量、划分样本区间后结论仍旧稳健；第二，异质性检验结果表明，在低端产业结构、低环境规制和非沿海城市的样本中，自然资源依赖对金融发展呈显著负相关，而在高端产业结构、高环境规制和沿海城市的样本中，金融领域的“资源诅咒”并不存在，甚至在一定程度上转化为“资源祝福”；第三，中介效应检验结果表明，自然资源依赖对金融发展的作用机制为完全中介效应，主要通过腐败与社会资本两条渠道对金融发展产生了消极作用；第四，进一步检验的结果表明，自然资源依赖通过阻碍金融发展，对区域创新投入和创新产出产生了显著的抑制作用。

本文的结论有如下启示：第一，金融发展固然是打破“资源诅咒”的有效途径，但在资源过度开采和利用过程中，金融发展同样受到侵蚀，造成了落后的金融体系与地区经济可持续增长之间相互制约。因此，应重视在资源利用过程中对金融发展的影响。在金融行业的发展中，通过简政放权与加强监管并行等系列有效举措，构建完备的金融服务体系，增强金融机构间的联系与协作，提高地区金融发展水平，避免金融发展滞后成为地区增长中的掣肘。

第二，自然资源依赖主要通过腐败与侵蚀社会资本两条渠道影响金融发展，因此，政府可从影响渠道着手防范金融领域资源诅咒效应的发生。一方面，在资源审批与开采过程中需落实各部门权责，形成明确的产权制度和市场规则，并加大对各级政府贪污腐败行为的查处，减少自然资源依赖地区的腐败与寻租行为的发生；另一方面，注重社会资本的积累。通过树立价值方向、建立诚信体系和社会关系网络、加强社会宣传等途径，以实现社会资本的引导和发展，促使其成为金融发展的坚实基石。

第三，自然资源依赖对不同地区金融发展的影响截然不同，对于易受自然资源依赖冲击的地区，如低端产业结构、低环境规制强度的地区，当地政府应重点关注，通过健全环境保护法律制度、完善产业政策等手段，尽可能规避和化解自然资源依赖对金融发展的不利冲击。

参考文献

[1] 安锦、王建伟：《资源诅咒：测度修正与政策改进》，载《中国人口·资源与环境》

2015 年第 3 期。
[2] 董利红、严太华、邹庆：《制度质量、技术创新的挤出效应与资源诅咒——基于我国省际面板数据的实证分析》，载《科研管理》2015 年第 2 期。
[3] 方颖、纪衎、赵扬：《中国是否存在“资源诅咒”》，载《世界经济》2011 年第 4 期。
[4] 贺灿飞、朱彦刚：《中国资源密集型产业地理分布研究——以石油加工业和黑色金属产业为例》，载《自然资源学报》2010 年第 3 期。
[5] 胡援成、肖德勇：《经济发展门槛与自然资源诅咒——基于我国省际层面的面板数据实证研究》，载《管理世界》2007 年第 4 期。
[6] 李敬、冉光和、万广华：《中国区域金融发展差异的解释——基于劳动分工理论与 Shapley 值分解方法》，载《经济研究》2007 年第 5 期。
[7] 李胜兰、初善冰、申晨：《地方政府竞争、环境规制与区域生态效率》，载《世界经济》2014 年第 4 期。
[8] 林毅夫、孙希芳：《信息、非正规金融与中小企业融资》，载《经济研究》2005 年第 7 期。
[9] 刘耀彬、黄梦圆、白彩全：《自然资源与经济增长——基于金融发展门槛效应》，载《自然资源学报》2015 年第 12 期。
[10] 鲁永刚、张凯：《资源依赖是否降低政府效率——基于跨国数据的门槛模型分析》，载《云南财经大学学报》2019 年第 12 期。
[11] 彭爽、张晓东：《“资源诅咒”传导机制：腐败与地方政府治理》，载《经济评论》2015 年第 5 期。
[12] 邵帅、杨莉莉：《自然资源开发、内生技术进步与区域经济增长》，载《经济研究》2011 年第 2 期。
[13] 邵帅、范美婷、杨莉莉：《资源产业依赖如何影响经济发展效率？——有条件资源诅咒假说的检验及解释》，载《管理世界》2013 年第 2 期。
[14] 邵帅、齐中英：《西部地区的能源开发与经济增长——基于“资源诅咒”假说的实证分析》，载《经济研究》2008 年第 4 期。
[15] 随洪光、段鹏飞、高慧伟、周瑾：《金融中介与经济增长质量——基于中国省级样本的经验研究》，载《经济评论》2017 年第 5 期。
[16] 宋德勇、杨秋月：《环境规制打破了“资源诅咒”吗？——基于跨国面板数据的经验分析》，载《中国人口·资源与环境》2019 年第 10 期。
[17] 万建香、汪寿阳：《社会资本与技术创新能否打破“资源诅咒”？——基于面板门槛效应的研究》，载《经济研究》2016 年第 12 期。
[18] 王桂新、干一慧：《中国的人口老龄化与区域经济增长》，载《中国人口科学》2017 年第 3 期。
[19] 徐德云：《产业结构均衡的决定及其测度：理论解释及验证》，载《产业经济研究》2011 年第 3 期。
[20] 徐康宁、韩剑：《自然资源丰裕程度与经济发展水平关系的研究》，载《经济研究》2006 年第 1 期。
[21] 徐康宁、邵军：《自然禀赋与经济增长：对“资源诅咒”命题的再检验》，载《世界经济》2006 年第 11 期。
[22] 张丽、盖国凤：《人力资本、金融发展能否打破“资源诅咒”？——基于中国煤炭

城市面板数据的研究》，载《当代经济研究》2020 年第 4 期。

[23] 赵伟伟、白永秀：《资源开发过程中腐败的发生及制度影响》，载《资源科学》2020 年第 2 期。

[24] 周瑾、景光正、随洪光：《社会资本如何提升了中国经济增长的质量?》，载《经济科学》2018 年第 4 期。

[25] Acemoglu, D., Johnson, S., and Robinson, J. A., 2001: The Colonial Origins of Comparative Development: An Empirical Investigation, *American Economic Review*, Vol. 91, No. 2.

[26] Beck, T. and Levine, R., 2003: *Legal Institutions and Financial Development*, Handbook of new institutional economics.

[27] Beck, T., Arezki, R., and Gylfason, T., 2011: Finance and Oil: Is There a Natural Resource Curse in Financial Development?, *Ssrn Electronic Journal*, No. 2011 – 004.

[28] Bhattacharyya, S. and Hodler, R., 2010: Natural Resources, Democracy and Corruption, *European Economic Review*, Vol. 54, No. 4.

[29] Do, Q. T. and Levchenko, A. A., 2007: Comparative Advantage, Demand for External Finance, and Financial Development , *Journal of Financial Economics*, Vol. 86, No. 3.

[30] Guiso, L., Sapienza, P., and Zingales, L., 2004: The Role of Social Capital in Financial Development, *American Economic Review*, Vol. 94, No. 3.

[31] Gylfason, T. and Zoega, G., 2010: Natural Resources and Economic Growth: The Role of Investment, *World Economy*, Vol. 29, No. 8.

[32] Gylfason, T., 2001: Natural Resources and Economic Growth: A Nordic Perspective on the Dutch Disease, *European Economic Research*, Vol. 45, No. 4.

[33] Hattendorff, C., 2012: Do Natural Resource Sectors Rely Less on External Finance Than Manufacturing Sectors?, *Discussion Papers.*

[34] James, A., 2015: The Resource Curse: A Statistical Mirage?, *Journal of Development Economics*, Vol. 114, No. 3.

[35] Lin, J. Y., 2012: *Economic Development and Transition*, Cambridge Books.

[36] Mlachila, M. and Ouedraogo, R., 2017: Financial Resource Curse in Resource – Rich Countries, *Imf Working Papers*, Vol. 163, No. 17.

[37] Nili, M. and Rastad, M., 2007: Addressing the Growth Failure of the Oil Economies: the Role of Financial Development, *Quarterly Review of Economics & Finance*, Vol. 46, No. 5.

[38] Nunn, N. and Qian, N., 2014: US Food Aid and Civil Conflict, *American Economic Review*, Vol. 104, No. 6.

[39] Philippe, A., Peter, H., and David, M. F., 2005: The Effect of Financial Development on Convergence: Theory and Evidence, *Quaterly Journal of Economics*, Vol. 120, No. 1.

[40] Rajan, R. and Zingales, L., 2003: Saving Capitalism from the Capitalists: Unleashing the Power of Financial Markets to Create Wealth and Spread Opportunity, *Journal of Politics*, Vol. 67, No. 3.

[41] Rajan, R. G, and Zingales, L., 1998: Power in a Theory of the Firm, *The Quarterly*

Journal of Economics, Vol. 113, No. 2.

[42] Sachs, J. D. and Warner, A. M., 1999: The Big Push, Natural Resource Booms and Growth, *Journal of Development Economics*, Vol. 59, No. 1.

[43] Wilkinson, R. G. and Pickett, K. E., 2009: *The Spirit Level: Why More Equal Societies Almost Always Do Better?*, London: Allen Lane.

[44] Woolcock, M., 1998: Social Capital and Economic Development: Toward a Theoretical Synthesis and Policy Framework, *Theory & Society*, Vol. 27, No. 2.

[45] Yuxiang, K. and Chen, Z., 2011: Resource Abundance and Financial Development: Evidence from China, *Resources Policy*, Vol. 36, No. 1.

Natural Resource Dependence and Regional Financial Development

Ping Li　Xiuyu Dang

Abstract: Many studies have found that excessive dependence on resources not only affects regional economic growth, but also inhibits other economic and social activities in the region. However, domestic studies have ignored the impact of natural resource dependence on regional financial development. The purpose of this paper is to answer this question. With the help of the statistical yearbook of all provinces from 2003 to 2017, this paper constructs the indicators of natural resource dependence and financial development at the provincial level, and systematically analyzes the relationship between them and their internal mechanism. The results show that there is a significant negative correlation between the dependence on natural resources and financial development, which indicates that the excessive dependence on natural resources will hinder the improvement of regional financial development; The heterogeneous results show that the advanced industrial structure and enhanced environmental regulation can avoid the negative impact of resource dependence on financial development. Meanwhile, in the coastal areas with well-developed hardware and software facilities, the relationship between natural resources and financial development changes from negative to positive; The mechanism test results show that the higher the dependence on natural resources is, the more serious the local government corruption is, and the more backward the development of regional social capital is, thus hindering the financial development; Further tests show that natural resource dependence inhibits regional innovation by hindering financial development. Based on the research conclusion, this paper argues that in the process of exploitation and utilization of natural resources, attention should be paid to its impact on financial development, and social capital should be actively guided and developed by strengthening the construction of legal environment, so as to avoid the adverse impact of natural resource dependence on financial development.

Keywords: Natural Resources Dependence Financial Development Corruption Social Capital

JEL Classification: G10 Q32

横向并购反垄断控制效果事后评估

——以硬盘行业并购案为例

王　燕　刘龙花*

摘　要：企业间的并购是各国反垄断执法的重点干预领域之一，并购的反垄断控制对维护市场竞争秩序发挥了重要作用。随着我国反垄断执法的不断深入，为了更好地完善立法和执法，需要对过去的执法情况进行回溯性研究，科学评估反垄断执法的效果。本文选取我国反垄断执法机构附条件通过的两个案例，基于企业伯川德竞争的均衡价格分析，并运用双重差分法检验附条件通过并购对硬盘价格的影响，评估附条件通过并购是否符合标准、救济措施是否有效。研究发现：反垄断执法机构附条件通过两起并购是合理的；剥离资产的结构性救济措施以及维持并购企业独立竞争者状态的行为性救济措施有效地维护了相关市场的竞争，抑制了并购的反竞争效应；随着相关市场竞争状况的改变及时调整救济措施体现了我国反垄断执法机构执法的灵活性和合理性。根据本文的研究结论，执法机构应建立定期或不定期的反垄断执法事后评估制度，进一步提高并购审查的透明度，不断完善各类救济措施的制度供给，合理选择和使用各种救济措施。

关键词：事后评估　横向并购　硬盘行业　救济措施

一、引　　言

随着各国经济的发展，为了优化结构，提高效率，增强竞争力，各市场主体的并购行为非常频繁，并购的反垄断控制也成为各国反垄断执法干预的重点领域。截至2018年10月底，我国反垄断执法机构共审结并购案件2437

* 本文得到山东省社科规划研究项目、山东社会科学院创新工程项目“推动山东省民营企业高质量发展的制度创新研究”（20CCXJ27）、山东政法学院科研计划项目“反垄断执法效果事后评估：基于山东的反垄断案例”（2019Q02B）和山东政法学院青年教师学术创新团队支持计划资助。

感谢匿名审稿人的评审意见。

王燕：山东政法学院商学院；地址：山东省济南市解放东路63号，邮编250014；E-mail：rcgeb_sdu@163.com。

刘龙花：中国建设银行股份有限公司山东省分行；地址：山东省济南市历下区龙奥北路168号，邮编250099；E-mail：liulonghuaadrh@163.com。

件，审结交易总金额超过 40 万亿人民币①。近年来随着信息产业等领域并购案的发生，反垄断控制政策对相关市场甚至国民经济关键部门的影响日益深远（Kwoka，2013），并购的反垄断控制对维护市场竞争秩序发挥了重要作用。随着反垄断执法的不断深入，为了更好地完善立法和执法，需要及时对过去的执法情况进行事后评估。事后评估又称回溯性研究，是在事后观测值基础上对已审查案例的前瞻性审查决定进行回顾性分析，旨在检验事前评估中竞争损害理论的应用以及竞争效果幅度的预估是否符合预期，救济措施是否有效（林平，2017）②，以更好地优化审查机制，完善审查程序和执法工具，改进评估理论和方法。Carlton（2009）提出反垄断执法机构应该定期对并购控制的效果进行回溯性研究，以保证反垄断政策确实促进了竞争。此外，事后评估不仅有利于已审结案件的分析总结，对未来的反垄断执法也具有重要意义。

横向并购案是并购控制案件中最常见的并购，我国实施经营者集中控制十年间附加限制性条件通过并购 39 起，其中 29 起涉及相关产品市场的横向重叠。本文选取硬盘行业两起附条件通过横向并购案——西部数据收购日立存储案（以下简称“西部数据/日立存储并购案”）和希捷科技公司收购三星电子有限公司硬盘驱动器案（以下简称“希捷/三星硬盘并购案”）作为研究对象。选择这两起案例一方面因为两起并购引起各国反垄断执法机构的极大关注，我国反垄断执法机构关于这两起案件先后发布 4 个公告和 2 个处罚决定书；另一方面，我国是全球最大的个人电脑消费国之一，对硬盘的需求巨大，该并购对中国消费者的影响非常大。本文基于企业伯川德竞争的均衡价格分析，并运用双重差分法检验附条件通过并购对硬盘价格长期和短期的影响，以确定该案件的通过是否符合标准，救济措施是否有效。

本研究的贡献主要体现在以下几个方面：（1）在 Farrell and Shapiro（1990）等关于并购效果分析的基础上，基于我国并购救济措施中常用的行为性救济措施，构建伯川德竞争模型，将该措施的均衡价格与竞争、完全并购的情况对比，研究该救济措施的有效性并说明其局限性，丰富了该领域的理论研究成果。（2）本文借鉴双重差分法，分析附条件通过并购对相关市场产品价格的影响，评价并购控制政策的影响。双重维度的比较很好地解决了差分法存在的局限性，为其他反垄断案例的评估提供借鉴。（3）从研究内容看，反垄断执法效果的分析具有重要的现实意义、政策价值和立法意义。我国《反垄断法》实施十多年，成效显著，但是执法效果如何，案例审查是否符合标准，审查结果对竞争的影响如何，都需要结合经验证据进行实证检验。此外，反垄断执法效果事后评估也是提高立法质量的重要方式。通过事后评估

① http：//www. scio. gov. cn/xwfbh/xwbfbh/wqfbh/37601/39282/.

② http：//tianfajingping. tjufe. edu. cn/info/1102/1161. htm.

找出问题，有利于优化审查机制和执法工具，完善审查程序，提高立法质量。

二、文献综述

在过去三十多年里，事后评估逐渐发展起来并在近十年获得快速发展。事后评估的方法也从案例比较与评述，发展到调查研究再到实证分析。由于事后评估的重要性，反垄断执法机构及国际组织成为反垄断执法效果事后评估的重要推动者和执行者。美国、欧盟、英国、加拿大的反垄断执法机构先后通过问卷调查的方式对其附条件通过案例及救济措施的效果进行事后分析（OECD，2016）。Duso et al.（2007）、Duso et al.（2011）以及 Aktas et al.（2007）选择事件研究法判断并购控制政策的影响因素、救济措施的效果以及并购控制的总效果。此外，并购控制的实施具有以下特点：并购案件属于不同的行业和领域，需要具体的相关市场划分和竞争分析。与此对应，事后评估也主要是基于典型案例的分析。Kwoka（2015）认为案例分析更易洞察执法者的微观动因或价值偏好。与事前的竞争分析类似，事后评估关注的一个主要因素也是价格。价格效应的测度对并购控制政策的评估非常重要（Carlton，2009）。Ashenfelter（2009）介绍了以价格为标准进行事后评估的关键因素，以及进行价格评估的经济模型。因为数据的可获性等原因，并购控制效果的评估主要集中在航空、银行、零售业等领域。Morrison（1996）、Dobson and Piga（2013）、Huubinh（2019）研究了航空公司并购对机票价格短期和长期的影响。Pinkse and Slade（2004）采用结构模型与模拟的方法对英国两起啤酒企业并购案进行事后评估，表明审查机构的决定是合理的，被禁止案件如果通过会导致啤酒价格大幅上涨。Friberg and Romanhn（2015）的研究对象也是啤酒行业的并购，但主要关注剥离政策对价格和福利的影响。Aguzzoni（2016）选取图书的扫码数据，比较英国两大图书零售连锁店并购对图书价格的影响。随着研究方法的深入，研究领域也逐渐扩展。Aguzzoni et al.（2018）基于并购（附条件）通过后相关市场价格的变化评估移动通信领域两起并购案的效果。Lear（2019）受英国竞争和市场管理局委托对发生在数字市场的 Facebook/Instagram、Google/Waze 等 5 起并购案进行事后评估，分析这些案件的审查结果是否合理，以及审查结果对市场的影响。

并购带来的效率改进会导致价格的下降，因此效率抗辩是事前分析的重要方面。Farrell and Shapiro（2001）探讨了横向并购效率改进对价格的影响。Ashenfelter（2013b）对 Miller/Coors 并购案进行事后评估，发现并购带来的效率改进导致产品价格的降低，说明美国司法部通过该并购是合理的。Ohashi and Toyama（2017）研究韩国的现代/起亚汽车并购案的影响，发现并购导致效率提高 5.8%，促进企业出口量增加。李青源等（2011）根据效率理论实现的路径研究可口可乐并购汇源果汁案的协同效应和效率改进对竞争对手的影响。

事后评估除了调查问卷、事件研究法和结构模型与模拟外，一个常用的方法是双重差分法。Simpson and Taylor（2008）研究 MAP/UDS 并购案对密歇根汽油零售价格的影响，通过双重差分法分析发现并购未导致汽油价格的明显上涨，说明无条件通过该案是合理的。而 Taylor and Hosken（2007）、Hosken et al.（2011）则发现并购导致的市场集中度的提高会带来汽油价格的上涨。Argentesi et al.（2020）使用该方法研究欧盟竞争委员会附条件通过的 GDF/Suez 并购案对油价的影响，研究表明欧盟的救济措施有效地限制了并购的反竞争效应，甚至促进了竞争。Ashenfelter et al.（2013a）以竞争对手为对照组，研究 Whirlpool/Magtag 的并购对产品价格以及市场份额和产品种类的影响。Chandra and Collard - Wexler（2009）、Dobson and Piga（2013）、Allen et al.（2014）以及 Pires and Trindade（2017）分别选取发生在制药、报纸出版、抵押贷款、超市、汽油批发等行业无条件通过或者附条件通过的横向并购案，通过双重差分法测度并购控制政策对价格等因素的影响，以检验并购控制政策的效果以及救济措施是否有效。

我国《反垄断法》实施时间短，所积累并购案件数量有限，对执法决定的事后评估较少，仅有的对此类问题的分析大多停留在法理辨析和案例比较评述阶段，实证分析不管是总体效果的分析还是典型案例的分析并不多。基于案例的比较与评述，Han and Stephen（2014）认为我国商务部①并购控制存在程序和规则不透明的问题，过分注重行为性救济措施。Lin and Zhao（2012）通过对商务部并购案例的分析发现其福利标准不明晰，受产业政策影响。王燕、臧旭恒（2018）借鉴事件研究法选取商务部无条件通过的 65 个并购案例对我国的经营者集中反垄断审查效果进行事后评估，探讨我国并购控制在福利标准选择、产业政策影响等方面的情况。白让让（2019）选取商务部审理的 86 个并购案件，使用离散选择模型对审查决定和救济力度的主要影响因素进行分析。

本文选取我国反垄断执法机构附条件通过的西部数据/日立存储并购案和希捷/三星硬盘并购案作为研究对象，理论分析与实证分析相结合，判断并购控制的效果，并进一步分析附条件通过并购是否合理，救济措施是否有效。通过相关市场的竞争分析发现附加限制性条件通过并购是符合标准的。理论模型的分析进一步说明除了剥离等结构性救济措施，以及维持并购企业独立竞争者状态并允许其进行技术合作和创新的行为性救济措施有利于抑制并购的反竞争效应，符合该行业的特点。实证检验的结果验证了理论分析和

① 2018 年国家市场监督管理总局组建前，并购的反垄断由商务部负责。

竞争分析的结果，并进一步说明了随着相关市场竞争状况的改变及时调整救济措施的必要性。

三、案例概况与市场竞争分析

（一）案例概况

机械硬盘（以下简称硬盘）是以磁存储技术为基础的存储设备。1956年IBM发明了世界上第一块硬盘，随着硬盘技术的更新换代，硬盘业在过去六十多年里也经历各种并购，到本文两个并购案发生时，硬盘市场仅剩5家企业，分别是：西部数据、希捷、日立存储、东芝和三星。2011年硬盘行业再次迎来两大并购，即本文的研究对象，分别是：2011年3月7日，西部数据宣布收购日立存储；2011年4月19日，希捷宣布收购三星旗下的硬盘业务。

按照要求，并购企业先后向美国、欧盟等的反垄断执法机构提出并购申请。2011年4月和5月，我国商务部先后接到申报，并于2011年12月和2012年3月，分别附加限制性条件批准两起并购（并购的反垄断审查情况见图1）。通过对硬盘市场竞争情况的分析，商务部认为两起并购对硬盘市场产生排除、限制竞争的效果，对中国消费者不利。经过多轮商谈，商务部提出一系列救济措施，主要包括：并购完成后维持并购企业独立竞争者状态，独立进行生产、定价和销售，但允许双方进行研发合作；剥离Viviti公司主要3.5″硬盘资产等。2015年，基于固态硬盘对机械硬盘竞争约束的加强等硬盘行业竞争状态的变化，商务部决定解除两个案件的部分附加限制性条件。接下来，通过相关市场界定和市场竞争分析初步评估审查决定是否合理。

（二）相关市场界定

1. 相关产品市场

根据反垄断执法机构的审查结果，相关产品市场为硬盘市场。按照终端应用不同，硬盘市场又可以分成台式计算机应用、便携式计算机应用、企业级应用和消费电子产品应用等细分市场。但是根据供给替代和需求替代分析，为了分析剥离等救济措施的合理性，还需要将相关市场再进行细分，包括：（1）关键任务企业硬盘；（2）3.5″关键业务企业硬盘；（3）3.5″台式机硬盘；（4）3.5″消费电子产品硬盘；（5）2.5″便携式计算机硬盘；（6）2.5″消费电子产品硬盘。

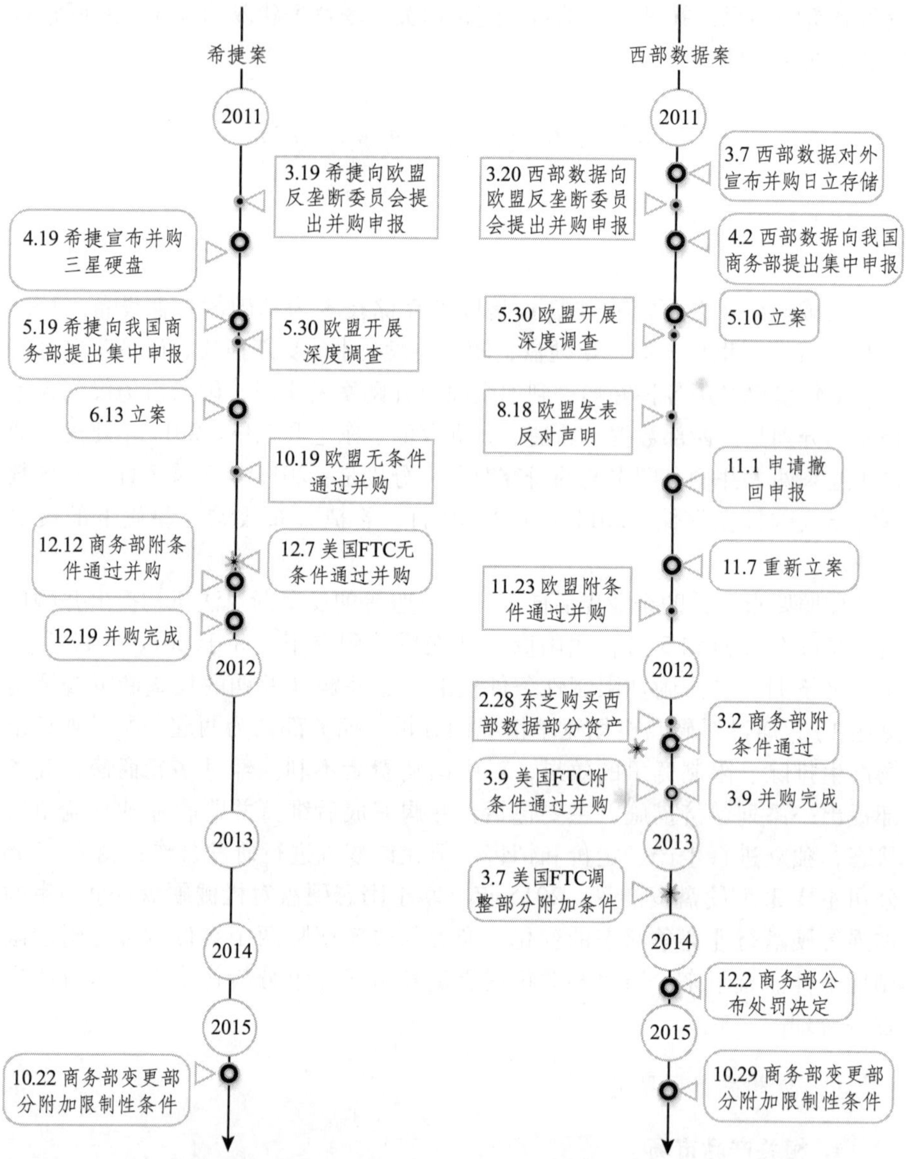

图 1 各国并购审查的时间表

注：图中所有时间都按当地时间标注。

资料来源：笔者绘制。

从需求替代方面分析。首先，不同终端应用对硬盘技术参数的要求不同，包括硬盘的容量、转速、尺寸、接口以及稳定性和噪声等。其次是价格差异，不同细分产品之间的价格差异很大，根据欧盟的统计，2010 年 640GB/5400 转速的 3. 5″硬盘与 2. 5″硬盘的价格差是 47%，且容量越大，价格差异越大。最后，不同尺寸的硬盘对不同终端应用来说不可以相互替代。从供给替代方面分析。首先，2. 5″硬盘与 3. 5″硬盘在供给端无法替代。虽然不同尺寸硬盘的生产线存在转换的可能性，但是转换成本很高且需要较长的时间，根据希捷提供的信息，转换一条生产线大约需要18个月和2000万~5000万美元。因此，不同尺寸产品之间缺乏及时且有效的供给替代。其次，相同尺寸产品的不同终端应用产品之间缺乏供给替代。

并购发生时，固态硬盘还无法对机械硬盘形成足够的竞争压力。与机械硬盘相比，固态硬盘单位成本非常高（每GB相差约20倍），容量低，安全性差。虽然固态硬盘已进入传统硬盘市场，但是主要应用于存储容量要求不高的领域，以及超轻便携式电脑（2.6%的市场份额）和高端关键任务企业应用（2.4%的市场份额）。短期内这种竞争状况不会改变。

2. 相关地域市场

硬盘的生产流程主要包括三步：元件生产；组装；测试。硬盘企业将在世界各地生产的元件运到其组装点进行组装，最后将测试合格的产品销往世界各地。硬盘按照统一标准进行生产，运输成本对硬盘价格的影响不大，且不存在明显贸易壁垒。在世界范围内，单位产品的价格无明显差异。因此，两起并购的相关地域市场均为全球市场。

（三）市场竞争分析

基于对相关市场的划分，接下来对相关市场的竞争情况进行分析。

1. 相关市场的竞争分析

经分析，硬盘市场具有以下特征：

市场集中度较高，尤其是3.5″硬盘市场。按照销售收入划分，希捷是全球最大的硬盘供应商，西部数据紧随其后，接下来分别是日立存储、东芝和三星，如表1所示。因为细分市场竞争情况的差异，需要分别分析并购对细分市场的竞争影响。3.5″硬盘市场是硬盘市场的重要组成部分，收入约占整个硬盘收入的40%，并购对其市场结构的影响也特别显著，所以，先来看3.5″硬盘市场。首先分析并购的单边效应。并购前，该细分市场的集中度已非常高，只有西部数据、希捷、日立存储和三星四家供应商。所以，并购将直接导致3.5″硬盘市场由4家企业竞争变成双寡头垄断局面，市场集中度显著提高。作为竞争对手，日立存储在3.5″硬盘市场占据10%~20%的市场份额，稳居行业第三的位置，是该市场一个强劲的竞争对手，三星的竞争力稍弱些。此外，日立与西部数据在产品组合、产品质量等方面高度重叠，三星与希捷存在部分重叠。并购将导致该市场两个重要竞争对手（尤其是日立存储）的消失，降低了相关市场的竞争约束，竞争约束的减少可能导致市场价格的提高，也会导致硬盘企业创新意愿和创新速度的降低。

表 1　　2010 年硬盘企业在全球市场及各终端应用的市场份额　　单位：%

硬盘供应商	所有硬盘	电脑级应用		企业级应用		消费级应用	
		台式计算机 3.5″	便携式计算机 2.5″	关键任务企业	关键业务企业 3.5″	消费电子产品应用	
						3.5″	2.5″
希捷	30 ~ 40	30 ~ 40	10 ~ 20	60 ~ 70	30 ~ 40	40 ~ 50	5 ~ 10
三星	5 ~ 10	10 ~ 20	10 ~ 20	—	0 ~ 5	0 ~ 5	0 ~ 5
并购后	40 ~ 50	40 ~ 50	30 ~ 40	60 ~ 70	30 ~ 40	40 ~ 50	10 ~ 20
西部数据	20 ~ 30	40 ~ 50	30 ~ 40	0 ~ 5	30 ~ 40	40 ~ 50	0 ~ 5
日立存储	10 ~ 20	10 ~ 20	10 ~ 20	20 ~ 30	20 ~ 30	10 ~ 20	30 ~ 40
并购后	40 ~ 50	50 ~ 60	40 ~ 50	20 ~ 30	50 ~ 60	50 ~ 60	40 ~ 50
东芝	10 ~ 20	—	10 ~ 20	5 ~ 10	—	—	40 ~ 50
细分市场收入占比	100	30 ~ 40	30 ~ 40	10 ~ 20	0 ~ 5	0 ~ 5	0 ~ 5

注：表中市场份额主要依据销售收入划分；欧盟两个审查决定里面的数值略有差异。

资料来源：Case No COMP/M. 6203 – Western Digital Irland/Viviti Technologies；Case No COMP/M. 6214；Oanda. com；IDC.

采购模式特殊。硬盘企业的主要客户是大型计算机生产商，为保证硬盘供应的安全性和连续性，并获得更好的定价能力，他们通常从 2 ~ 4 家供应商采购。在单次竞标中，最具竞争力的要约一般会获得较大订单份额，但一般不超 60% ~ 70%，次之获得较小订单份额，再次获得更小的份额或者拿不到订单。硬盘企业为了获得更大的订单份额或者为了获得订单而展开竞争。该采购模型有利于促进硬盘企业降低价格提高产品质量。比较并购前 3. 5″硬盘市场（4 家企业）和 2. 5″硬盘市场（5 家企业）的情况，可以发现 2. 5″硬盘市场明显比 3. 5″硬盘市场更活跃，2. 5″硬盘市场的购买份额变化大且不同供应商所占份额比较平均①。因此，维持目前的采购模式和多源采购的要求有利于促进硬盘行业的竞争。

此外，硬盘市场产能利用率高、买方议价能力或者意愿低、市场进入壁垒高。硬盘行业的产能利用率较高，根据中国和欧盟的调查，到 2010 年上半年，全行业的产能利用率大约是 70% ~ 80%，而到了需求高峰的第三、四季度，则高达 80% ~ 90%，剩余产能有限。因此，并购导致的产品价格上升很难带来产能的扩大。根据采购模式的分析，并购将使大型计算机生产商的议价能力降低，买方不具有明显买方势力。此外，大型计算机生产商可以将硬盘价格的上涨转嫁给计算机消费者，他们缺乏行使抵消性购买力量的激

① 欧盟审查决定 Case No COMP/M. 6203，第 108 页。

励。小企业和零售商规模较小不具有抵消性的购买力量。而最终消费者高度分散，对硬盘和计算机价格的上涨没有议价能力。硬盘行业的一个重要特点是知识产权以及其他的专有知识至关重要，尤其是非知识产权的核心技术、工艺流程以及技术队伍构成了该市场的实质性进入障碍。除了技术壁垒，该市场的资金壁垒也非常高。此外，硬盘市场的一个重要特征是规模经济性，就算有新进入者进入，但是如果达不到一定的生产和销售规模则无法形成竞争力，甚至无法生存下来。2009～2010 年近 10 年硬盘市场无新竞争者进入也说明硬盘市场进入难度很大。

在 2.5″硬盘市场，采购模式、市场进入、买方势力与 3.5″硬盘市场类似，并购将导致重要竞争对手的消失，对市场的竞争、定价以及采购模式的维持产生不利影响。但与 3.5″市场不同的是，东芝作为强劲的竞争对手可以对西部数据和希捷形成一定的竞争约束。并购后市场形成西部数据、希捷和东芝三家供应商竞争局面，基本还能满足客户对多源采购的需求，允许消费者在不同的产品之间转换，不会对有效竞争形成明显的危害，基于此，反垄断执法机构对两个案件的附加限制性条件存在差异。

最后分析并购的协调效应。基于其采购模式，计算机生产商通常采用不公开竞价方式，通过询价或者直接谈判的方式经过 1～3 轮投标最终确定价格，所以硬盘供应商很难形成价格串谋。硬盘产品生命周期短，代际硬盘间的产品特性和产品参数不同。由于不同供应商的技术水平和生产能力不同所以其规模生产的最有效点也不同，不同的产品之间也存在这个问题。产品生命周期相对比较短也导致新产品投放市场频率以及与客户进行新产品价格谈判的频率比较高。因此持久的产量或价格串谋可能性不大。

2. 固态硬盘等影响市场竞争的因素

首先分析固态硬盘对机械硬盘的影响。固态硬盘在接口的规范和定义、功能以及使用方法上与机械硬盘完全相同，产品外形和尺寸也一致。相关企业在 2014 年以前并未进入固态硬盘行业，后经过并购等才慢慢进入。① 并购发生时，固态硬盘因为其技术的限制，对机械硬盘还形不成足够的竞争压力。与传统硬盘的磁录密度增长越来越困难形成对比，固态硬盘因全新的数据读写原理和设计，在 2010 年左右获得井喷式发展。故在中国、欧盟等反垄断机构的相关市场界定中都不包括固态硬盘。但是，相关市场的竞争经过几年的发展，固态硬盘的竞争优势日渐明显，固态硬盘具有读写速度快、质量轻、体积小、能耗低、防震抗摔、无噪声等特点。此外，固态硬盘的价格随着容量的增加而不断下降，两者的价差逐渐缩小。在企业级应用市场和便携式应用市场，固态硬盘对传统硬盘的竞争约束不断增强。截至 2014 年，

---

① 希捷 2014 年通过收购 SandForce、Avago 公司旗下的 LSI、ASD 部门等进入，西部数据 2015 年收购闪迪进入。

苹果便携式计算机固态硬盘的使用份额达到60%，惠普、戴尔等的使用份额在 10% ~20%之间①。固态硬盘在企业级应用领域的产能也持续增长，市场份额不断扩大。消费级市场的出货量也快速增加。因此，2015 年商务部变更部分附件限制性条件时将固态硬盘的影响作为重要的考虑对象。

此外，研发和创新对硬盘行业影响巨大，是硬盘生产商重要的竞争手段。硬盘的竞争力之一体现在存储容量，更大容量新产品的推出将迅速占领市场，获得竞争优势，所以对硬盘生产企业来说"先入优势"或者在竞争对手推出产品后能以最快的速度推出相似产品非常重要。因为硬盘产品生命周期短，所以对硬盘企业来说在尽量短的时间内实现新产品的规模生产以降低生产成本并占据市场非常重要。并购一定程度上有利于企业间的研发合作，促进企业规模生产，提高企业的生产效率和竞争力。

综上所述，随着传统硬盘技术发展的放缓以及固态硬盘的快速发展，我国反垄断部门附条件通过并购是符合标准的。但是，在集中度已经很高的硬盘市场，尤其是 3.5″硬盘市场，竞争对手的消失使并购后企业市场势力增加而很容易产生单边效应等，影响市场的有效竞争和创新，不利于采购模式的维持。所以，中国、美国和欧盟等都采取了将西部数据/日立存储合并后部分 3.5″硬盘资产剥离的救济措施。此外，并购后独立竞争者状态的维持有利于降低并购对硬盘市场有效竞争的损害，防止产品价格的上涨，维护消费者的利益。允许并购企业进行技术合作又有利于企业提高生产效率和竞争力。随着并购后固态硬盘的发展和市场份额的不断扩大，取消部分附加限制性条件也体现了我国并购控制政策的灵活性与合理性。

四、并购救济措施对价格的影响：理论分析

横向并购导致的单边效应是各国并购审查重点考虑的因素之一。Farrell and Shapiro（1990）、Motta（2004）等通过模型证明并购通过消除企业之间的竞争使并购企业的市场势力上升，导致单边效应，且并购企业的市场份额越大，并购造成的竞争损害效应越大。Motta（2004）进一步证明，企业并购带来的效率改进必须足够大才能导致价格的下降。这是资产剥离等救济措施的理论依据。通过剥离创造新的竞争实体或增强弱的在位竞争者的竞争力，是恢复相关市场竞争的有效方式。除此之外，我国执法机构在两个并购案中均使用了行为性救济措施，即要求"并购后企业仍维持独立竞争者状态，但允许双方在产品研发等方面进行技术合作和交流"。截至 2020 年 7 月底，我国反垄断机构附条件通过的 46 个并购中，该救济措施使用过 9 次，其使用频率在我国比较高。关于该救济措施的有效性和适用性，本文接下来

① 商务部公告 2015 年第 41 号。

通过双寡头企业间的水平差异化伯川德竞争模型进行分析，以判断该措施是否能够抑制并购导致的反竞争效应，降低价格。

假设有两个企业，即企业 1 和企业 2，分别生产产品 1 和产品 2，因硬盘企业生产产品的质量、性能无明显差异，假设产品 1 和产品 2 为水平差异化产品，差异化水平为 ν。并购企业间技术水平存在差异，为了提高其综合竞争力，该救济措施在要求其保持独立竞争地位的同时，允许其进行技术合作和交流，必然导致技术授权的发生，故假设企业 2 技术高于企业 1，为简便起见，我们假定企业生产没有固定成本和可变成本，技术创新水平是影响成本的主要因素，假设两家企业的成本分别为 c_1，c_2，且 $c_1 > c_2$，即企业 2 技术创新水平高于企业 1。两家企业在差异化产品市场中进行伯川德价格竞争。参考 Singh and Vives（1984）的做法，我们假设产品的需求函数为：

$$q_i = \frac{1}{1-s^2}[(1-s)a - p_i + sp_j] \quad i,\ j=1,\ 2\ i\neq j \tag{1}$$

其中，q_i 是产品 i 的产量，p_i 是产品 i 的价格，$s = 1-\nu$ 是产品 1 和产品 2 之间的替代度水平，$0 < s < 1$。企业 1、企业 2 的利润函数为：

$$\pi_1 = (p_1 - c_1)q_1 = (p_1 - c_1)\frac{1}{1-s^2}[(1-s)a - p_1 + sp_2] \tag{2}$$

$$\pi_2 = (p_2 - c_2)q_2 = (p_2 - c_2)\frac{1}{1-s^2}[(1-s)a - p_2 + sp_1] \tag{3}$$

下面分别分析企业 1 和企业 2 在竞争、完全合并以及并购但维持并购企业独立竞争者状态三种情况下的均衡价格。

（一）均衡价格

第一种情况——竞争：企业 1 和企业 2 是两家独立的企业，进行独立定价和技术研发。给定另一个企业的产品价格，每个企业选择自己的价格以最大化自己的利润。则企业 1、企业 2 利润最大化的一阶条件为：

$$\begin{cases} \dfrac{\partial \pi_1}{\partial p_1} = \dfrac{a + c_1 - 2p_1 - as + p_2 s}{1-s^2} = 0 \\ \dfrac{\partial \pi_2}{\partial p_2} = \dfrac{a + c_2 - 2p_2 - as + p_1 s}{1-s^2} = 0 \end{cases} \tag{4}$$

求解上述方程组，可得两个企业的伯川德均衡价格是

$$p_1 = \frac{2(a + c_1) - as + c_2 s - as^2}{4 - s^2} \tag{5}$$

$$p_2 = \frac{2(a + c_2) - as + c_1 s - as^2}{4 - s^2} \tag{6}$$

第二种情况——完全合并：企业 1 和企业 2 合并成一家企业，两家企业同时进行价格决策。此外，合并后两家企业的技术完全整合进行产品研发，

即先进技术企业 2 将其技术授权给技术相对落后企业 1，企业 1 获得技术授权后，成本降低为 $c_1' = c_2$。

企业 1 和企业 2 在差异化产品市场上进行伯川德竞争，同时选择价格 p_1、p_2 以最大化联合利润，即：

$$\underset{p_1, p_2}{\mathrm{Max}}\Pi = \pi_1' + \pi_2 \tag{7}$$

由利润最大化一阶条件：

$$\begin{cases} \dfrac{\partial \Pi}{\partial p_1} = \dfrac{(a + c_2)(s - 1) + 2(p_1 - p_2 s)}{s^2 - 1} = 0 \\ \dfrac{\partial \Pi}{\partial p_2} = \dfrac{(a + c_2)(s - 1) + 2(p_2 - p_1 s)}{s^2 - 1} = 0 \end{cases} \tag{8}$$

可求得两个企业的伯川德均衡价格为：

$$p_1^c = p_2^c = \frac{a + c_2}{2} \tag{9}$$

第三种情况——并购但维持并购企业独立竞争者状态：两家企业合并，合并后两家企业在价格上独立决策，但是可以进行技术合作以提高生产效率，则企业 2 将部分技术转授给企业 1，使得企业 1 边际成本降低为 c''_1，$c_2 < c''_1 < c_1$。则企业 1、企业 2 的利润函数为：

$$\pi_1^H = (p_1 - c''_1) q_1 = (p_1 - c''_1) \frac{a(1 - s) - p_1 + p_2 s}{1 - s^2} \tag{10}$$

$$\pi_2^H = (p_2 - c_2) q_2 = (p_2 - c_2) \frac{a(1 - s) - p_2 + p_1 s}{1 - s^2} \tag{11}$$

同上，由利润最大化一阶条件 $\partial \pi_i^H / \partial p_i = 0$，可得在这种情况每个企业的均衡价格：

$$p_1^H = \frac{a(s^2 + s - 2) - 2c''_1 - c_2 s}{s^2 - 4} \tag{12}$$

$$p_2^H = \frac{a(s^2 + s - 2) - c''_1 s - 2c_2}{s^2 - 4} \tag{13}$$

（二）比较

接下来比较几种情况下企业的均衡价格。首先比较情况 1 与情况 2 的均衡价格。

比较企业 2 的均衡价格 $p_2^c - p_2 = \dfrac{s(2c_1 + c_2 s) - as(2 + s)}{2(s^2 - 4)} > 0$，可得，$p_2^c > p_2$，即合并提高了企业 2 的均衡价格。

比较企业 1 的均衡价格 $p_1^c - p_1 = \dfrac{(c_2 - a)(s^2 + 2s) + 4(c_1 - c_2)}{2(s^2 - 4)}$，可得，

当$\frac{a-c_2}{c_1-c_2}<\frac{4}{2s+s^2}$时，$p_1^c<p_1$，即企业 1 和企业 2 技术水平差异较大，合并将显著提升企业 1 的技术水平，促进其效率改善，降低成本。这与 Motta（2004）、Motta and Tarantino（2017）的分析结果一致。但是这种情况不适用本文两个案例，虽然并购有利于企业间的研发合作和规模生产，但该合并未带来明显的效率改进。在反垄断机构的审查中，西部数据和希捷也未能提出明显的效率抗辩的证据。所以，两个并购不能通过充分效率改进带来价格的下降。

当$\frac{a-c_2}{c_1-c_2}>\frac{4}{2s+s^2}$时，$p_1^c>p_1$，即企业 1 和企业 2 的技术差异较小，合并不会带来明显的效率改进，合并会导致价格的提高，不利于消费者福利的改善。这与 Farrell and Shapiro（1990）、Motta（2004）的结论一致，也与两个案例的情况吻合。

引理 1： 在没有明显效率改进的情况下，合并将导致均衡价格上涨，不利于消费者剩余的改进。

接下来比较情况 1 和情况 3 的均衡价格。

$$p_1^H-p_1=\frac{2(c_1-c''_1)}{s^2-4}<0 \tag{14}$$

$$p_2^H-p_2=\frac{s(c_1-c''_1)}{s^2-4}<0 \tag{15}$$

即 $p_1^H<p_1$，$p_2^H<p_2$，也就是说，在技术创新对产品成本影响比较明显的产业，维持企业独立竞争者状态同时允许其进行技术合作的并购，有利于企业间通过技术研发合作提高产品的生产效率，降低均衡价格，提高消费者剩余。此外，企业 1 和企业 2 的技术差异较小时，由 $p_1<p_1^c$ 以及 $p_2<p_2^c$，可得，$p_1^H<p_1^c$，$p_2^H<p_2^c$，说明维持并购企业独立竞争者地位有利于抑制并购的单边效应和协调效应，维持相关市场的竞争，提高生产效率。所以，反垄断执法机构的救济措施是有效的。

引理 2： 维持并购企业独立竞争者状态并允许其进行技术合作有利于提高企业的生产效率（技术创新水平），降低均衡价格，有利于消费者福利水平的改善。

定理： 在技术创新水平差异比较小的产品市场，完全合并将显著提升企业的均衡价格，而维持并购企业独立竞争者状态同时允许其进行技术合作的救济措施有利于降低产品价格；在技术创新水平差异比较大的产品市场，完全合并将提升技术先进企业的均衡价格，因为技术授权（生产效率的显著提升）而降低技术落后企业的均衡价格，但维持并购企业独立竞争者状态同时允许其进行技术合作的救济措施一定有利于降低产品的均衡价格。

此外，由此分析也可以发现，技术创新和合作对产品成本影响越明显，则该救济措施越有效。这说明我国反垄断执法机构将该救济措施主要适用于软件和信息技术、计算机、高端装备、新能源新材料领域以及生物医药等领域的案件是合理的。

五、实证策略、数据选取与变量说明

（一）模型设定

并购控制政策的目的是促进相关市场的竞争，维持多源采购模型，防止并购的单边效应和协调效应导致价格上涨损害消费者剩余。因此，要评估反垄断执法机构的并购控制政策是否有效，一个重要指标是并购对产品价格的影响。要评估并购对价格的影响需要确定以下关键因素：（1）合理的测度如果并购未发生情况下的价格（反事实状态）；（2）确定相关产品及价格；（3）合理确定并购影响的时间跨度。本文采用双重差分法，通过合理对照组的选择和处理期的确定，来评价并购控制政策长期和短期的效果，以验证执法部门的执法决定是否合理，救济措施是否有效。具体的回归方程如下：

$$p_{it} = \beta \cdot treat_i + \gamma \cdot post_t + \delta \cdot treat_i \cdot post_t + \omega \cdot X_i + \varepsilon_{it} \tag{16}$$

其中，p_{it}是被解释变量，表示产品的价格。X_i 表示影响价格的所有控制变量，包括转速、尺寸大小和接口类型等，ε 为误差项。相互作用系数 δ 是关键参数和主要研究对象，代表并购行为对价格形成的冲击。treat 和 post 都是虚拟变量，对于并购企业的硬盘价格 treat = 1，为实验组；treat = 0，为对照组。本文“事件”有两个，一个是附加限制性条件通过并购（事件1）；另一个是解除部分附加限制性条件（事件2）。两个事件使用相同的计量模型和方法。事件后的相关数据 post = 1，事件前的相关数据 post = 0。

（二）对照组选择与处理期确定

反事实状态是并购以及并购控制效果分析的基准点。为了合理地构建反事实状态，对照组的选择非常重要。理论上讲，对照组需要与实验组具有相似的特征，比如供给与需求情况、市场竞争情况等，同时，对照组又不能受事件影响。现有文献进行反垄断执法效果事后评估时对照组的选择通常有三种方法：竞争对手，如 Ashenfelter and Hosken（2010）、Santos and Wildenbeest（2017）；不同产品市场，如 Ashenfelter et al.（2013a）；不同地域市场，如 Aguzzoni et al.（2013）、Argentesi et al.（2020）。本文选择不同的产品市场——内存条市场作为对照组。因为该并购案的相关地域市场为全球，所以不存在不同地域市场。硬盘市场中四家企业两两合并，而东芝因购买了所剥离的3.5″硬盘资产，也受到了并购控制政策的影响，所以竞争对手也无法作为对照组。不同产品市场主要指与相关产品类似的其他产品市场，在供给、需求、市场结构方面具有相似性，但是又未受事件显著影响，所以可以作为对照组。事件前后，内存条市场的市场结构和竞争情况与并购前的硬盘市场非常相似，五家厂商占据绝大部分的市场份额，在生产和销售方面与硬盘市场也类似。不同的是，内存条市场未发生大规模的并购，也未受到该并购事件的影响。此外，影响内存条价格的参数包括内存类型、主频、针脚数等与硬盘也能对应。最后一个原因是数据的可获性和统一性。内存条价格和硬盘价格由同一机构采集公布，保障了数据的统一性。

Choné and Linnermer（2012）、Aguzzoni et al.（2016）等将并购以及并购控制政策的实施作为两个事件，因为两个事件时间跨度大。本文两个案例从反垄断执法机构审查公告公布到最后并购完成间隔很短，所以本文将其作为一个事件，即并购完成（事件 1）。Focarelli and Panetta（2003）研究发现并购的反竞争效应一般会很快表现出来，但是事件对效率的影响则需要一定时间才能显现（Groff，2007；Ashenfelter et al.，2013b），因此本文将事件的效果分为短期（3 个月）和长期（18 个月）两个时间段。为了检验商务部解除部分附加限制性条件是否合理，是否会引起相关市场产品价格的上涨，本文将其作为一个事件。因为数据的可获性，该部分只测度了该事件的短期效应（5 个月）。

（三）变量选取与数据处理

本文的主要数据为硬盘价格的日度数据。硬盘市场的主要客户是大型电脑生产商。硬盘价格一般由大型电脑生产商以不公开竞标的方式与硬盘生产商谈判决定，相关交易价格和数据很难获得。本文的数据为硬盘零售价格。虽然硬盘的零售市场所占份额比较小，但是其价格可以反映硬盘的总体价格。本文价格数据主要来自大中华区专业 IT 网站——中关村在线。从 2005 年开始，中关村在线开辟专门板块每天对硬盘、中央处理器和内存条的线下零售价格进行采集报道，2012 年 11 月增加固态硬盘价格，2016 年关闭该板块。

产量也是并购的重要影响结果之一，但是因为数据很难获得，所以本文未对产量的变化情况进行计量分析。但是根据各统计公司和相关企业的产量数据（见图 2）可发现，硬盘年度出货量在 2010 年以前一直呈递增趋势，2010 年达到最大出货量，从 2010 年开始，出货量逐渐减少，2012 年并购后虽然出现短期的上涨，但是仍没有改变硬盘出货量不断下降的趋势。在这种情况下评估并购后硬盘价格的变化情况尤为重要。与机械硬盘形成鲜明对比，固态硬盘的出货量从 2010 年起逐年快速上涨，到 2018 年固态硬盘出货量已经达到机械硬盘的一半。通过消费级机械硬盘和消费级固态硬盘的季度出货量变化趋势可以发现，该特征更明显，消费级机械硬盘的出货量不断减少，与之形成鲜明对比的是，消费级固态硬盘的出货量快速增加，到 2018

年已相差很小。

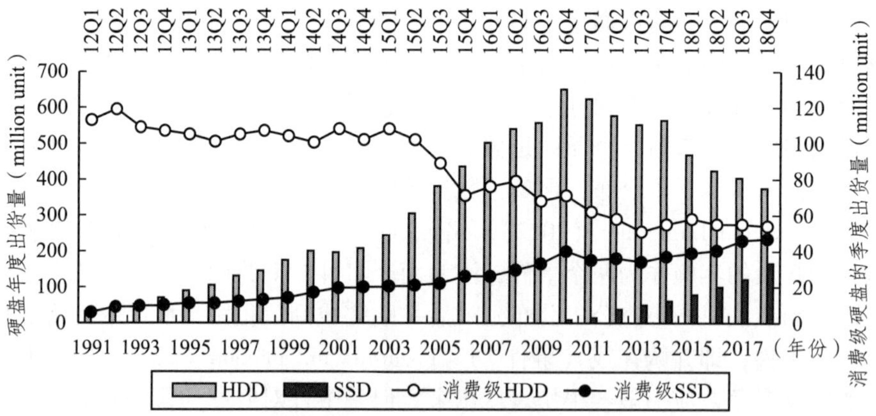

图 2 机械硬盘和固态硬盘的出货量

资料来源：根据 IDC；Statista；TrendFocus；IDEMA；Wels Fargo Securities；LLC 等的数据整理。

所获得的硬盘价格数据是每个品牌不同型号产品的单价（元/件），为保证数据的连贯性、统一性，本文将数据根据内存容量进行整理，将硬盘的价格转换为元/GB，这也是硬盘价格常用的一种衡量指标。除容量外，转数、接口类型、尺寸等也是影响价格的重要因素，所以本文还整理了这些数据，并构建虚拟变量，赋值方式为 3.5″硬盘、7200 转硬盘、接口为 SATA3.0 硬盘虚拟变量分别取值为 1，否则为 0。影响内存条价格的因素与硬盘不是完全相同的，根据影响程度选择对应的变量，分别为主频、内存类型、针脚数，并构建虚拟变量。考察期内可忽略技术进步导致的价格无形磨损。变量的描述性统计如表 2 所示。

表 2 变量的描述性统计

变量名称	变量含义	实验组样本		对照组样本	
		均值	标准差	均值	标准差
P_1	产品价格（事件 1：西部数据案）	0.6354	0.2606	0.9461	0.5537
$Size_1$	碟片尺寸/针脚数	0.7254	0.5081	0.7692	0.4384
$Speed_1$	转数/主频	0.6193	0.1058	0.5032	0.1374
$T-type_1$	接口类型/内存类型	0.3772	0.2541	0.3346	0.1672
P_2	产品价格（事件 1：希捷案）	0.6721	0.3259	0.9273	0.5692
$Size_2$	碟片尺寸/针脚数	0.7275	0.4454	0.7705	0.4157
$Speed_2$	转数/主频	0.6770	0.0767	0.3147	0.1574
$T-type_2$	接口类型/内存类型	0.3951	0.1637	0.3714	0.2157

续表

变量名称	变量含义	实验组样本		对照组样本	
		均值	标准差	均值	标准差
P_3	产品价格（事件 2）	0.3514	0.0890	0.6404	0.1598
$Size_3$	碟片尺寸/针脚数	0.7952	0.4398	0.7747	0.5101
$Speed_3$	转数/主频	0.6839	0.2361	0.7538	0.5163
$T-type_3$	接口类型/内存类型	0.8759	0.4255	0.8874	0.5122

六、审查决定对硬盘价格的影响

（一）实证结果分析

1. 附条件通过并购对硬盘价格的影响

在前文竞争分析、理论模型分析的基础上，这部分主要评估附条件通过两个并购以及取消部分附加限制性条件对硬盘价格短期和长期的影响。通过价格变动判断附条件通过并购是否合理，救济措施是否有效以及取消部分附加限制性条件是否符合标准。对回归结果，本文采用了 Newey - West 估计法测算了标准误，允许自相关存在 7 阶滞后期。

从表 3 可以看出，主要解释变量 treat × post 的相互作用系数 δ 在两个并购案中的长期和短期结果不同。在希捷/三星硬盘案中，附条件通过并购后短期内，硬盘价格即出现下降，而长期看，价格下降更显著。主要是因为，虽然该案获得美国和欧盟等国反垄断执法机构的无条件通过，但是我国反垄断执法机构根据中国的情况，对本案采取了一定的行为性救济措施，主要是维持并购后两个企业的独立竞争者状态，但允许其进行技术合作。该救济措施有利于促进相关市场的竞争。通过并购后价格的变化说明，该措施一方面有效限制了并购的反竞争效应；另一方面通过技术合作有利于提高相关企业的生产效率和竞争力。在西部数据/日立存储案中，短期内价格上涨，这可能是因为并购的延迟效应和反竞争影响，另外，2011 年底泰国洪水对硬盘生产企业尤其是西部数据短期造成严重影响，导致硬盘出货量减小，价格短期内暴增。但是得益于反垄断部门采取的救济措施，随着剥离的完成和东芝 3.5″硬盘投入市场，硬盘价格长期来看出现下降。

表 3 附条件通过并购对硬盘价格的影响

变量	短期$_1$	长期$_1$	短期$_2$	长期$_2$
Treat	2.2643*** (0.5579)	2.903*** (0.5816)	2.3877*** (0.5761)	1.9865*** (0.5831)
$Post_1$	1.3273 (1.3125)	-0.4637 (2.7385)		
Treat × $post_1$	0.2784** (0.1032)	-0.0311 (0.0172)		
$Post_2$			1.0172 (1.4274)	0.5528*** (0.2135)
Treat × $post_2$			-0.0225* (0.0151)	-0.2252*** (0.5219)
Speed	-0.0374 (0.0152)	-0.0362* (0.0182)	0.0419 (0.0151)	0.0334 (0.0192)
T - type	0.0056 (0.0063)	0.0071 (0.0033)	0.006 (0.0043)	0.0059 (0.0047)
Size	-0.1746** (0.1740)	-0.2756** (0.1163)	0.1721* (0.0974)	0.1723* (0.0904)
N Prob > F	786 0.0000	786 0.0000	786 0.0000	786 0.0000

注：括号中的值为 Newey - West 标准误，***、**、* 分别表示在 1%、5%、10% 的水平上显著。

除此之外，考察期内硬盘的价格低于内存条价格。硬盘价格受转速以及接口种类影响不明显，但是受硬盘尺寸的影响比较明显，其中一个重要原因是反垄断执法机构剥离日立存储 3.5″硬盘资产的措施对硬盘价格产生明显影响。总之，从表 3 可以看出，附条件通过两个并购案未导致价格的上涨，说明附条件通过两个并购是符合标准的。并购后硬盘价格的降低说明救济措施是有效的，有效地限制了并购的反竞争效应，甚至促进了硬盘行业的竞争，提高了相关企业的生产效率。

2. 部分附加限制性条件的变更对硬盘价格的影响

接下来分析事件 2 对硬盘价格的影响。因为数据的可获性，该部分只分析了事件的短期效应。此外，反垄断执法机构在 3 天内先后取消了两个案件的部分附加限制性条件，所以事件日选择同一天。根据表 4 的结果可知，取消部分附加限制性条件并未引起硬盘价格的剧烈波动，说明维持独立竞争者状态条件的取消并未使并购的反竞争效应恢复。这主要是因为随着固态硬盘对存储市场竞争的影响，该救济措施的效果已经不明显。所以，根据市场的发展情况适时的取消相关附加限制性条件是合理的。

表 4　　取消部分附加限制性条件对硬盘价格的影响

变量	希捷案	西部数据案
Treat	0. 2335 *** （0. 067）	0. 2653 ** （0. 0635）
Post	−1. 4674 （1. 6935）	−1. 352 （1. 1627）
Treat × $post_3$	−0. 5874 （2. 4315）	1. 3934 （1. 3745）
Speed	0. 1508 * （0. 085）	0. 1616 * （0. 0904）
Size	0. 005 （0. 0147）	0. 0038 （0. 0055）
T − type	0. 0028 （0. 0028）	0. 0072 （0. 0059）
N Prob > F	204 0. 000	204 0. 000

注：括号中的值为 Newey − West 标准误，***、**、* 分别表示在 1%、5%、10% 的水平上显著。

（二）稳健性检验

Focarelli and Panetta（2003）、Harrison（2012）等研究发现并购存在延迟效应，并购的影响需要一定时间才能显现，因此该部分主要着重对并购的长期效应进行稳健性检验。为检验结果的稳健性，本文对数据进行了如下处理。第一种是在长期效果分析中刨除事件发生前后短期效果的影响，这也是进行事后分析常用的方法，有利于消除事件的延迟效应和并购的反竞争效应。第二种方法是对所有的价格取对数。第三种方法是改变滞后期。通过 Newey − West 估计法测度标准误，允许异方差的存在和误差项自相关存在滞后期，通过滞后期的改变进行稳健性检验。第四种方法是降低数据的频率，将日度数据整理成周度数据。表 5 汇报了事件 1 对西部数据和日立存储硬盘价格的影响。稳健性检验的结果证明附条件通过该并购案没有带来硬盘价格的上涨，长期看硬盘价格是降低的。稳健性检验的结果与前文基本一致。

表 5　　长期效应的稳健性检验结果（事件 1：西部数据案）

变量	Newey - West（1 阶滞后）	去掉短期窗	周价格	价格取对数
Treat	2. 9008 *** (0. 3492)	2. 2362 *** (0. 2574)	1. 906 *** (0. 5312)	0. 0775 *** (0. 0117)
$Post_1$	-0. 5902 (1. 8631)	-0. 461 (1. 5751)	-0. 5111 (1. 7021)	-0. 0264 (0. 2731)
Treat × $post_1$	-0. 03128 (0. 0951)	-0. 0211 (0. 0912)	-0. 0235 (0. 0891)	-0. 016 * (0. 0159)
Speed	-0. 0296 * (0. 0141)	-0. 0198 (0. 0121)	-0. 029 (0. 0228)	0. 0001 (0. 0334)
T - type	0. 0069 (0. 0041)	0. 0068 (0. 0038)	0. 0053 (0. 0039)	0. 0242 (4. 07 -0. 5e)
Size	-0. 2125 ** (0. 3615)	-0. 2143 ** (0. 3911)	-0. 2687 ** (0. 3276)	0. 0036 (0. 0017)
N Prob > F	786 0. 0000	542 0. 0000	158 0. 0000	786 0. 0000

注：括号中的值为 Newey - West 标准误，***、**、* 分别表示在 1%、5%、10% 的水平上显著。

变更对照组对事件 2 进行稳健性检验。作为竞争对手，东芝硬盘与西部数据和希捷处于同一相关市场，供给、需求以及其他市场情况基本相同，但是未受事件 2 影响，可以作为对照组。此外，反垄断执法机构 2015 年解除部分附加限制性条件的一个重要原因是固态硬盘的竞争约束不断增强。基于该原因，着重检验固态硬盘价格变动对硬盘的影响。从表 6 可以看出，结果与前文基本一致，固态硬盘价格的变动对机械硬盘价格的影响显著。存储市场竞争的变化导致机械硬盘企业面对新的竞争压力，不容易产生单边效应和协调效应。所以，部分附加限制性条件的取消是符合标准的。

表 6　　取消部分附加限制性条件对硬盘价格的影响

变量	希捷案	西部数据案
Treat	1. 398 (1. 8752)	0. 8247 (0. 9776)
Post	0. 9375 (2. 1725)	-1. 2185 (1. 5943)

续表

变量	希捷案	西部数据案
Treat × $post_3$	-1.2721 (1.6009)	1.7831 (1.2581)
HHD	-0.9846*** (0.2786)	-1.592*** (0.1692)
Speed	0.161* (0.0868)	0.1531* (0.0912)
Size	-0.0014 (0.0038)	0.0006 (0.0019)
T-type	-0.0293 (0.0422)	0.1291 (0.0537)
N Prob > F	194 0.000	196 0.000

注：括号中的值为 Newey-West 标准误，***、**、*分别表示在 1%、5%、10% 的水平上显著。

七、结论与政策建议

本文以硬盘行业两起横向并购案为研究对象，对我国并购反垄断控制的效果进行事后评估。通过对相关市场的竞争分析发现，并购可能会带来单边效应，尤其是 3.5″硬盘市场。所以，我国反垄断执法机构附加限制性条件通过两起并购是符合标准的。并购后，随着固态硬盘技术的快速发展，存储市场竞争状况发生明显变化，因此执法机构取消部分附加限制性条件。理论模型侧重对并购尤其是维持并购企业独立竞争者状态的行为性救济措施影响的分析，分析结果表明，无显著效率改进的横向并购容易导致产品价格的上涨，不利于消费者福利的改善。维持并购企业的独立竞争者状态并允许其进行技术合作和创新的救济措施，一方面抑制了并购的反竞争效应，同时，有利于提高企业的生产效率和竞争力，降低产品价格。最后，通过双重差分法评估并购对硬盘价格的影响，验证了竞争分析和理论模型分析的结果，发现附条件通过两个并购并未导致硬盘价格的上涨，说明救济措施是有效的，有利于维护相关市场的竞争状态，而随着相关市场竞争状况的改变及时调整救济措施也是合理的。

基于以上研究结论，从提高并购反垄断控制的科学性和效率出发，本文提出以下政策建议：（1）执法机构应进一步提高并购审查过程中各类信息的透明度，包括案件审理结论和各项救济措施的法律和事实依据以及相关经济学分析，以提高反垄断执法决策的合理性、可信度和准确度。（2）行为性救济措施存在监督成本高，管理困难等问题，在西部数据案通过后出现两次因违反附加限制性条款而被处罚的情况，验证了行为性救济措施监管的困难。因此要不断完善各种救济措施的制度供给，合理选择，谨慎使用各种救济措施并加强对行为性救济措施的监督。（3）建立反垄断执法定期或不定期的事后评估制度。我国反垄断执法机构应吸取其他司法辖区事后评估的经验，定期或者不定期地对我国反垄断执法情况进行事后评估，包括执法的效果，救济措施的有效性，执法决定对相关市场竞争的影响等，并及时向社会公布。这既有利于加强对执法情况的总结和监督，也可以更好地指导以后的执法实践。

参考文献

[1] 李青原、田晨阳、唐建新、陈晓：《公司横向并购动机：效率理论还是市场势力理论——来自汇源果汁与可口可乐的案例研究》，载《会计研究》2011 年第 5 期。

[2] 林平：《反事实状态与反垄断执法误差》，载《竞争政策研究》2016 年第 5 期。

[3] 王燕、臧旭恒：《经营者集中反垄断审查事后评估——基于我国商务部无条件通过的案例》，载《社会科学研究》2018 年第 2 期。

[4] 吴绪亮：《经营者集中反垄断审查的经济证据问题研究》，载《东北财经大学学报》2013 年第 5 期。

[5] 叶军：《经营者集中反垄断控制限制性条件的比较分析和选择适用?》，载《中外法学》2019 年第 4 期。

[6] 于立：《中国反垄断经济学的研究进展》，载《广东商学院学报》2010 年第 5 期。

[7] Aguzzoni, L., Buehler, B., Martile, L. Di., Kemp. R., and Schwart, A., 2018: Ex – post Analysis of Mobile Telecom Mergers: The Case of Austria and The Netherlands. *De Economist*, Vol. 166.

[8] Allen, J., Clark, R., and Houde, J. F., 2014: The Effect of Mergers in Search Market: Evidence from the Canadian Mortgage Industry. *American Economic Review*, Vol. 104, No. 10.

[9] Aguzzoni, L., Argentesi, E., Ciari, L., Duso, T., and Tognoni, M., 2016: Ex – post Merger Evaluation in the UK Retail Market for Books, *Journal of Industrial Economics*, Vol. 64, No. 1.

[10] Aktas, N., Bodt, E. de., and Roll, R., 2007: Is European M&A Regulation Protectionist, *The Economic Journal*, Vol. 117, No. 522.

[11] Argentesi, E., Banal – Estañol, A., and Seldeslachts, J., 2020: A Retrospective Evaluation of the GDF/Suez Merger: Effects on the Belgian Gas Hub, *International Association for Energy Economics Energy Journal*, No. 5.

[12] Ashenfelter, O. C., Hosken, D. S., and Weinberg, M. C., 2013a: The Price Effects of a Large Merger of Manufacturers: A Case Study of Maytag – Whirlpool, *American Economic Journal: Economic Policy*, Vol. 5, No. 1.

[13] Ashenfelter, O. C., Hosken, D. S., and Weinberg, M. C., 2013b: Efficiencies Brewed: Pricing and Consolidation in the US Beer Industry. NBER *Working Paper*, No. 19353.

[14] Carlton, D. W., 2009: Why We Need to Measure the Effect of Merger Policy and How to Do It, NBER *Working Paper*, No. 14719.

[15] Chandra, A. and Collard - Wexler, A., 2009: Mergers in Two - Sided Markets: An Application to the Canadian Newspaper Industry. *Journal of Economics and Management Strategy*, Vol. 18, No. 4.

[16] Choné, P. and Linnemer, L. A., 2012: Treatment Effect Method for Merger Analysis with an Application to Parking Prices in Paris. *The Journal of Industrial Economics*, Vol. 60, No. 4.

[17] Dobson, P. W. and Piga, C. A., 2013: The Impact of Mergers on Fares Structure: Evidence from European Low - Cost Airlines, *Economic Inquiry*, Vol. 51, No. 2.

[18] Duso, T., Neven, D. and Röller, L - H., 2007: The Political Economy of European Merger Control: Evidence Using Stock Market Data. *Journal of Law and Economics*, Vol. 50, No. 3.

[19] Duso, T., Gugler, K. and Yurtoglu, B., 2011: How Effective Is European Merger Control, *European Economic Review*, Vol. 55, No. 7.

[20] Farrell, J. and Shapiro, C., 2001: Scale Economies and Synergies in Horizontal Merger Analysis. *Antitrust Law Journal*, Vol. 68.

[21] Focarelli, D. and Panetta, F., 2003: Are Mergers Beneficial to Consumers? Evidence from the Market for Bank Deposits. *American Economic Review*, Vol. 93, No. 4.

[22] Friberg, R. and Romahn, A., 2015: Divestiture Requirements as a Tool for Competition Policy: A Case from the Swedish Beer Market. *International Journal of Industrial Organization*, Vol. 42.

[23] Han, M. and Stephen, R., 2014: Remedies in Chinese Merger Control Law Themes, Recent Cases and Developments, *Business Law International*, Vol. 15, No 3.

[24] Harrison, T. D., 2011: Do Mergers Really Reduce Costs? Evidence from Hospitals. *Economic Inquiry*, Vol. 49, No. 4.

[25] Huubinh B. Le. 2019: An Ex Post Analysis of The US Airways/American Airlines Merger. *Review of Economic Analysis*, Vol. 11, No. 3.

[26] John E. K. Jr., 2013: Does Merger Control Work? A Retrospective on U. S. Enforcement Actions and Merger Outcomes, *Antitrust Law Journal*, Vol 78.

[27] Lear, 2019: Ex - post Assessment of Merger Control Decisions in Digital Markets, Document prepared by Lear for the Competition and Markets Authority.

[28] Lin, P. and Zhao, J., 2012: Merger Control Policy under China's Anti - Monopoly Law. *Review of Industrial Organization*, Vol. 41, No. 1 - 2.

[29] Morrison, S. A., 1996: Airline Mergers: A Longer View. *Journal of Transport Economics and Policy*, Vol. 30, No. 3.

[30] Motta, M., 2004: Competition Policy, Theory and Practice, Cambridge University Press.

[31] Motta, M. and Tarantino, E., 2017: The effect of horizontal mergers, when firms compete in prices and investments. Working Paper Series, No. 17 - 01, University of Mann-

heim, Department of Economics, Mannheim, http: //nbn - resolving. de/urn: nbn: de: bsz: 180 - madoc - 428052.

[32] OECD, 2016: Reference Guide on Ex - Post Evaluation of Competition Agencies' Enforcement Decisions.

[33] Ohashi, H. and Toyama, Y. , 2017: The Effects of Domestic Merger on Exports: A Case Study of the 1998 Korean Automobile Industry. *Journal of International Economics*, Vol. 107.

[34] Pinkse, J. and Slade, M. E. , 2004: Mergers, Brand Competition, and the Price of a Pint, *European Economic Review*, Vol. 48, No. 3.

[35] De los Santos, B. and Wildenbeest, M. R. , 2017: E - Book Pricing and Vertical Restraints. *Quantitative Marketing and Economics*, Vol. 15, No. 4.

[36] Singh, N. and Vives, X. , 1984: Price and Quantity Competition in A Differentiated Duopoly, *RAND Journal of Economics*, Vol. 15, No. 4.

[37] Simpson, J. D. and Taylor, C. T. , 2008: Do Gasoline Mergers Affect Consumer's Prices? The Marathon - Ashland and UDS transaction, *Journal of Law and Economics*, Vol. 51, No. 1.

[38] Taylor, C. T. and Hosken, D. S. , 2007: The Economic Effects of the Marathon - Ashland Joint Venture: The Importance of Industry Supply Shocks and Vertical Market Structure. *The Journal of Industrial Economics*, Vol. 55, No. 3.

Ex-post Evaluation of the Horizontal Mergers Control

—A Case Study from the HDD Industry

Yan Wang   Longhua Liu

Abstract: The regulation on mergers has become the main activity of the anti-monopoly enforcement authorities. The merger control policy plays an important role in the safeguard of the market competition order. With the advancement of the anti-monopoly enforcement, it is necessary to carry out the retrospective evaluation of the anti-monopoly enforcement to evaluate its effect in order to perfect the legislation and law enforcement. This paper took the Western Digital Irland/Viviti Technologies merger and Seagate/HDD Business of Samsung merger which were approved with conditions by the anti-monopoly authorities in China as object of study. In order to evaluate the effect of the anti-monopoly policy and remedies, we compare different equilibrium prices under Betrand competition and estimate the price effect caused by the control decision using Difference-in-Difference method. The results show that: based on the competitive assessment of the relevant market and the price effect of the merger with remedies, we find that the conditional approval for the mergers confirm to the standard. The structural remedy of the divestiture of assets and the behavioral remedy of maintaining the independent competition status safeguard the competition in the relevant market and restrain the anticompetitive effect of the mergers. With the change of the competition in relevant market, the anti-monopoly authority adjusts the remedy, which shows the flexibility and rationality of the merger control policy. On the basis of the results, it is suggested that the ex-post evaluation mechanism of the merger control enforcement should be established; the transparency of the merger control process should be improved; the institutional supply of the various remedies should be perfected to ensure the proper use of the remedies.

Keywords: Ex – Post Evaluation　Horizontal Merger HDD Industry　Antitrust Remedy

JEL Classification: D21　L13　L44

我国城镇化进程与城乡收入差距关系的实证研究

陈　雪　于明超*

摘　要：本文基于泰尔指数的数理推导建立假设，建立计量模型并利用1997~2019年我国省际数据进行实证研究验证假设，探究了城镇化进程对城乡居民收入差距的影响。差分广义矩动态面板数据模型的估计结果表明，伴随我国城镇化水平的提高，城乡收入差距表现出先被拉大，在城镇化率为42.5%时到达拐点然后逐渐收敛的倒“U”型变化规律。进一步分样本回归发现，东中西部地区具有类似的特征，但东部地区更早达到拐点，因此，城乡差异小于中西部地区。建议进一步加快我国的新型城镇化水平，逐步消除二元经济结构实现一体化发展，同时合理调整产业结构使之趋于合理化并推动产业结构升级。

关键词：城镇化　城乡收入差距　泰尔指数

一、引　言

配第－克拉克定律表明，随着经济的发展，第一产业国民收入和劳动力的相对比重逐渐下降，第二和第三产业国民收入和劳动力的相对比重上升。由于城市是第二、三产业的聚集地，这意味着经济发展的过程也是城镇化的过程（简新华、黄锟，2010）。改革开放以来，我国城镇化水平已经得到了显著的提升。根据国家统计局数据，1978年，中国的城镇人口占年末总人口比重仅仅是17.92%，超过八成的人口居住在农村，2019年末我国按常住人口计算的城镇化率已超过60.6%。然而在城镇化建设积极开展并卓有成效的同时，我国城乡间居民收入不平等问题依然严峻。

受长期城乡二元经济结构的影响，城镇和农村居民投入要素不同、初始禀赋存在差距、加之市场失灵以及非竞争因素等原因，虽然在各项促进农民增收政策的调节下，城乡差距有所缩减但仍居高位。如图1所示，20世纪80年代改革开放早期城乡收入比出现过显著的下降，但之后持续上升，虽然

---

* 感谢匿名审稿人的修改意见。
陈雪：南京师范大学商学院；地址：南京市栖霞区文苑路1号，邮编：210023；E-mail：chenxue0111@163.com。
于明超：南京师范大学商学院；地址：南京市栖霞区文苑路1号，邮编：210023；E-mail：54167@njnu.edu.cn。

90 年代中后期有所改善，但在进入 21 世纪之后持续恶化，直到 2009 年城乡收入比达到 3. 33 的顶峰，之后出现持续下降的趋势，2019 年仍高达 2. 64。城乡差异的存在导致农民无法分享经济发展成果、无法平等地参与到我国的现代化进程中来，还容易产生收入差距的代际传递，使广大农村子女在资源、权利方面处于不利地位。如今，城镇化进入了一个重要的战略转型期，新型城镇化发展道路在未来是否可缩小我国城乡收入差距，促进城乡和区域协调发展？基于此，本文从理论和实证上对城镇化率如何影响我国城乡收入差距进行了研究，以期在未来缩小城乡居民收入差距的可行性给予理论与实证数据支撑。本文主要通过城镇化影响城乡收入差距的理论分析，以及基于泰尔指数的数理推导，分析城镇化对收入差异影响的机理，并利用 1997 ~ 2019 年我国省级层面样本构造面板数据，使用系统广义矩等计量方法，考察城镇化、产业结构、经济发展对城乡收入差距进行解释进而提出政策建议。

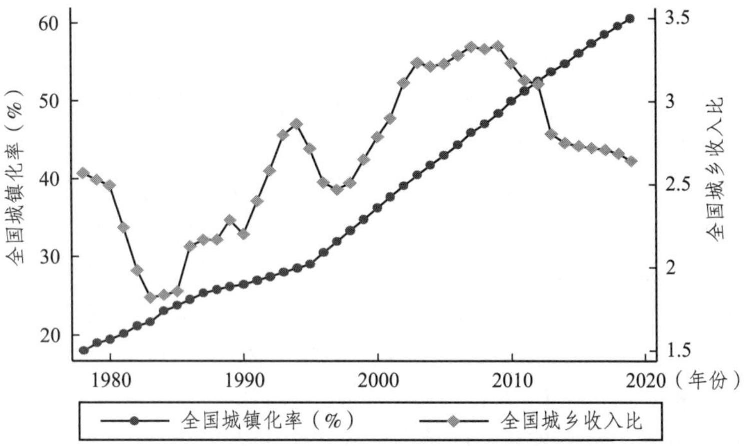

图 1　全国城镇化率及城乡收入比：1978 ~ 2019 年

二、文献回顾

经济发展过程中的收入差距问题，历来是文献研究的焦点。刘易斯（1954）认为生产方式、发展程度不同的城市和农村部门边际生产率的差异，导致了二元经济社会中的城乡工资率的不同，农业部门中大量的不能再增加产量的人口会向支付更高报酬的城市部门流动。城市工业部门带动了农业部门的发展，两部门之间可以形成良性互动，城乡之间的工资水平逐步趋于一致，直至城乡边际生产效率相等二元结构消失。Kuznets（1955）认为经济发展在早期阶段有收入分配不均的情况，会导致严重的马太效应，产生两极分化；随着经济水平的提高，收入分配不公平的现象会有所收敛，等到达一个拐点，收入差距会随着经济的发展逐渐缩小，这就是著名的库兹涅茨“U”

理论。Robinson（1976）认为在城镇化推进的过程中，劳动力会发生转移，由生产效率低的部门流入技术先进、生产效率高的部门，同时传统产业的生产率水平也会随着经济的发展提高，收入差距会渐渐缩小。Glasmeier（2016）认为城市化具有对收入不平等的即时缓解效应，即在短时间城市化的作用下，城乡居民的收入差距肯定会有所减少，能够给农民带来更大的收益，然而，模型的结果同时表明城市化与基尼系数之间滞后一阶，即在城市化长期的进程中，可能会加剧收入不平等的影响。关于我国城镇化与城乡收入差距的关系由于测度方法和地区的选择以及时间的不同，得到的结论也会不同。

（1）城镇化会扩大城乡收入差距。林毅夫、刘明兴（2003）认为政府实施的一些歧视性的产业和社会政策，拉大了城乡差异。陈迅、童华健（2007）从土地改革制度和户籍改革制度角度看问题，肖卫（2010）从分工演进以及交易效率角度进行分析，一致认为城乡收入差距增大是由于不断提高的城镇化水平。程开明、李金昌（2007）通过对 1978 ~ 2004 年的经济数据进行分析，采用向量自回归模型，研究城市化与城市偏向对城乡收入差距之间的动态关系，实验结果表明，政府偏向城镇的政策对于城乡收入差距具有一定程度的影响，从而导致城镇居民的收入增长幅度高于农村居民的收入增长幅度。王小鲁、樊纲（2012）采用计量模型实证研究，发现我国正处于曲线的左端，城乡收入差距处于不断扩大的趋势，而现阶段政府侧重城市的发展，会加大城乡收入差距，同时经济发达的地区居民收入的差距要比落后地区居民收入的差距要小，如沿海城市的差距小于内陆城市的城乡收入差距。

（2）城镇化会缩小城乡收入差距。陆铭、陈钊（2004）以收入分配以及城镇化理论为依据，计算了 1987 ~ 2001 年城镇化与城乡收入相互作用的途径，认为城镇化水平越高，区域内的收入分配更加合理，进而可以改善农民的生活状况。曹裕等（2010）通过对东西部的城镇化水平、经济发展、城乡收入差距进行研究，发现东部地区城镇化水平上升，会扩大城乡收入差距，而西部地区相反，随着城镇化水平的提高，城乡收入差距缩小，即不同地区不同阶段城镇化对城乡收入差距的影响是不同的，但从长期整体的角度来看，可以有效地缩小居民收入差距。肖向东、罗能生（2014）通过实证分析探究经济水平和经济结构对收入分配的作用，城镇化率作为其中的一个观测指标，他们以泰尔指数作为评价城乡居民收入分配差距的具体标准，得出城镇化率对其作用为负。分析认为，城镇化率提高实质上是众多农村劳动人口流动的表现，而多数进城务工人员承担的是市政和基础设施建设、房地产修筑、工业生产等第二产业的劳动，收入要高于农业生产，从而改善了城乡居民收入差距问题。丁焕峰、刘心怡（2017）考虑城乡收入差距空间效应的影响，通过建立空间计量模型发现我国城乡收入差距具有显著正相关性及空间溢出效应，并认为目前国家新型城镇化战略的实施对缩小城乡收入差距已取得一定效果。

（3）城镇化与城乡收入差距呈现倒“U”型关系。陈晓毅（2010）研究发现，从短期来看，城镇化的建设会使得城镇居民比农村居民有更大的收益，从而可能在短期内加大两者间的差距，但是，从长期来看，城镇居民的收益最终会和农民收益相一致，达到一种均衡状态，这也在一定程度上证实了库兹涅茨的倒“U”型曲线。穆怀中、吴鹏（2016）认为城乡收入差距的变化规律是呈倒“U”型的，城镇化、产业结构调整在早期均会恶化我国的城乡收入差距状况，但从2009年开始伴随着城镇化水平的提高，其对城乡收入差距的这种负面影响会逐步消除。姚旭兵（2016）基于门槛效应模型测算了1997～2014年30个省份的城镇化与城乡收入差距之间的关系，认为城镇化与城乡收入差距呈现“显著缩小—不显著—显著扩大”的关系。赫国胜、赵玉（2017）利用时间序列数据采用向量自回归模型进行研究，结果表明目前我国城镇化水平对于收入差距的影响正处于倒“U”型顶部的转折期，且城镇化进程会引起城乡收入差距的变化，而城乡收入差距在受到城镇化的冲击时，会先增大后缩小。

三、城镇化对城乡收入差异影响的机理分析

城镇化有可能从正反两个方向对收入差异产生影响，意味着城镇化建设不同时期其影响并非线性的。

城乡收入差距可能改善的原因有：首先，在城镇化进程中农村剩余劳动力不断流入城镇、非农部门，一方面会提高进城务工农民的收入水平；另一方面增加的劳动力供给会抑制城市劳动力工资。其次，农村劳动力流动减少了农村剩余劳动力，可以更好地使用大型农业先进机器设备并有利于实现农业的规模经营和产业化经营，降低耕种成本提高我国农产品的国际竞争力，进而提高劳动农业生产的边际报酬。再次，转移到城镇的劳动力在打工期间的岗前培训等职业技能培训，会使农民工获得新知识和技能，人力资本得到提升；最后，城镇化过程中劳动力从农村向城市的转移会使一部分粮食、农副产品的供给方变为需求方，对农产品需求增加使农产品价格上升，使农民收入增加。

城乡收入差距可能恶化的原因有：首先，城镇化会导致农村地区人力资本外流。农村地区较富裕的人、有较高技能或知识的人才、年富力强的劳动力更有可能也更容易向城镇地区转移；其次，城镇化建设中政府财政支出、社会保障、基础设施投资等方面具有“偏向效应”。带来就业、教育、医疗、社会权利上的种种不平等，使得农村居民的利益诉求不能得到很好表达，且无法与城市居民进行充分的竞争，城乡福利待遇差异扩大，加剧了农村的贫困；最后，新经济地理学关于产业集聚的研究表明，城镇化过程中工业部门的劳动生产率越来越高于农业部门的劳动生产率，进而恶化了城乡居民间的

收入差距状况。城镇化水平的提高会为城市工业经济的发展提供所需的各种生产要素，各种资源在城市集聚，加之技术和管理领域的较快发展，工业部门的劳动生产率得到较大提高。

因此，有不少文献基于库兹涅茨倒“U”曲线假设开展。Robinson（1976）证明了倒“U”型曲线存在的必然性，为实证分析提供了坚实的理论依据。根据泰尔指数公式：

$$T = \sum_j \frac{I_j}{I} \times \ln\left(\frac{I_j/I}{N_j/N}\right)$$

其中，$j = u$，r 表示城镇和农村地区；N_j 表示该地区城镇或农村人口数量，$p = N_j/N$ 则为以人口表示的城镇化率；I_j 表示该地区城镇或农村的总收入（以相应的人口和人均收入之积表示），I 表示该地区的总收入，I_j/I 是城镇或农村收入所占比重。

借鉴 Robinsin（1976）、周云波（2009）等学者的思路。假设整个社会由城镇和农村两个部门构成，农村和城镇人均收入分别为 x 和 y，为了简化分析，我们将农村人均收入水平标准化为；假设城镇和农村内部不存在收入差异。

将人口数量与人均收入计算得到的城乡收入代入泰尔指数的计算公式，可以得到：

$$T = \frac{yp}{yp + 1 - p}\ln y - \ln(yp + 1 - p)$$

进一步的，为了得到收入差距与城镇化之间的关系，我们对城镇化率 p 求导，有：

$$\frac{\partial T}{\partial p} = \frac{y\ln y - (yp + 1 - p)(y - 1)}{(yp + 1 - p)^2}$$

因此，当 $y \neq 1$ 时，$p^* = \frac{y\ln y + 1 - y}{(y-1)^2}$；可以表明，当 $p < p^*$ 时，$\partial T/\partial p > 0$，泰尔指数关于 p 单调递增，随城镇化率的增加而增大；当 $p > p^*$ 时，$\partial T/\partial p < 0$，泰尔指数关于 p 单调递减，随城镇化率的增加而减少。表明在原来城乡收入差距一定的基础上，城市化过程中人口从农村向城市迁移引起的城乡收入差距经历了一个先扩大后缩小的倒“U”型曲线变化规律。

四、模型设定、变量选取与数据来源

（一）模型设定

考虑到收入差距存在的持续性影响，本文建立了包含被解释变量滞后项的动态面板数据模型进行实证分析：

$$Theil_{it} = \alpha + \rho Theil_{it-1} + \beta_1 Urban_{it} + \beta_2 Urban_{it}^2 + \beta_3 E_{it} + \beta_4 I_{it} + \eta_i + \lambda_t + \varepsilon_{it}$$

在回归方程中，下标 i 表示不同的省级行政单位，下标 t 表示年份；被

解释变量 $Theil_{it}$ 为地区 i 在 t 年的城乡收入差距，$Theil_{it-1}$ 为滞后项一阶项；$Urban_{it}$ 表示各地区城镇化水平，为捕捉非线性关系包含了平方项。根据假设，我们预期城镇化水平的系数 β_2 为正，二次项的系数 β_3 为负；E_{it} 和 I_{it} 是两个控制变量，分别表示经济发展水平和产业结构状况；η_i 为截面上不可观测的个体效应且不受时间变化影响，λ_t 其表示可能的时间效应，ε_{it} 是法观测的随机误差项。

（二）变量选取

1. 被解释变量

国内学者常用城镇人均可支配收入与农村人均纯收入之比度量城乡收入差距。这一度量方法没有反映城乡人口所占的比重，因而不能准确度量我国的城乡收入差距。泰尔指数在一定程度上避免了这个问题（王少平、欧阳志刚，2007）。在计算时，我们首先用城镇和农村人均可支配收入与城乡人口总数相乘，得到城镇和农村收入总和，然后计算可得 1997～2019 年泰尔指数 Theil。图 2 所示为全国以及分东中西部地区的平均泰尔指数。可以清晰地看出，样本期间城乡收入差异经历了先上升后下降的趋势。20 世纪末，随着收入分配市场化改革的进一步深入，城乡收入差距逐年扩大，全国平均泰尔指数由 1997 年 0.104 逐渐增加到 2006 年 0.14 左右，然后逐渐下降到 2019 年的 0.077。无论东中西部都经历了这样的过程，但东部地区城乡差异要比其他地区小得多。

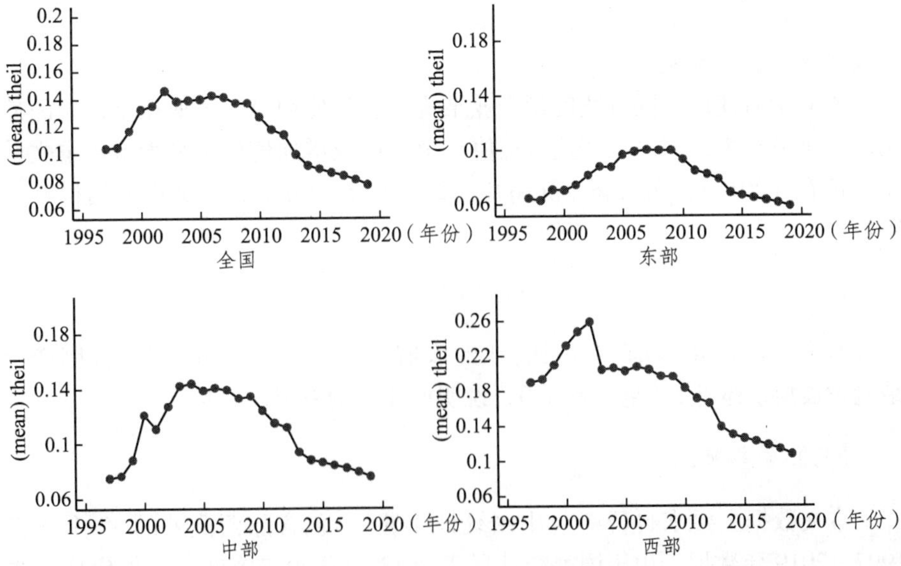

图 2　全国及东中西部地区平均泰尔指数

注：平均泰尔指数以各地区人口为权重计算而来。

2. 解释变量

城镇化水平 Urban = 城镇常住人口/总人口，即城镇化率。城镇化发展程度越高，在此过程中农村与城市发展是否越均衡，城乡居民间的收入水平是否趋于平等，需要进行实证检验后观察回归方程中其回归系数的符号。如果随着我国城镇化水平的提高，城乡收入差距会表现出在早期先扩大到达拐点后进而逐渐缩小的倒“U”型规律，需要在解释变量中加入城镇化水平的平方项，若模型回归结果显示其系数小于 0 时，则表明假设成立并且可以根据对称轴的计算得出拐点。

3. 控制变量

经济发展水平 E，使用人均国内生产总值表示。经济发展不但体现在国民总收入的增加还会带来社会制度和结构的变迁、社会福利设施的改善，以及使个体能够享有更广泛的经济自由。在目前我国仍存在城乡二元经济结构的状况下，经济发展一方面能够推动城镇化建设；另一方面也会对我国收入分配格局产生深刻影响。由于 GDP 具有指数增长趋势，故对该指标的原始数据使用各地区消费者价格指数进行了平减之后，取对数得使之变为线性增长趋势。

产业结构 I，产业结构同样也是文献常用的控制变量。一方面，产业结构的不断优化调整以及新产业的出现会带来新的工作岗位，特别是就业吸纳能力强的服务业以及对劳动力的需求依赖度大的产业的发展可以吸纳大量农村劳动力，带来城乡之间人口的流动，可以较好地发挥增加农村居民收入的作用。另一方面，产业结构升级会淘汰一些衰退产业，对劳动力的质量也有了更高要求，一些低学历、低技能的农村务工人员很有可能面临失业，从而扩大了城乡收入差距。

不同学者使用不同方法度量产业结构，有的使用第三产业比重，有的使用产业服务化率，即第三产业增加值与第二产业增加值比重来衡量。本文采用李逢春（2012），蓝庆新、陈超凡（2013）等的方法，定义产业结构升级系数：

$$I = \sum_{i=1}^{3} y_i \times i$$

其中，y_i 表示三次产业占比，I 的取值在 1 ~ 3，越接近于 1，说明产业结构发展层次越低，I 越接近于 3，说明产业结构发展层次越高。

（三）数据来源

本文数据主要来自历年《中国统计年鉴》，包含除西藏外的 30 个省市 1997 ~ 2019 年数据。由于国家统计局于 2013 年开始实施城乡一体化住户收支调查制度，在农村居民收入统计口径上发生了变化，以农村居民人均可支配收入代替了过去的农村居民人均纯收入，由于本文无法对统计口径方面进行修正，参考已有文献，将两个指标结合使用。由于在《中国统计年鉴》中只公布了全国的城镇化率，2005 年开始《中国统计年鉴》报告各地区常住人口度量的城镇化比率，2000 ~ 2004 年各地区数据借鉴林坚（2010）利用普查数据修正后的数据，之前的数据来自《中国人口统计年鉴》中非农业人口和农业人口数据计算而来。表 1 所示为各变量的描述性统计分析。

表 1　　　变量的描述性统计分析

地区	变量	均值	中位数	标准差	最小值	最大值
全部样本	Theil	0. 12	0. 10	0. 07	0. 02	0. 63
	Urban	0. 49	0. 48	0. 17	0. 16	0. 90
	E	9. 78	9. 88	0. 82	7. 70	11. 58
	I	2. 28	2. 26	0. 14	1. 94	2. 83
东部	Theil	0. 07	0. 07	0. 03	0. 02	0. 13
	Urban	0. 59	0. 59	0. 19	0. 17	0. 90
	E	10. 26	10. 34	0. 71	8. 65	11. 58
	I	2. 37	2. 35	0. 17	2. 03	2. 83
中部	Theil	0. 11	0. 10	0. 04	0. 02	0. 41
	Urban	0. 45	0. 47	0. 12	0. 20	0. 87
	E	9. 58	9. 70	0. 69	8. 31	10. 82
	I	2. 24	2. 23	0. 10	1. 98	2. 49
西部	Theil	0. 17	0. 16	0. 08	0. 07	0. 63
	Urban	0. 42	0. 42	0. 11	0. 16	0. 69
	E	9. 44	9. 48	0. 78	7. 70	10. 90
	I	2. 24	2. 25	0. 10	1. 94	2. 47

五、实证检验与估计结果

由于我们的数据包含 30 个省份 23 年的数据，个体数并非远大于时期数，面板数据中的时间序列特征比较明显。在进行实证检验之前，我们对数据先进行平稳性检验和协整检验，以表明变量间存在稳定的长期关系。

（一）面板单位根和协整检验

表 2 报告了使用 Levin – Lin – Chu（2002）和 Im – Pesaran – Shin（2003）两种方法进行面板单位根检验的结果。在 LLC 方法中，报告的是偏差纠正后的 t 统计量，单位根检验时包含的滞后阶数根据 AIC 准则进行选择。表中上

半部分是变量的水平，下半部分是差分后的变量。

除城镇化指数 Urban 的证据略弱外，其他变量的检验结果的 P 值均大于 0.1，因此我们不能拒绝存在单位根的原假设。再对各变量进行差分并再次检验后发现，三大检验的统计量全部落在拒绝域，可以认为所有变量的一阶差分序列已没有单位根，即各变量可以认为是一阶单整即 I（1）过程，可以检验是否存在协整关系。

表 2 单位根检验结果

变量	LLC	IPS	结论
Theil	0.96（0.83）	−1.18（0.12）	非平稳
Urban	−1.69（0.03）	−1.78（0.06）	非平稳
E	7.03（0.99）	7.86（1.00）	非平稳
I	1.69（0.95）	−1.10（0.14）	非平稳
ΔTheil	−12.28（0.00）	−19.16（0.00）	平稳
ΔUrban	−17.56（0.00）	−17.81（0.00）	平稳
ΔE	−2.01（0.04）	−5.79（0.00）	平稳
ΔI	−15.92（0.00）	−14.55（0.00）	平稳

表 3 利用 Westerlund（2007）面板协整检验方法，结果表明。检验结果，ADF 统计量的概率值 P = 0.00 远小于 0.05，表明应该拒绝不存在协整关系的原假设，即虽然单个变量是非平稳的但变量间长期均衡关系显著，能够使用原有数据展开模型估计和分析。

表 3 协整检验结果

原假设	统计量值	Z 值	P 值	检验结果
H_0：不存在协整关系	−3.86	−6.04	0.00	存在协整关系

（二）计量模型的估计结果

由于在本文所建立的动态面板数据模型中，解释变量包含城乡收入差距的滞后项 GAP_{it-1}，这一先定变量会带来额外的问题。无论包含的个体效应 η_i 是固定效应还是随机效应，当我们用通常的面板数据方法估计时，无论采用组内估计量或是广义最小二乘均会产生偏差。对于这一问题，一般采用 Arellano and Bond（1991）提出的差分广义矩方法进行处理。先通过差分消除掉个体效应，由于差分导致误差项的差分 $\Delta\varepsilon_{it}$ 与被解释变量滞后

项的差分 Δy_{it-1} 相关，从而差分方程面临内生性的问题，他们建议使用矩条件 $E[y_{it-2}\Delta\varepsilon_{it}]=0$ 来构造工具变量，并通过广义矩法进行估计，得到广义矩最优估计量 $\hat{\beta}_{EGMM}$，这样通过一阶差分消除掉面板数据中不可观测的个体异质性，又通工具变量法纠正了内生性导致的估计偏误问题。

估计的结果如表 4 所示，同时也报告了采用混合 OLS 和固定效应进行回归的结果作为对照。差分 GMM 估计是在假设误差项不存在序列相关的条件下估计的，因此误差项的一阶差分必然是序列相关而二阶差分是序列不相关的。表 4 的底部报告了该假设的检验结果，表明该假设是成立的。另外，差分 GMM 以被解释变量的滞后项作为工具变量，其个数多于内生变量个数，Sargan 检验的结果 P 值远大于 0.1，因此不能拒绝工具变量有效的原假设。

根据表 4，泰尔指数的滞后项 L. Theil 的系数在每个回归结果中都是在 1% 水平上统计显著的，表明城乡收入差距有内在的惯性，前期对后期具有动态影响机制，本文建立的动态面板模型是合理且有必要的，下面将继续讨论回归结果中所表现的各个自变量对本文被解释变量的影响。

根据广义矩回归的结果，城镇化率的 Urban 一次项的系数 0.163 大于 0，二次项系数 -0.128 小于 0，并且在统计上是显著的。因此随着我国城镇化水平的提高，城乡收入差距会表现出在早期被拉大到达拐点后进而逐渐收敛的倒“U”型变动规律，这与之前数理推导和假设相符合。同时，根据回归系数可以计算出曲线的拐点出现在 42.9% 处。根据图 1 的可知大约拐点出现在 2005 年，该年全国城镇化率达到 42.99%。因此当城镇化率在拐点左侧时，城镇化进程的推进会使以泰尔指数度量的城乡收入差距变大，而当城镇化率进一步提高位于拐点的右侧时，提高城镇化率将会使城乡收入趋于收敛。

表 4　　模型回归结果

变量	混合 OLS	固定效应	差分 GMM
L. Theil	0.792*** (0.063)	0.713*** (0.116)	0.618*** (0.162)
Urban	0.087* (0.050)	0.123* (0.080)	0.146** (0.043)
$Urban^2$	-0.054 (0.044)	-0.082* (0.061)	-0.170* (0.101)
E	-0.015** (0.006)	-0.013** (0.007)	-0.020** (0.009)
I	0.020* (0.014)	0.006 (0.024)	-0.428 (0.466)

续表

变量	混合 OLS	固定效应	差分 GMM
Adj - R^2	0.87	0.698	
N	660	660	630
AB test for AR (1)			-1.87 (0.05)
AB test for AR (2)			0.65 (0.52)
Sargan test			2.05 (0.17)

注：回归中均包含了时间虚拟变量；*、**、*** 分别表示通过 10%、5%、1% 的显著性检验；为控制弱工具变量问题，估计时将 GMM 类工具变量设定每期不超过 2 个；估计系数下括号内为稳健标准误，各检验对应括号内为 P 值。

表 5 中我们进一步将全国数据分为东中西部三个子样本。同样发现泰尔指数的滞后项都是至少 5% 的水平上显著的。根据估计的三个地区系数，可以算出东部地区拐点出现城镇化率为 36.2%，而中、西部地区分别出现在城镇化率为 47.5% 和 44.3% 处。这意味着东部地区不仅收入水平比中西部地区高，城乡收入差异也更早地随着城镇化水平的提高而缩小。

表 5 分地区回归结果

变量	东部	中部	西部
L. Theil	0.678*** (0.080)	0.528** (0.254)	0.724*** (0.162)
Urban	0.126* (0.136)	1.575** (0.746)	0.179 (0.196)
$Urban^2$	-0.174* (0.106)	-1.653** (0.564)	-0.202* (0.113)
E	-0.024* (0.127)	-0.068* (0.040)	-0.051* (0.033)
I	-0.065* (0.040)	-0.103* (0.053)	0.034 (0.032)
N	231	168	231
AB test for AR (1)	-2.29 (0.02)	-2.01 (0.04)	-1.87 (0.05)

续表

变量	东部	中部	西部
AB test for AR（2）	2.19 （0.03）	-0.71 （0.48）	0.65 （0.52）
Sargan test	1.97 （0.16）	3.11 （0.07）	2.15 （0.11）
拐点	36.2%	47.5%	44.3%

注：回归中均包含了时间虚拟变量；*、**、*** 分别表示通过10%、5%、1%的显著性检验；为控制弱工具变量问题，估计时将GMM类工具变量设定每期不超过2个；估计系数下括号内为稳健标准误，各检验对应括号内为P值。

另外，控制变量经济发展水平和产业结构的影响基本符合预期。表4和表5中，E的系数为负表明随着经济发展水平的提升，促进了城乡收入差距的缩小，我国现阶段经济发展很可能位于Kuznets倒“U”型曲线的“随着人均国民收入水平的提高，收入分配趋于平等”时期，即目前提高我们的经济发展水平能够起到控制城乡居民间收入差距的作用。根据表4的结果，产业结构的提升总体来讲降低了城乡收入差距，尽管在统计上显著性不是太强，分地区数据表明西部地区产业结构提升甚至加剧了城乡收入差异，尽管统计上不显著。

六、结论和政策建议

本文以泰尔指数度量城乡差异，利用1997～2019年我国省级数据构建计量模型进行了实证检验，探究了城镇化进程中其对城乡居民间收入差距的影响。使用差分广义矩方法进行回归发现，城镇化对城乡收入差距有显著影响且其平方项的回归系数小于零，表明城镇化与城乡收入差距之间的函数关系为二次项系数为负的二次函数。随着城镇化的推进，城乡收入差距会先扩大，在城镇化率为42.5%，即2005年的水平时达到拐点随后会缩小，本文假设得到验证。此外，在本文的两个控制变量中产业结构对地区城乡收入差距具有显著影响，经济的发展对于缓和城乡居民收入差距具有显著益处。

因此为进一步缩小我国城乡收入差距使城乡协调发展应继续推进新型城镇化进程，协调大中小城镇的建设和发展，继续走中国特色城镇化道路。在追求城镇化发展的规模和速度的同时更要注重城镇化的质量，要从多方面采取措施保障我国亿万进城务工人员的利益和合法权益使其享有与城市居民同样的福利待遇。另一方面还要注重乡镇企业的发展，鼓励工商业资本下乡，就地就近解决农村劳动力就业问题，增加农村居民非农收入，同时为农业现代化建设和完善农村社会保障体系方面提供充足的财政资金支持，使广大农村地区居民可以平等分享城镇化建设的经济效益。

我国社会中存在的城乡二元结构会使得资源不能充分流动实现合理配置，因此要逐步消除使城乡分割开来的各种壁垒，全面推动城乡经济社会一体化发展，以城带乡形成城乡资源融合、优势互补、协调发展的局面。为此，我国政府应进一步深化经济体制改革，特别是要积极稳妥地改革阻碍社会充分融合、造成城乡居民被区别对待的户籍制度，从制度安排上为逐渐消除各种劳动力在城乡间自由流动的障碍提供有利条件，广大农村居民可以没有负担地进入城镇并且为城市建设做出重大贡献的我国亿万农民工能够在顺利城市落户，同时城市各种资源可以自由流向农村，实现城乡基本公共服务均等化和就业、医疗、教育等资源的均衡配置。

参考文献

[1] 曹裕、陈晓红、马跃如：《城市化、城乡收入差距与经济增长——基于我国省级面板数据的实证研究》，载《统计研究》2010年第3期。

[2] 程开明、李金昌：《城市偏向、城市化与城乡收入差距的作用机制及动态分析》，载《数量经济技术经济研究》2007年第7期。

[3] 简新华、黄锟：《中国城镇化水平和速度的实证分析与前景预测》，载《经济研究》2010年第3期。

[4] 蓝庆新、陈超凡：《新型城镇化推动产业结构升级了吗？——基于中国省级面板数据的空间计量研究》，载《财经研究》2013年第12期。

[5] 李逢春：《对外直接投资的母国产业升级效应——来自中国省际面板的实证研究》，载《国际贸易问题》2012年第6期。

[6] 廖信林：《财政支出、城市化对城乡收入差距的作用机理及动态分析》，载《软科学》2012年第4期。

[7] 林坚：《2000年以来人口城镇化水平变动省际差异分析》，载《城市规划》2010年第3期。

[8] 林毅夫、刘明兴：《中国的经济增长收敛与收入分配》，载《管理世界》2003年第8期。

[9] 罗楚亮：《城乡收入差距的变化及其对全国收入差距的影响》，载《劳动经济研究》2017年第5期。

[10] 莫亚琳、张志超：《我国西部地区增加财政支出对社会收入分配的影响——基于动态面板数据计量的实证分析》，载《经济体制改革》2010年第6期。

[11] 穆怀中、吴鹏：《城镇化、产业结构优化与城乡收入差距》，载《经济学家》2016年第5期。

[12] 彭定赟、张飞鹏：《城镇化、产业结构及城乡收入差距关系研究》，载《工业技术经济》2017年第10期。

[13] 孙永强、巫和懋：《出口结构、城市化与城乡居民收入差距》，载《世界经济》2012年第9期。

[14] 王少平、欧阳志刚：《我国城乡收入差距的度量及其对经济增长的效应》，载《经

济研究》第2007年第10期。

[15] 徐宽:《基尼系数的研究文献在过去八十年是如何拓展的》,载《经济学(季刊)》2003年第3期。

[16] 杨森平、唐芬芬、吴栩:《我国城乡收入差距与城镇化率的倒U关系研究》,载《管理评论》2015年第11期。

[17] 余菊、刘新:《城市化、社会保障支出与城乡收入差距——来自中国省级面板数据的经验证据》,载《经济地理》2014年第3期。

[18] 周云波:《城市化、城乡差距以及全国居民总体收入差距的变动——收入差距倒U型假说的实证检验》,载《经济学(季刊)》2009年第4期。

[19] Robinson, S. A., 1976: Note on the Hypothesis Relating Income Inequality and Economic Development, *The American Economic Review*, Vol. 55, No. 3.

[20] Westerlund, J., 2007: Testing for error correction in panel data, *Oxford Bulletin of Economics and Statistics*, Vol. 69, No. 6.

Empirical Research on the Relationship between Urbanization Process and Urban - Rural Income Gap in China

Xue Chen Mingchao Yu

Abstract: Based on the mathematical derivation of Theil index, this paper establishes a hypothesis, and conducts an empirical study to verify the hypothesis with the provincial data from 1997 to 2019 to explore the impact of urbanization on the income gap between urban and rural residents. The estimation of the difference GMM model shows that, with the improvement of China's urbanization level, the income gap shows an "inverted U - shaped" change, which is widened when the urbanization rate is lower than 42.5% and then gradually converges. Further regression shows that eastern, middle, and central regions have similar trend, but the eastern regions reach the inflection point earlier, so the urban-rural difference is smaller than that of the central and western regions. It is suggested to further accelerate the new urbanization level of Our country, gradually eliminate the dual economic structure to realize integrated development, and at the same time reasonably adjust the industrial structure to make it tend to rationalize and promote the upgrading of industrial structure.

Keywords: Urbanization Urban - rural Income Gap Theil Index

JEL Classiflcation: R11 O14

新区建设有助于城市高质量发展转型吗？
——来自 90 个国家级经开区（EDZs）的经验证据

段龙龙　王林梅*

摘　要：城市新区设立和建设是中国积极扩大开放、主动实施城市产业结构升级、推动体制机制创新的重要窗口和载体。在辨析新时代城市高质量发展科学内涵和构建测度城市高质量发展水平指标体系的基础上，以 90 个国家级经济技术开发区为典型样本，借助面板可行最小二乘估计（FGLS）、面板拓展回归模型（ERM）和系统广义距估计方法（SYS - GMM）研究了国家级经开区建设对城市高质量发展转型的影响，结果表明：国家级经开区建设可通过集聚效应、政策效应和竞争效应对城市高质量发展产生作用，但除政策效应外，集聚效应和竞争效应均未能有助于促进城市高质量发展转型；国家级经开区设立后，开埠时长会在各个维度上增强城市发展质量，同时城市高质量发展的速度存在显著的“棘轮效应”现象；中部地区的国家级经开区在促进属地城市高质量发展效益层面最优，东部地区次之、西部地区最差，东部地区国家级经开区建设更有利于增强本地的“经济动能”“创新活力”“绿色发展”“共享质量”，而西部地区则更偏好于强化本地的“协调发展能力”和推动“高水平开放”，经过稳健性检验后，结论依然成立，这为我国在六稳新形势下，进一步优化现行国家级开发区政策，推动国家级开发区实现更高更广层面的改革创新提供了相应理论和决策依据。

关键词：新区建设　国家级经开区　城市高质量发展

一、引　言

新区的设立与开发作为中国特色“增量式改革试验田”和区域非平衡发

* 感谢匿名审稿人的意见，文责自负。
本文受国家社会科学基金项目“新时代建设现代化经济体系的理论依据及指标体系构建研究”（18KXS009）；教育部人文社会科学基金青年项目“新时代我国城镇化与逆城镇化协调发展路径研究”（19YJC710016）资助。
段龙龙：四川大学经济学院；地址：成都市一环路南一段 24 号，邮编 610051；E-mail：duanlonglong2006@126.com.
王林梅：四川大学马克思主义学院；地址：成都市一环路南一段 24 号，邮编：610051；E-mail:659848322@qq.com.

展战略的有机组成部分，不仅强有力地助推了改革开放 40 年“中国增长奇迹”的实现，也在深入推进新型城镇化和工业化进程中扮演着举足轻重的角色。以经开区、高新区、保税区、自贸区等各种形式为代表的城市新区发展历程恰好是我国区域经济增长和城市功能变迁史的直接缩影。自 1984 年第一批国家级经开区设立以来，各类城市新区“雨后春笋般”发展已经成为中国面向世界积极扩大开放，实现“市场换技术、政策换资金”目标的核心载体。但随着改革开放进程走向深入，各类城市新区的建设亦出现了“一哄而上”“过度竞争和土地利用粗放”“主导产业定位不清”“综合经济效率递减”“功能与转型诉求像脱节”等诸多问题（曹前满，2017），使得城市新区普遍陷入“区域产业锁定和空间辐射力衰退”困境之中，无法更好地承担经济新动能培育、引领城镇化和制造业高质量转型职能。因此，党的十九大和十九届四中全会立足新时代我国处于的发展阶段和外部形势出发，果断作出“推动形成全面开放新格局，建设更高水平开放型经济新体制”的重大决策，并要求各类城市新区以更大的改革勇气和魄力，以高质量发展为核心目标，以激发对外经济活力为突破口，着力建设完成新型工业化发展的引领区、高水平营商环境的示范区、大众创业万众创新的集聚区、开放型经济和体制创新的先行区①的转型目标任务。

国家级经济技术开发区（EDZs）作为我国城市新区中设立数量最多，建设时间最长，布局相对均衡，改革实践经验最为丰富的典型代表，已经发展成为支撑我国区域创新发展、制造业提档升级、高水平开放和城镇化转型的重要窗口和平台。但我国国家级经开区的审批设立仍然遵循分时段分区域渐进式的原则（见图 1）。直到 2015 年，我国国家经开区的总体数量才基本稳定下来，219 家国家级经开区正式进入了高质量发展转型的新时期②。

由于国家级经开区的批准设立是一定程度上地方政府竞争、中央致力于调动地方政府积极性的政治经济博弈结果。因此，不同时期设立的国家级经开区在推动地产业升级、促进属地资本积累和创新要素集聚、带动本土城镇化和工业化进程提速层面势必会有一定差异，尤其是在国家级经开区不断扩围并快速成长的过程中，中央的两次紧急叫停和多次发文规制③是否有效扭转

① 参见《国务院办公厅关于促进开发区改革和创新发展的若干意见》和《国务院关于推进国家级经济技术开发区创新提升打造改革开放新高地的意见》。

② 219 家国家级经开区在东中西部分布为：东部 107 家；中部 63 家；西部 49 家，东中西部地域划分按照经济发展基准而非政策区基准，东部地区包括北京、天津、河北、辽宁、上海、江苏、浙江、福建、山东、广东、海南 11 个省份；中部地区包括山西、吉林、黑龙江、安徽、江西、河南、湖北、湖南 8 个省；西部地区包括内蒙古、广西、重庆、四川、贵州、云南、西藏、陕西、甘肃、青海、宁夏、新疆 12 个省份。

③ 针对经开区设立的“一哄而上”乱象，中央曾分别于 1993 年和 2003 年两次发文叫停过经开区的设立审批，并分别于 2004 年、2008 年、2012 年、2014 年、2016 年多次发文规范经开区扩围、用地、产业布局。

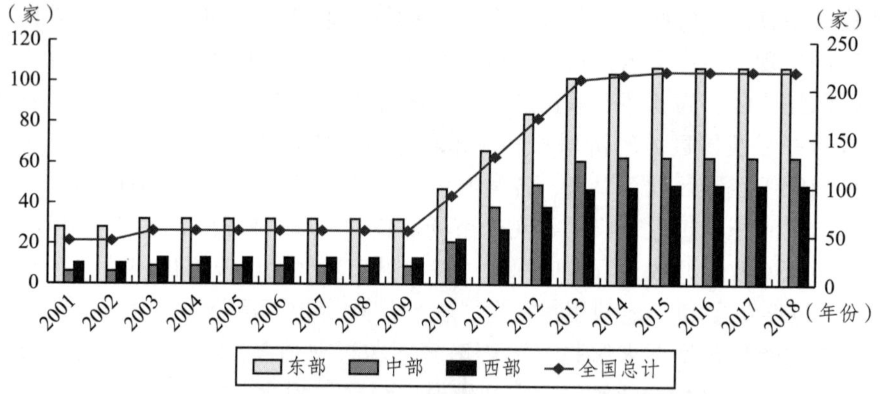

图 1　我国 21 世纪以来国家级经济技术开发区设立数量走势
（左轴：区域经开区数量；右轴：全国经开区数量）

资料来源：《中国商务年鉴》（2001 ~ 2019）。

了国家级开发区建设的目标偏差并使其更好地服务于城市的高质量发展转型还有待科学考证。在我国经济进入高质量发展阶段并致力于建设现代化经济体系、深入推进社会主义市场经济体制自我完善的关键节点上，全面审视国家级经开区建设发展的成效并科学评估其对城市高质量发展转型的潜在影响，既有利于从学理上全面把握和辨识国家级经开区真实的综合发展效益和区域带动能力，也有利于从政策上了解开发区提质增效匹配于城市高质量发展的体制机制短板，具有理论和实践层面的双重价值意义。

二、文献述评

城市新区设立和开发究竟是否有效推动了地区经济增长和城镇高质量转型，在学术界至今仍无定论。尤其是当城市新区采取不同形式并行使不同职能之时，其作用于地区和城市经济转型的渠道与传导机制之谜仍然是当前理论界关注的热点问题，一旦涉及跨地区乃至跨国研究，结论往往莫衷一是（Zeng，2015）。梳理归纳当前城市新区或经开区助推城市高质量转型的最新研究文献，以下三个领域值得特别关注：

一是验证城市新区设立和建设对城市高质量发展的宏观影响及地域空间差异。多数研究持谨慎乐观态度并强调城市新区建设区域选择的重要性，如王志峰（2017）认为：高行政等级的城市设立新区，要比低等级城市更能带来显著的城市增长贡献。但拥有了国家级新区的身份之后，由于城市新区的特定身份和功能始终只是作为新的城市功能体中相对“独立”的新区域，并未全身心参与到整个城市地区功能转型过程中，因此城市新区的设立和建设并未改善整个城市的资源配置能力，而只是改善了城市平均生产效率。与之相类似，Herlevi（2017）也指出了城市新区设立的城市转型贡献具有显著的地理空间异质性，郑智等（2019）通过一项分区域考察发现：我国的城市新区建设增长效应更进一步地加强东部地区经济优势，但对西部地区经济增速的贡献随着经济转型开始逐步取得领先地位，我国城市国家级经开区建设的高增速效应区域布局正由西北转向东部沿海，而高溢出效应区域则由西部转向东南，最终集中于中部地区。

二是考察城市新区开发对城市空间功能和综合经济效益影响的传导逻辑。多数文献详尽考察了某些特定因素在城市新区设立后在城市发展转型中的积极作用并进行了传导逻辑识别。如邓慧慧等（2018）指出：财政分权和政治晋升体制是影响城市新区开发能否最大化发挥综合经济效益的关键因素，而西部城市在建设开发区上的激励互动效应更强，新区的区域带动能力取决于产业结构、基础设施、人力资本等因素的综合影响。李力行、申广军（2015）和周茂等（2018）则从产业结构的视角对城市新区开发的经济后果进行了深入探讨，他们一致发现：设立经济开发区和其他城市新区虽可有效推动城市制造业内部的产业结构变动，但必须满足本地主导产业比较优势基准，否则产业集聚、资本深化和出口学习三个产业结构升级渠道不仅难以发挥作用，还可能反其道通过加剧城市区域间资源竞争、引发人口外流而降低制造业就业能力（孔翔、顾子恒，2017）。李贲、吴利华（2018）、王永进、张国峰（2016）等则重点研究了城市新区建设对微观企业绩效的影响后果，研究表明：城市新区设立和建设的确可以通过改善所有阶段企业、所有行业企业的规模成长能力来对综合经济效益产生积极影响，“政策效应”和“集聚效应”是开发区影响企业成长的重要传导机制。特别值得注意的是，城市新区自带的“政策租金”是吸引企业入驻开发区的主要原因，其对中小规模、年轻、民营企业的资源配置效率的改善更有助推偏向。可以说，城市新区已经起到了民营中小企业“孵化器”的独特作用（盛丹、张国峰，2017；杨婵等，2020）。

三是探索城市新区建设在高质量发展背景下的转型发展趋势与梗阻因素。发展中国家尤其是新兴经济体在发达国家城市化发展和城市新区建设的经验启发下，纷纷在21世纪开启了城市新区的深度转型之路，近期也有不少文献聚焦这一议题并取得了不少建设性的成果。如张茜、王兴平（2019）强调：城市新区特别是经开区往往在一个地区或城市中扮演者“政策特区”和“规划特区”的双重作用，在前期发展中，新区可以凭借开放、学习效应和空间溢出获得低成本制度红利（Litwack and Qian，1998），但必须时刻警惕并审慎评估新区建设对企业出口参与度和生产率扩张的动态影响，一旦政策驱动的边际效率出现快速下降，经开区就必须迅速转向创新驱动模式（卞泽阳等，2019）。之所以城市新区发展到一定阶段必须转型，是由于区内更密集的企业集群和优惠政策无助于进一步提高区内企业的用地效率，还可能伴随着经济特区和其他“飞地”的快速增长，付出大量的土地资源、密集的资本投资和公共利益的损失代价（Carter and Harding，2011）；最终落入营商环境规制，环境退化，以及工业发展与社会发展的不平衡性的“低水平发展陷阱”（Zeng，2011）。

不失一般性，理论界针对中国的经济新区建设相关研究也大多得出类似的结论。尽管从长期来看，中国的新区尤其是经开区建设的增长效应得益于政府强有力的长期承诺、商业环境的改善、园区战略位置的选择、技术升级和技能培训，以及与当地经济的紧密联系（Chen and Liu，2017），但当前中国的城市新区和开发区似乎普遍面临产业结构调整凝滞、创新驱动效应不显著、区域内城市服务功能衰退、空间布局失衡等转型梗阻（韩亚欣等，2015）。尤其是当前城市新区建设的“内卷化”倾向逐步加剧，如何破解城市新区“形聚而神散”、更好加速经开区高质量动能培育已然成为新时代特别是“十四五”时期各级政府必须克服的重大战略性难题（谭静、张建华，2019）。

总体来看，已有文献大都聚焦城市新区或开发区等建设的理论基础和发展经验归纳，多关注开发区建设对城市产业结构升级的实质性影响及开发区与城市空间结构、城市功能的关系探讨，一些文献也注意到了开发区建设的政策效应对城市经济增长模式转型的潜在性影响，但从中长期发展视角和城市全面转型视角来探索开发区建设的综合影响的研究较少，最新的研究成果虽不同程度上涉及了引致我国城市新区发展转型的高质量发展因素考察，但“碎片化”较为严重并未真正构建开发区建设与城市高质量发展之间的影响关系框架。且当前的研究也无法解答新时代我国城市新区建设是否满足城市高质量转型目标的理论难题。为此，我们的研究致力于在该领域做出初步尝试。该研究的边际贡献在于：一是立足进一步扩大开放、全面深化改革的新时代背景对城市高质量发展的科学内涵进行了准确界定，并建立了城市高质量发展的评价指标体系和测度指数；二是较为全面地以国家级经开区为代表，实证检验了城市新区建设对我国城市高质量发展的边际影响及地区性差异，为优化和调整现行开发区政策和发展模式提供科学施策依据。

三、研究设计

（一）理论框架

以国家级经开区为实践代表来研究和考察新区建设对城市高质量发展转型的影响，需要先勾勒出基本理论框架。如果将城市功能扩张、城市经济增长和发展转型作为开发区建设这一典型事实的客观经济后果，那么学术界普遍公认的是：城市新区或开发区建设所带来的集聚效应、政策效应和竞争效应是诱发和促进城市深度转型、地区经济版图重塑的三个重要机制（Zheng et al.，2016）。

开发区建设的集聚效应，强调的是开发区内因行业间分工协同、技术和人才共享、规模经济等导致的生产率加成或成本节约，重在产业层面上的传导（孟美侠等，2019）；而开发区所谓的集聚效应源泉，往往来自嵌入本地比较优势的产业结构和政策租金。由于开发区的设立往往伴随着所附着的行业和政策属性，因此容易促发区外企业向区内的自然迁徙，从而自然而然带动以就业和主导产业为依托的劳动力、资本和技术集聚，形成纵向和横向一体化的范围经济。这种集聚效应一旦形成，就会推动本地劳动生产率的提升和成本的节约，从而推动目标导向型产业结构升级和开发区经济快速增长，那么从城市产业空间布局和资源配置的整体角度来看，开发区建设的集聚效应势必会对城市整体的新动能培育、技术创新乃至产业优化升级产生积极影响。

与集聚效应不同，开发区的政策效应则关注的是开发区自身被国家和地区赋予的各类扶持和优惠政策的综合经济效益总和①，主要体现为吸引外资、区内财税激励以及开发区开埠的可持续性；开发区的政策效应作为城市内部因“政策尺度”差异而形成的特殊制度安排，是直接影响开发区微观经济主体和“经济人”行为选择的重要因素。当前，国家级经开区享受的政策扶持主要面向的多为企业，尤其是具有国际竞争力的跨国公司和本土头部企业。作为政府“制度租金”和地方政府竞争直接体现的政策效应，能够给域内企业提供非对称性的“制度性补贴”和“市场准入权限”，在最大限度降低企业生产运营交易费用的同时降低企业的风险预期，从而使进入开发区的各类企业获取到典型的“垄断”优势地位，增加其利润率和资本积累率。如此一来，政策效应的持续度和强度能够显著影响整个城市的平均招商引资能力和动态宏观税负水平，逐步推动城市扩大开放和经济增长。而这一成效实现的关键就在于开发区政策效应的空间外溢性。

最后来看开发区的竞争效应。所谓开发区的竞争效应指的是开发区内各类市场主体在生产经营层面上的相互竞争及其经济后果，竞争效应之所以存在并且重要，是源于开发区内优惠的政策措施、极低的交易费用和开放的市场环境。由于开发区内市场准入门槛低，瞄准的是国际大市场，产业政策又会随着要素禀赋和国内外市场环境动态调整，因此会不断吸引更有竞争力和更具市场效率的企业进入园区，并同时利用资本的逐利性和市场机制选择性劣汰部分落后企业，不断强化园区“竞争锦标赛”属性，迫使区内企业不断提高商品生产和商品出口绩效。值得注意的是，一旦开发区内形成了以生产

① 从国家级经开区的角度来看，其享受的政策扶持主要包括：行政管理体制高配、外商投资准入宽限、扩区扩园土地支持、财税金融扶持、产业帮扶、企业配套支持、环境保护支持和人才优先八大类型。

绩效和出口绩效为导向的“竞争锦标赛”，就会不断增强城市整体生产和贸易能力，以开发区为“窗口”，将不断给城市发展带来新增投资、新技术以及创造更好的贸易便利化环境。

综上所述，理论上开发区建设的确是通过集聚效应、政策效应和竞争效应对城市整体发展路径产生作用，尤其是不同于城市经济增长，上述三个效应更侧重于从效率、质量、结构、竞争力等高质量发展因素层面产生长期影响。是故，为后续研究需要，我们将集聚效应、政策效应和竞争效应引入开发区建设影响城市高质量发展转型的整体逻辑框架之中，便能构建起适用于本研究的理论框架，如图 2 所示。

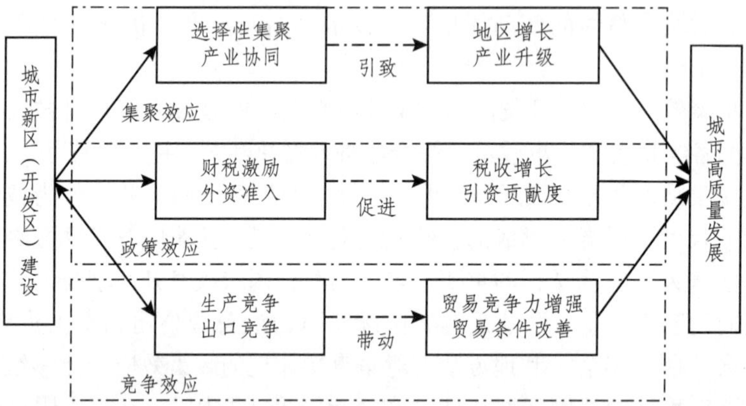

图 2　城市新区（开发区）建设影响城市高质量发展转型的理论框架

（二）变量选择与模型设定

根据逻辑框架，我们可选择合适的替代性变量对其进行测量。在开发区建设影响城市高质量发展转型的理论框架中，共有两大类变量需要进行科学界定，其一是反映自变量维度的三类效应变量，包括集聚效应、政策效应和竞争效应的指标选择；其二是反映因变量维度的城市高质量发展指标选择，具体的变量界定如下。

1. 核心因变量：城市高质量发展指数（HQI）的测度

要测量城市高质量发展水平并构建城市高质量发展指数，核心在于掌握城市高质量发展的科学内涵。而理解城市高质量发展的本质，最为重要的是要明确其与城市发展、城市增长之间的区别。当前理论界对城市高质量发展的理解，多认为是高质量发展理念在新型城镇化、城市功能发挥和城市空间结构动态调整过程中的具体应用和体现（张文忠等，2019）。而相较单纯强调经济增速的城市增长概念和通俗意义上的城市发展概念而言，城市高质量发展应是一个涵盖增长动能重铸、社会公平性、创新活力、环境可持续、民生可及性的多目标转型过程。它不仅在城市自身发育过程中要求做到城市自身功能的生产、生活、生态相融合，逐步实现城市这一有机生命体的“精细、协调、活力、厚重、温馨”转变（陈小卉、郑文含，2017；黄文、张羽瑶，2019），也要求在经济和社会事务方面实现供需结构平衡和充分协调发展，注重公平和效率的有效统筹（李金昌等，2019；马茹等，2019）。因此，我们认为，城市高质量发展是指：以质量和效益替代传统规模和增速，全面体现创新、协调、绿色、开放、共享新发展理念并着力推进城市供给侧结构性改革的新型城市发展模式。在这一基本学术界定维度上，就需要构建评价体系来测度城市高质量发展水平。当前，学术界对于城市高质量发展水平的测度，更为恰当的是采取多属性而非单一指标实施评价（李梦欣等，2019），因此结合学术界较为成熟的评价方法和上文中对新时代我国城市高质量发展科学内涵及基本概念的界定①，我们可以用涵盖经济动能培育、创新发展能力、协调与均衡发展性、绿色发展与生态治理、高水平开放、包容与共享度6个一级指标，19个二级指标和29个三级指标来全面刻画我国的城市高质量发展水平（见表1）。

表1　城市高质量发展水平综合评价指标体系设计

准则层（一级指标）	目标层（二级指标）	指标层（三级指标）	指标属性②
经济动能培育	经济总量	人均 GDP（元）	正向
		公共财政收入占 GDP 比重（%）	正向
	人口规模	城市人口密度（人/平方公里）	正向
	消费能力	人均全社会零售额（万元）	正向
创新发展能力	创新投入	万人科技财政支出（万元）	正向
	科技成果	万人专利授权数（个）	正向
协调与均衡发展	需求结构	固定资产投资占 GDP 比重（%）	正向
	产业结构	产业软化系数（%）	正向
	城乡结构	人口城镇化率（%）	正向
		城市建成区比重（%）	正向
	所有制结构	城镇个体私营就业占国有企事业单位就业比重（%）	正向

① 在诸多对城市高质量发展科学内涵解读的文献中，得到最多共识并与中央高质量发展论述最为贴切的论点是用“城市创新发展、协调发展、绿色发展、开放发展和共享发展”这五大理念来阐释城市高质量发展的本质。我们也非常赞同这一观点。

② 这里的指标属性分为正向与负向两类，正向表示该指标越大，城市高质量发展水平就越高，负向则表示其余城市高质量发展水平间为负相关关系。

续表

准则层（一级指标）	目标层（二级指标）	指标层（三级指标）	指标属性
绿色发展与生态治理	绿色生产	单位产值工业废水排放量（吨/万元）	负向
		单位产值二氧化硫排放量（吨/万元）	负向
	绿色消费	人均工业废水排放量（吨/人）	负向
		人均烟尘排放量（吨/人）	负向
	生态资本	万人公园绿地面积（公顷）	正向
		城市绿化覆盖率（%）	正向
	生态治理	生活垃圾无害化处理率（%）	正向
		工业固体废物综合利用率（%）	正向
高水平开放	贸易便利化	净出口贡献率（%）	正向
	投资便利化	万人实际利用外资规模（万元）	正向
包容与共享度	收入分配	城乡收入比	负向
	基础设施均衡性	人均城市道路面积（平方米）	正向
		每万人拥有公共汽车（辆）	正向
	充分就业	城镇登记失业率（%）	负向
	公共服务	万人中学教师数（人）	正向
		万人卫生机构床位数（张）	正向
		万人城镇基本医疗参保人数（人）	正向
		万人公共图书馆藏书量（千册）	正向

资料来源：笔者绘制。

在城市高质量发展水平综合评价指标体系中，经济动能培育一级指标体现的是供给端或需求端结构性改革的成效，而创新发展能力、协调与均衡发展、绿色发展与生态治理、高水平开放和包容与贡献度一级指标分别对应并显示了新发展理念的内容，六个一级指标共同反映出城市发展过程的质量化效益化转型方向。

根据表1中的评价指标体系，我们可以构建出城市高质量发展指数（HQI）。合成指数有多种技术工具，其关键点在于多层级指标赋权技术的选择。当前学术界实施指标评价赋权的主流方法包括主观和客观两种类别，相较德尔菲－AHP、模糊数学等主观评价方法而言，TOPSIS、BP神经网络、熵值法等客观赋权方法由于相对客观公正且信息损失少更为理论界推崇。因此我们选择了当前使用较为广泛的客观组合CRITIC权重评价法来构建研究所需的城市高质量发展指数①。

客观组合 CRITIC 权重评价法的核心思想是充分挖掘数据的对比强度和冲突性两项核心指标来合成指标的相对性权重。数据的对比强度使用标准差表示，用来测度数据之间的离散性程度，若数据标准差越大说明波动越大，权重则越高；数据的冲突性则使用相关系数表示，用以测度数据指标之间信息重叠性，若指标之间的相关系数值越大，说明冲突性越小，那么权重也就越低。最终综合考虑对比强度与冲突性指标的实际情况，对两者进行相乘并且进行归一化处理，即得到最终的权重系数。

组合 CRITIC 权重的计算过程如下：

第一步是对所有指标进行无纲量化处理，组合 CRITIC 权重中分别对激励性指标和约束性指标实施正向化和逆向化处理，公式如下：

$$\text{正向化：} X_i = \frac{X_i - Min}{Max - Min} \tag{1}$$

$$\text{逆向化：} X_j = \frac{Max - X_j}{Max - Min} \tag{2}$$

第二步计算指标的对比强度（标准差）和冲突性指数（C_j），第 j 个指标的冲突性指数的量化指标为：

$$C_j = \sum_{i=1}^{n} (1 - R_{ij}) \tag{3}$$

其中，R_{ij}为两个指标间的相关系数。

第三步根据冲突性指数 C_j，计算第 j 个指标的包含信息量：

$$G_j = S_j \times C_j \tag{4}$$

其中，S_j 表示第 j 个指标的组内标准差。

最后计算第 j 个特征指标的 CRITIC 权重：

$$W_j = \frac{G_j}{\sum_{j=1}^{n} G_j} \tag{5}$$

根据式（1）至式（5）我们逐一计算每一项指标层指标权重，并根据指标层指标赋权结果汇总计算目标层指标和准则层指标的权重（见表 2），最终加权合成城市高质量发展指数值和分项指数值。

---

① 综合评价的相关研究方法中，多数情况下是利用数据波动性，数据间相关关系和数字大小信息这三类标准中的某种进行计算赋权，客观组合 CRITIC 权重评价法是众多评价工具中少有的同时利用数据波动性和数据间相关关系两类标准实施赋权的方法，因此在评价结果上更为稳健可靠。

表 2　城市高质量发展评价指标体系的组合 CRITIC 赋权结果

准则层（权重）	目标层（权重）	指标层（三级指标）	CRITIC 权重
经济动能培育（14.8%）	经济总量（6.97%）	人均 GDP（元）	3.49%
		公共财政收入占 GDP 比重	3.48%
	人口规模（4.14%）	城市人口密度（人/平方公里）	4.13%
	消费能力（3.7%）	人均全社会零售额（万元）	3.7%
创新发展能力（6.54%）	创新投入（3.27%）	万人科技财政支出（万元）	3.27%
	科技成果（3.27%）	万人专利授权数（个）	3.27%
协调与均衡发展（18.94%）	需求结构（6.24%）	固定资产投资占 GDP 比重（%）	6.24%
	产业结构（2.75%）	产业软化系数（%）	2.75%
	城乡结构（7.48%）	人口城镇化率（%）	4.1%
		城市建成区比重（%）	3.38%
	所有制结构（2.47%）	城镇个体私营就业占国有企事业单位就业比重（%）	2.47%
绿色发展与生态治理（25.1%）	绿色生产（4.08%）	单位产值工业废水排放量（吨/万元）	2.15%
		单位产值二氧化硫排放量（吨/万元）	1.92%
	绿色消费（6.83%）	人均工业废水排放量（吨/人）	3.26%
		人均烟尘排放量（吨/人）	3.56%
	生态资本（5.62%）	万人公园绿地面积（公顷）	3.77%
		城市绿化覆盖率（%）	1.85%
	生态治理（8.59%）	生活垃圾无害化处理率（%）	3.63%
		工业固体废物综合利用率（%）	4.96%
高水平开放（4.32%）	贸易便利化（1.46%）	净出口贡献率（%）	1.46%
	投资便利化（2.86%）	万人实际利用外资规模（万元）	2.86%

续表

准则层（权重）	目标层（权重）	指标层（三级指标）	CRITIC 权重
包容与共享度（30.3%）	收入分配（3.57%）	城乡收入比	3.56%
	基础设施均衡性（7.37%）	人均城市道路面积（平方米）	3.32%
		每万人拥有公共汽车（辆）	4.05%
	充分就业（6.42%）	城镇登记失业率（%）	6.42%
	公共服务（12.95%）	万人中学教师数（人）	3.5%
		万人卫生机构床位数（张）	3.65%
		万人城镇基本医疗参保人数（人）	1.52%
		万人公共图书馆藏书量（千册）	4.28%

资料来源：笔者绘制。

2. 关键自变量：三类效应的替代指标选择

对理论框架中集聚、政策与竞争三类效应的替代指标选择构成了研究中的自变量指标集。对于城市新区（开发区）建设集聚效应所触发的重要经济后果是园区经济在城市经济中的占比份额快速增长和区内制造业服务业比重的大幅增加，为此我们可以选用新区或开发区的生产总值占城市国内生产总值比重（GDPR）和区内制造业产业结构指数（IS）① 两个指标来衡量集聚效应大小；对于政策效应而言，最终多反映为新区（开发区）招商引资的强度、地方财政与税收的整体汲取能力以及园区发展的可持续性带动能力上，是故我们可以分别选择新区（开发区）纳税贡献度（Tax）②、引资显示度（AI）③ 和开埠时长（OT）来指代政策效应；最后一类竞争效应，由于主要存在于区内企业生产和经营的微观外向型市场竞争层面，我们可以借用贸易依存度指标（TD）④ 和贸易竞争力指数（TC）⑤ 来间接度量。

3. 样本选择与模型设定

考虑到所研究问题的针对性和可操作性，我们把所研究的城市新区聚焦

---

① 由于开发区主要以发展制造业为主，因此在支持城市高质量发展转型的角度上，我们选择更加偏重实体经济的制造业产值占比来测量园区产业结构优化水平。

② 纳税贡献度我们选择园区税收额与整个城市的税收额的比重来表示。

③ 引资显示度选用园区实际利用外资额与城市实际利用外资额之比来表示。

④ 贸易依存度的计算使用园区进出口商品总额与园区 GDP 的比值来表示，同时反映出园区的外向型市场水平。

⑤ 贸易竞争力指数的计算使用园区的净出口额与进出口总额的比例来表示，反映出园区企业商品与劳务出口的相对市场竞争力。

到国家级经开区上面来。由于国家级经开区的审批一直处于动态调整过程中，经过遴选，我们最终确定了横跨我国东中西部、基本覆盖所有省份（直辖市、自治区）和大城市的90个发展成熟，统计数据完备且品质较高的国家级经开区（EDZ）作为研究样本。同时，为更好地与城市高质量发展现实趋势相适应，我们将研究时间期限锁定为2010~2018年，从而构成研究所需的最终平衡面板数据集。

在模型设定方面，我们根据变量间的因果逻辑关系和已有平衡面板数据的样本特征，构建如下变截距不变系数模型：

$$HQI_{it} = \alpha_i + \beta_0 OT_{it} + \beta_1 GDPR_{it} + \beta_2 IS_{it} + \beta_3 TAX_{it} + \beta_4 AI_{it} + \beta_5 TD_{it} + \beta_6 TC_{it} + \varepsilon_{it} \tag{6}$$

其中：α_i 为截距项，β 为待估参数，ε_{it}为随机误差项，性质满足独立同方差假定。

在（6）式当中，因变量城市高质量发展指数（HQI）是一个合成指数，其可分解为六个二级指标：经济动能培育（EKQ）、创新发展能力（IDQ）、协调均衡发展性（CDQ）、绿色发展生态治理能力（GDQ）、高水平开放（HOQ）和包容与共享度（SDQ）。所以（6）式可转换为如下分量模型：

$$EKQ_{it} = \partial_i + \chi_0 OT_{it} + \chi_1 GDPR_{it} + \chi_2 IS_{it} + \chi_3 TAX_{it} + \chi_4 AI_{it} + \chi_5 TD_{it} + \chi_6 TC_{it} + \kappa_{it} \tag{7}$$

$$IDQ_{it} = \tau_i + \delta_0 OT_{it} + \delta_1 GDPR_{it} + \delta_2 IS_{it} + \delta_3 TAX_{it} + \delta_4 AI_{it} + \delta_5 TD_{it} + \delta_6 TC_{it} + \lambda_{it} \tag{8}$$

$$CDQ_{it} = \sigma_i + \phi_0 OT_{it} + \phi_1 GDPR_{it} + \phi_2 IS_{it} + \phi_3 TAX_{it} + \phi_4 AI_{it} + \phi_5 TD_{it} + \phi_6 TC_{it} + \mu_{it} \tag{9}$$

$$GDQ_{it} = \omega_i + \varphi_0 OT_{it} + \varphi_1 GDPR_{it} + \varphi_2 IS_{it} + \varphi_3 TAX_{it} + \varphi_4 AI_{it} + \varphi_5 TD_{it} + \varphi_6 TC_{it} + \nu_{it} \tag{10}$$

$$HOQ_{it} = \xi_i + \gamma_0 OT_{it} + \gamma_1 GDPR_{it} + \gamma_2 IS_{it} + \gamma_3 TAX_{it} + \gamma_4 AI_{it} + \gamma_5 TD_{it} + \gamma_6 TC_{it} + \rho_{it} \tag{11}$$

$$SDQ_{it} = \psi_i + \eta_0 OT_{it} + \eta_1 GDPR_{it} + \eta_2 IS_{it} + \eta_3 TAX_{it} + \eta_4 AI_{it} + \eta_5 TD_{it} + \eta_6 TC_{it} + \upsilon_{it} \tag{12}$$

其中：χ、δ、ϕ、φ、γ、η 为分量模型的待估参数；κ_{it}、λ_{it}、μ_{it}、υ_{it}、ρ_{it}和 υ_{it}为随机残差项，属性仍均满足独立同方差假设。

模型设定形式完成后，需交代一下数据来源。在我们的研究中，所有模型涉及的变量指标数据均可以在中国商务年鉴和中国城市统计年鉴、中国区域经济统计年鉴中找到，在此一并说明，表3中列出了相关变量序列的描述性统计情况。

表 3　各变量序列的描述性统计

	HQI	EKQ	IDQ	CDQ	GDQ	HOQ	SDQ	OT	GDPR	IS	TAX	AI	TD	TC
均值	0. 46	0. 38	0. 008	0. 082	0. 186	0. 009	0. 129	15. 22	0. 132	0. 713	0. 440	0. 22	0. 635	0. 146
中位数	0. 46	0. 32	0. 004	0. 083	0. 189	0. 008	0. 126	15. 00	0. 112	0. 733	0. 216	0. 163	0. 39	0. 157
最大值	0. 67	1. 09	0. 05	0. 124	0. 228	0. 035	0. 200	35. 00	0. 704	1. 275	19. 26	0. 995	4. 391	0. 998
最小值	0. 29	0. 06	0. 00	0. 02	0. 096	0. 000	0. 037	1. 00	0. 004	0. 017	0. 003	0. 000	0. 000	-0. 995
标准差	0. 07	0. 22	0. 01	0. 015	0. 017	0. 004	0. 026	9. 89	0. 114	0. 165	1. 625	0. 199	0. 659	0. 435
偏度	0. 50	0. 92	1. 86	-0. 43	-1. 126	1. 807	0. 021	0. 239	2. 246	-0. 842	9. 277	1. 358	1. 982	-0. 277
峰度	3. 04	3. 35	6. 01	4. 40	6. 046	7. 845	3. 927	1. 808	9. 819	4. 963	90. 49	4. 843	7. 812	2. 742
样本量	810	810	810	810	810	810	810	810	810	810	810	810	810	810

资料来源：笔者绘制。

值得注意的是，在实施参数估计之前，为防止伪回归现象，需对所有变量序列进行平稳性检验，我们使用三种面板数据平稳性检验方法（LLC、Fisher – ADF 和 Fisher – PP）逐一对变量实施检验，检验结果如表 4 所示。

表 4 各变量序列的面板单位根检验结果

检验序列	检验方法（C，T，K）	LLC 检验	Fisher – ADF 检验	Fisher – PP 检验	结论
HQI	（1，1，0）	–17.8***	254.0***	337.9***	平稳
EKQ	（1，0，0）	–1.32*	122.9	236.8***	平稳
IDQ	（1，1，0）	–11.5***	195.6*	286.6***	平稳
CDQ	（1，1，0）	–19.6***	251.7***	244.9***	平稳
HOQ	（1，0，0）	–6.06***	159.8*	169.2**	平稳
SDQ	（1，1，0）	–19.3***	240.5***	329.3***	平稳
OT	（0，0，0）	–0.3	10.12	10.0	不平稳
Ln（OT）	（1，1，0）	–56.1***	1742.1***	1764.1***	平稳
GDPR	（1，0，0）	–48.7***	293.1***	234.3***	平稳
IS	（1，1，0）	–18.7***	222.3**	269.0***	平稳
TAX	（1，1，0）	–26.7***	253.5***	244.9***	平稳
AI	（1，0，0）	–16.0***	324.1***	338.4***	平稳
TD	（0，0，0）	–13.2***	401.1***	445.8***	平稳
TC	（1，0，0）	–18.9***	306.6***	290.7***	平稳

注：检验方法中的 C 表示在面板单位根检验中是否考虑截距项，T 表示是否考虑时间趋势项，K 表示是否考虑差分，0 表示不选择，1 表示选择。只要三类检验中至少有 2 个通过显著性检验则可判定为序列平稳。

表 4 中的面板单位根结果显示，除开埠时长（OT）变量之外，其他变量均为序列平稳状态。因此，我们对开埠时长序列进行对数化处理，以减轻变量的波动性。经过对数化转换后经单位根检验，其能够满足序列平稳性的要求，我们将变换后的对数开埠时长（LnOT）序列重新纳入模型当中。

四、实证分析

为了全方位验证国家级经开区建设对城市高质量发展转型的影响差异，我们依据模型 6 到模型 12 逐一对关键自变量的待估参数实施估计。考虑到实证模型是一个典型的多因变量回归模型，我们采取分组回归的方式实施参数估计，同时为尽可能地消除多重共线性的影响，我们在具体估计之时采取逐步回归方法加以克服。

(一) 基准回归：静态面板数据分析

为初步了解国家级经开区建设与城市高质量转型间的相关关系，我们先利用全国样本的静态面板数据进行基准回归分析。对于静态面板数据的参数估计而言，需要在估计过程中利用 Hausman 检验来进一步诊断模型的固定和随机效应。同时为有效提高参数估计的精确性和有效性，我们进一步采用可行最小二乘估计实施参数矫正，使用 STATA 16.0 软件的估计结果如表5所示。

表5中的模型（1）和模型（2）汇报了国家级经开区建设对城市高质量发展指数的影响关系；模型（3）到模型（14）分别展示了国家级经开区建设对城市高质量发展二级分量指标的影响关系。从各列参数估计的显著性及其大小符号关系来看，可以发现如下规律：

一是当因变量为城市高质量发展指数时，以开发区经济增长占比（GDPR）和制造业升级（IS）为代表的集聚效应与城市高质量发展指数间呈现出负相关关系，同理指代竞争效应的两个关键变量：贸易依存度（TD）和贸易竞争力（TC）也与城市高质量发展指数呈现显著负相关；政策效应变量虽有正有负，但整体对城市高质量发展的有一定积极贡献。

二是从创新驱动发展和高水平开放角度来看，国家级经开区建设集聚效应确实有助于上述两个目标的实现，同时政策效应也起到了一定的助推作用，其中政策效应中贡献最大的开埠时长变量，说明政策的持久性在带动城市新动能增长和维持高水平开放意义重大。竞争效应在城市新动能培育和开放层面的效果不明显。

三是从新动能培育和绿色发展角度来看，国家级经开区建设的集聚效应未能起到推动两者改善的相应作用，但其改善趋势得益于不但强化的政策效应，政策效应中最为显著的为开埠时长，其次为财税支持。竞争效应未能发挥改善城市经济活力和促进绿色发展转型的积极效应。

四是从协调均衡发展和共享实现度角度考察，其积极助推因素主要体现在政策效应端，集聚效应随有助于促进城市协调均衡发展但对实现共享和民生改善意义不大，竞争效应仍无法有效发挥正向作用。

从上述规律来看，基准回归的参数估计结果基本揭示了政策效应驱动城市高质量发展的基本结论，不支持国家级经开区建设的集聚效应和竞争效应改善城市质量发展趋势的价值论点。但仅从静态面板数据估计的结果来看，很难保证其估计结论的可靠性和真实性，尤其是当变量直接存在严重的内生性问题之时，参数估计的稳健性便值得怀疑，为了进一步了解全国和不同地区间国家级经开区建设影响城市高质量发展转型的差异性，辨识各参数估计

表 5　新区建设对城市高质量发展转型影响的静态面板回归估计（全国样本）

变量	因变量 HQI		因变量 EKQ		因变量 IDQ		因变量 CDQ		因变量 GDQ		因变量 HOQ		因变量 SDQ	
	(1)	(2)	(3)	(4)	(5)	(6)	(7)	(8)	(9)	(10)	(11)	(12)	(13)	(14)
Ln (OT)	0.03*** (9.8)	0.04*** (44.8)	0.1*** (8.1)	0.1*** (7.0)	0.002*** (8.7)		0.01*** (6.5)	0.01*** (8.5)	0.005*** (14.8)	0.006*** (7.7)	0.0002*** (5.3)	0.0003*** (7.4)	0.01*** (17.5)	
GDPR	-0.03*** (-2.8)	-0.02 (-1.44)	-0.24*** (-7.7)			0.002* (1.6)	-0.02*** (-5.2)			-0.01** (-2.1)	0.003*** (3.6)		-0.01*** (-3.1)	
IS	-0.001 (-0.36)	-0.01** (-2.5)	-0.03*** (-2.97)		-0.001*** (-3.1)	-0.002*** (-6.5)	0.002*** (3.1)		-0.003*** (-2.1)	-0.003*** (-2.7)	0.0001*** (2.7)	0.0003*** (3.1)		-0.01** (-2.1)
TAX	0.002** (2.05)			0.01*** (2.3)	0.0004*** (4.2)	0.0003*** (2.9)		-0.002* (-1.62)	0.001** (1.92)		-0.0004*** (-4.7)	-0.0003*** (-4.5)	0.001* (1.7)	
AI	-0.01*** (-3.3)	-0.01*** (-2.8)	-0.05*** (-4.8)	-0.06*** (-4.8)	-0.001*** (-2.7)	-0.001*** (-2.5)	-0.004*** (-2.94)	-0.005*** (-2.5)	-0.005*** (-3.6)			0.0002* (1.8)	-0.003** (-2.4)	-0.01*** (-4.6)
TD	-0.03*** (-11.8)		-0.1*** (-8.1)	-0.1*** (-7.6)	-0.002*** (-7.4)	-0.003*** (-11.4)		-0.001* (-1.6)	-0.004*** (-5.7)	-0.003*** (-3.9)	-0.001*** (-6.9)		-0.01*** (-9.7)	-0.01*** (-10.3)
TC	-0.01** (-2.2)	-0.003* (-1.6)	-0.04*** (-4.8)	-0.05*** (-4.87)	-0.001*** (-3.5)	-0.004*** (-2.4)	0.002*** (3.4)		-0.003*** (-4.9)		0.0003*** (3.2)	0.0004*** (5.5)	-0.001** (-1.9)	
C	0.41*** (37.5)	0.39*** (90.3)	0.27*** (7.4)	0.23*** (5.5)	0.01*** (9.0)	0.01*** (34.4)	0.06*** (16.6)	0.06*** (27.8)	0.18*** (117)	0.18*** (99.6)	0.01*** (35.8)	0.001*** (61.2)	0.11*** (70.2)	0.14*** (58.6)

续表

变量	因变量 HQI		因变量 EKQ		因变量 IDQ		因变量 CDQ		因变量 GDQ		因变量 HOQ		因变量 SDQ	
	(1)	(2)	(3)	(4)	(5)	(6)	(7)	(8)	(9)	(10)	(11)	(12)	(13)	(14)
R^2	0.95	0.95	0.93	0.92	0.89	0.87	0.9	0.9	0.89	0.88	0.93	0.93	0.97	0.93
F 统计量	153***	144***	96***	93***	58.1***	49***	70.9***	72.5***	59.4***	58.4***	101.8***	100.4***	286***	107***
Hausman 检验	57.5***	23.3***	73.3***	86.5***	73.8***	96.3***	14.4**	11.7**	10.3*	13.0*	77.9***	42.9***	36.1***	56.1***
估计方法	FGLS (FE)	FGLS (FE)	FGLS (FE)	FGLS (FE)	FGLS (FE)	FGLS (FE)	FGLS (FE)	FGLS (FE)	FGLS (FE)	FGLS (FE)	FGLS (FE)	FGLS (FE)	FGLS (FE)	FGLS (FE)
修正方法	White cross section	PCSE	White cross section	White cross section	Cross section SUR	Ord – inary	White cross section	Cross section SUR	PCSE	White cross section	Cross section SUR	White cross section	Cross section SUR	White cross section
样本量	810	810	810	810	810	810	810	810	810	810	810	810	810	810

注：*** 表示假设检验在置信水平为99%时统计显著，** 表示置信水平95%时统计显著；* 表示置信水平90%时统计显著，括号内为T统计量，FE表示固定效应，RE表示随机效应。

的准确性和稳健性，我们需要在地区尺度上应用能够有效消除变量内生性的拓展回归估计方法。

（二）消除内生性：分区域拓展回归模型（ERM）估计分析

由经济学经典理论可知，区域经济增长与税收份额、产业结构，招商引资与贸易结构之间都存在着潜在的相互因果关系，因此将其纳入计量模型之时不可避免地会出现所谓的内生性问题，导致参数估计有偏或失效。因此需要消除变量的内生性现象，拓展回归模型（ERM）是理论界最新发展出的一种专门克服变量内生性和数据选择性偏误的一种极大似然估计工具方法，由于其综合了传统工具变量法（IV）和 Heckman 两阶段方法的优势而受到学者们普遍欢迎。我们借助这一工具对式（6）至式（12）实施参数重估，并将其拓展到涵盖东部、中部和西部的分区域样本中，利用 STATA 16.0 得到估计结果如表 6 和表 7 所示。

表 6 中列出了消除变量内生性后的全国样本和东部地区样本参数估计情况；而表 7 则展示了内生性问题得以克服后的中西部地区样本参数估计结果，分析两表的参数含义，可以发现：

其一，如果观察全国样本的变量系数，拓展回归模型的结果表明：国家级经开区建设的集聚效应与城市高质量发展转型间为负相关关系，即国家级经开区自身发展带来的财富累积、制造业结构升级并没有真正转化为推动城市高质量发展的积极因素。同时经开区所拥有的政策效应和竞争效应在全国平均尺度上也未有效发挥出支持所在城市高质量发展的提振效果。

其二，在分量维度上，可以观察到：国家经开区建设所蕴含的政策效应已经开始在创新驱动、绿色发展与生态治理、高水平开放和共享包容发展方面体现出积极效应，其中开埠时长变量最为显著、财税贡献度变量次之、引资显示度变量最弱。竞争效应仅在创新驱动层次上有正向贡献意义。

其三，简单对比全国样本与东部地区样本的差异性，可以观察到：东部地区国家级经开区建设的三类效应对城市高质量发展的积极影响要相对好于全国样本。一方面，政策效应中的税收贡献因素和竞争效应中的贸易条件因素东部地区的边际系数已经由负转正，体现为对城市高质量发展指数的正相关关系；另一方面，在多个构成城市高质量发展指数的二级指标中，东部地区国家级经开区的三类效应变量在发挥助推城市高质量发展转型过程中均有更优质表现，尤其是在加速东部地区经济新动能培育、实施创新驱动转型、促进绿色发展和增强共享发展能力方面，国家级经开区的招商引资、财税贡献、制造业集聚升级和贸易竞争力分别起到了显著的带动作用。

表6　新区建设对城市高质量发展转型影响的ERM估计结果（全国与东部样本）

变量	全国							东部						
	因变量 HQI	因变量 EKQ	因变量 IDQ	因变量 CDQ	因变量 GDQ	因变量 HOQ	因变量 SDQ	因变量 HQI	因变量 EKQ	因变量 IDQ	因变量 CDQ	因变量 GDQ	因变量 HOQ	因变量 SDQ
	(15)	(16)	(17)	(18)	(19)	(20)	(21)	(22)	(23)	(24)	(25)	(26)	(27)	(28)
Ln (OT)	0.04** (17.5)	0.1*** (15.2)	0.003*** (9.2)	0.01*** (9.1)	0.005*** (8.2)	0.001*** (8.3)	0.01*** (14.7)	0.03*** (9.0)	0.09*** (8.6)	0.03*** (8.9)	0.003*** (4.9)	0.004*** (5.9)	0.001*** (3.4)	0.01*** (7.1)
GDPR	−0.12** (−2.1)	−0.18** (−2.2)	−0.04*** (−2.3)	−0.03* (−1.6)	−0.08*** (−13.1)	−0.06*** (−4.3)	−0.13*** (−3.2)	−0.2*** (−7.9)	−1.7*** (−7.4)	−0.6*** (−8.3)	−0.05*** (−6.5)	−0.1*** (−9.1)	−0.02*** (−4.5)	−0.05*** (−3.1)
IS	−0.04*** (−3.3)	−0.23* (−1.6)	−0.004** (−2.1)	−0.01** (−1.8)	−0.3** (−2.2)	−0.3** (−2.2)	−0.01*** (−2.8)	−0.03* (−1.6)	−0.06* (−1.6)	−0.01*** (−2.0)	0.4** (3.3)	0.2*** (4.1)	−0.02** (−2.1)	−0.27** (−2.2)
TAX	−0.07*** (−4.4)	−0.3*** (−3.0)	0.01** (2.0)	−0.003*** (−9.6)	−0.1*** (−5.3)	0.06* (1.7)	0.04*** (3.1)	0.003*** (3.4)	0.01* (1.6)	0.01** (2.2)	−0.01* (−1.7)	0.006*** (4.4)	0.003* (1.6)	0.08*** (3.3)
AI	−0.06*** (−5.8)	−0.2*** (−5.7)	−0.01*** (−5.2)	−0.01*** (−3.6)	0.03** (2.6)	−0.2** (−2.3)	−0.17* (−1.7)	−0.1*** (−3.9)	13.7* (1.7)	−0.01*** (−3.5)	−0.01** (−2.4)	−0.01*** (−3.4)	−0.1*** (−5.2)	−0.04*** (−4.9)
TD	−0.1*** (−3.5)	0.06*** (6.9)	0.005*** (10.4)	−0.003*** (−4.1)	−0.002** (−2.0)	−0.01*** (−3.1)	0.01*** (8.1)	0.01* (1.7)	0.02* (1.62)	0.003*** (4.1)	−0.002** (−2.5)	−0.003*** (−2.7)	0.001*** (2.6)	0.004*** (3.0)
TC	−0.02*** (−5.8)	−0.1*** (−6.1)	−0.001*** (−2.2)	−0.002*** (−2.2)	−0.01*** (−5.9)	−0.001** (−2.2)	−0.01*** (−3.1)	−0.04*** (−5.1)	−0.11*** (−4.5)	−0.004*** (−2.7)	0.001 (1.0)	−0.006*** (−3.5)	−0.001* (−1.9)	−0.01*** (−4.4)

续表

变量	全国							东部						
	因变量 HQI	因变量 EKQ	因变量 IDQ	因变量 CDQ	因变量 GDQ	因变量 HOQ	因变量 SDQ	因变量 HQI	因变量 EKQ	因变量 IDQ	因变量 CDQ	因变量 GDQ	因变量 HOQ	因变量 SDQ
	(15)	(16)	(17)	(18)	(19)	(20)	(21)	(22)	(23)	(24)	(25)	(26)	(27)	(28)
C	0.42*** (33.7)	0.43*** (23.3)	0.12*** (30.0)	0.07*** (14.8)	0.18*** (2.14)	0.4*** (4.3)	0.11*** (6.9)	0.47*** (26.9)	0.35*** (10.5)	0.01*** (3.0)	0.08*** (28.0)	0.19*** (36.8)	0.01*** (7.1)	0.13*** (22.8)
Wald − χ^2	685***	709***	347***	243***	321***	236***	458***	259***	248***	160***	34.7***	184***	69***	190***
内生性是否消除	是	是	是	是	是	是	是	是	是	是	是	是	是	是
样本量	810	810	810	810	810	810	810	423	423	423	423	423	423	423

注：*** 表示假设检验在置信水平为 99% 时统计显著，** 表示置信水平 95% 时统计显著；* 表示置信水平 90% 时统计显著，括号内为 Z 统计量。

表7　新区建设对城市高质量发展转型影响的 **ERM** 估计结果（中西部样本）

变量	中部							西部						
	因变量 HQI	因变量 EKQ	因变量 IDQ	因变量 CDQ	因变量 GDQ	因变量 HOQ	因变量 SDQ	因变量 HQI	因变量 EKQ	因变量 IDQ	因变量 CDQ	因变量 GDQ	因变量 HOQ	因变量 SDQ
	(29)	(30)	(31)	(32)	(33)	(34)	(35)	(36)	(37)	(38)	(39)	(40)	(41)	(42)
Ln（OT）	0.05*** (14.7)	0.11*** (11.9)	0.002*** (8.7)	0.01*** (7.9)	0.01*** (4.8)	0.001*** (8.1)	0.02*** (9.3)	0.04*** (11.8)	0.1*** (10.2)	0.001*** (5.6)	0.01*** (9.1)	0.08** (2.0)	0.001*** (4.1)	0.02*** (14.1)
GDPR	0.16*** (3.1)	0.1*** (2.5)	0.01** (2.1)	−0.16* (−1.7)	−0.04* (−1.6)	−0.03* (−1.6)	0.32* (1.74)	−0.09*** (−2.7)	−1.6*** (−2.6)	−0.04** (−2.3)	−0.1* (−1.6)	−0.06*** (−3.6)	−0.004* (−1.8)	0.1*** (3.9)
IS	0.18** (2.1)	0.03* (1.6)	0.003* (1.6)	0.2*** (3.1)	−0.1** (−2.3)	0.002* (1.6)	0.2*** (3.1)	−0.04*** (−3.4)	0.77* (1.6)	−0.002** (−2.4)	−0.01* (−1.8)	−0.17* (−1.7)	−0.03* (1.6)	−0.02*** (−4.5)
TAX	−0.05* (−1.8)	0.07*** (2.4)	0.007*** (2.7)	0.06*** (5.2)	0.11* (1.6)	0.01* (1.6)	−0.13** (−2.0)	−0.09*** (−4.2)	0.37** (2.0)	0.01** (2.0)	−0.02*** (−3.7)	−0.12* (−1.6)	0.02*** (2.6)	−0.03*** (−3.2)
AI	−0.07*** (−3.8)	−0.17** (−3.1)	−0.01*** (−3.8)	−0.02*** (−3.4)	−0.04** (−2.0)	−0.003*** (−3.14)	−0.02* (−1.7)	−0.03*** (−3.0)	−0.13*** (−4.1)	−0.003*** (−4.0)	−0.01** (−2.6)	0.08* (1.6)	−0.002*** (−3.7)	−0.17* (−1.6)
TD	0.03*** (3.4)	0.04* (1.7)	0.002** (2.4)	0.01*** (4.0)	−0.01*** (−2.7)	−0.01*** (−3.0)	0.02*** (4.4)	−0.2* (−1.6)	0.07*** (2.7)	0.23*** (5.7)	0.84*** (2.6)	−0.014*** (−3.1)	0.16*** (5.1)	0.02*** (5.1)
TC	0.14*** (1.9)	−0.04** (−2.0)	0.04 (1.2)	0.01* (1.9)	−0.1*** (−2.6)	−0.001** (−2.4)	0.01** (2.0)	−0.03*** (−7.0	−0.08*** (−6.4)	−0.002*** (−5.8)	−0.01*** (−3.8)	−0.01*** (−3.4)	−0.01*** (−3.4)	−0.01*** (−5.2)

续表

变量	中部							西部						
	因变量 HQI	因变量 EKQ	因变量 IDQ	因变量 CDQ	因变量 GDQ	因变量 HOQ	因变量 SDQ	因变量 HQI	因变量 EKQ	因变量 IDQ	因变量 CDQ	因变量 GDQ	因变量 HOQ	因变量 SDQ
	(29)	(30)	(31)	(32)	(33)	(34)	(35)	(36)	(37)	(38)	(39)	(40)	(41)	(42)
C	0.29*** (12.9)	0.14 (0.2)	-0.01* (-1.6)	0.08*** (7.4)	0.17*** (21.7)	0.01*** (5.1)	0.28* (1.6)	0.41*** (31.7)	0.26*** (4.3)	0.01*** (3.8)	0.08*** (14.5)	0.2*** (31.6)	-0.01*** (-9.2)	0.11*** (7.0)
Wald - χ^2	291***	228***	120***	130***	43***	104***	147***	293***	252***	125***	142***	45***	71***	320***
内生性是否消除	是	是	是	是	是	是	是	是	是	是	是	是	是	是
样本量	189	189	189	189	189	189	189	198	198	198	198	198	198	198

注：*** 表示假设检验在置信水平为 99% 时统计显著，** 表示置信水平 95% 时统计显著；* 表示置信水平 90% 时统计显著，括号内为 Z 统计量。

类似地，我们继续观察和分析表7中中、西部地区样本国家级经开区建设对所在城市高质量发展转型的影响差异性，并将其与东部地区进行比较。可以发现：

第一，从城市高质量发展指数层面来看，中部地区国家级经开区建设带来的集聚效应、政策效应和竞争效应对提升城市高质量发展水平的贡献最好，最明显。东部地区稍弱于中部地区而西部地区最差。

第二，从分因素来看，中部地区在集聚效应维度拥有更强优势而西部地区在竞争效应维度更有相对优势，两者在政策效应维度的差异不明显，相反，东部地区更加依赖于政策效应的扶持。

第三，从二级因变量指标来看，中部地区除引资显示度变量之外，其他指标均有效带动了城市动能培育、创新活力、协调发展、绿色发展、高水平开放和包容性水平的增进，中部地区是国家级经开区设立后开埠效应发挥的最大受益者。而西部地区仅在城市新动能培育、协调发展和高水平开放维度上有一定积极表现，但与中部地区不同，西部地区的上述维度并非得益于多属性变量的共同叠加影响，而是更加依赖于某一特定因素。

五、稳健性分析

虽然使用面板拓展回归模型可以最大程度上地消除变量内生性对参数估计的影响，但仍不能保证待估参数的稳健性特征，我们在前面估计结果中仍发现不少变量估计符号和大小的不一致性情形。此外，由于国家级经开区的设立和开发对城市发育、高质量转型附有明显的跨期和时滞效应，我们有必要进一步对其进行分析和验证，因而，我们采用稳健性分析中常用的替换估计方法对样本实施重新估计，在这里，我们采用的计量工具为动态面板模型系统广义距（SYS－GMM）方法。在该方法的具体实施过程中，需要确定出因变量的滞后阶数和工具变量的可靠性，因此我们借助STATA 16.0中的AR检验和Sargan检验来完成，最终得到的参数结果如下：

表8中的模型（43）和模型（44）报告的是国家级经开区建设对城市高质量发展指数的边际影响，模型（45）到模型（56）报告了国家级经开区建设对其他城市高质量发展分量指标的影响。分析表8的参数估计结果，可以得到如下结论：

一是动态面板系统广义据估计的结果表明：城市高质量发展及其各分量指标都存在显著的时序惯性效应和发展“棘轮效应”，这说明推动城市高质量转型是符合发展阶段和新型城镇化规律的必然发展趋势。

表 8 新区建设对城市高质量发展转型影响的 SYS – GMM 估计结果（全国样本）

变量	因变量 HQI		因变量 EKQ		因变量 IDQ		因变量 CDQ		因变量 GDQ		因变量 HOQ		因变量 SDQ	
	(43)	(44)	(45)	(46)	(47)	(48)	(49)	(50)	(51)	(52)	(53)	(54)	(55)	(56)
HQI（-1）	0.76*** (7.4)	0.91*** (32.2)												
EKQ（-1）			0.97*** (24.9)	1.02*** (69.2)										
IDQ（-1）					0.88*** (19.1)	1.1*** (27.2)								
CDQ（-1）							0.7*** (9.1)	0.87*** (18.9)						
GDQ（-1）									0.79*** (13.3)	0.8*** (19.2)				
HOQ（-1）											0.9*** (37.9)	0.62*** (13.2)		
SDQ（-1）													0.82*** (19.3)	1.02*** (27.8)
Ln（OT）	0.01** (2.2)	0.004** (2.0)	0.01** (2.2)		0.001*** (4.3)		0.005*** (4.5)		0.001** (2.2)		0.001** (2.2)	0.001** (2.3)	0.003** (2.2)	
GDPR		-0.03*** (-3.1)		0.05*** (3.3)		-0.002** (-2.7)	0.03* (1.7)			-0.02** (-2.0)	-0.01*** (-3.4)			-0.01* (-1.7)

续表

变量	因变量 HQI		因变量 EKQ		因变量 IDQ		因变量 CDQ		因变量 GDQ		因变量 HOQ		因变量 SDQ	
	(43)	(44)	(45)	(46)	(47)	(48)	(49)	(50)	(51)	(52)	(53)	(54)	(55)	(56)
IS		-0.01* (-1.6)	-0.02*** (-3.5)		-0.001* (-1.6)			0.02*** (6.1)	-0.01** (2.0)		-0.001 (0.5)	-0.001* (-1.6)	-0.02*** (-4.7)	
TAX	-0.01* (-1.6)	-0.02*** (-3.0)		0.01* (1.6)	-0.01 (-1.4)	0.001** (2.9)	-0.003 (-0.9)	-0.01* (-1.7)	0.01** (2.1)			-0.001** (-5.9)	0.002* (1.6)	0.003** (2.2)
AI	0.02** (2.8)			-0.04*** (-4.3)	-0.001** (-2.6)			-0.01* (-1.8)	-0.01*** (-3.5)			-0.001* (-1.7)		-0.005* (-1.8)
TD	0.01* (1.8)		0.02*** (7.8)			0.001* (1.6)	0.005* (1.6)			-0.003* (-1.7)	0.001*** (7.3)		0.01*** (6.0)	
TC	-0.006** (2.2)		-0.01*** (-3.8)			-0.001** (-2.0)	-0.001* (-1.7)			-0.001* (-1.6)	-0.001*** (-6.1)		-0.001*** (-3.6)	
C	0.06*** (2.9)	0.05*** (4.8)	0.02*** (4.9)	0.02** (1.8)	0.002** (2.4)	0.001 (0.6)	0.01** (2.2)	-0.02*** (-3.7)	0.05*** (3.41)	0.04*** (4.8)	0.0004* (1.9)	0.004** (12.1)	0.03*** (7.1)	0.003 (0.7)
F 统计量	1127***	5928***	10719***	11498***	338***	1106***	344***	3500***	188***	148***	2290***	505***	2813***	11473***
AR（1）	-2.7***	-2.66***	-2.4***	-2.5***	-2.2**	-1.7*	-1.62*	-1.71*	-2.2**	-2.4**	-2.0***	-1.9*	-1.6*	-1.6*
AR（2）	0.85	0.8	0.91	0.42	-0.9	-1.0	0.2	0.4	-1.1	-1.36	1.23	1.34	0.96	0.92
Sargan test	27.3（1）	17.3（1）	21.1（1）	79（1）	50.4（1）	17.4（1）	51.4（1）	20.7（1）	50.1（1）	62.3（1）	50.2（1）	45.6（1）	17.2（1）	23.9（1）
估计方法	两阶段稳健估计	两阶段稳健估计	两阶段稳健估计	两阶段稳健估计	两阶段稳健估计	两阶段稳健估计	两阶段稳健估计	两阶段稳健估计	两阶段稳健估计	两阶段稳健估计	两阶段稳健估计	两阶段稳健估计	两阶段稳健估计	两阶段稳健估计

注：*** 表示假设检验在置信水平为99%时统计显著，** 表示置信水平95%时统计显著；* 表示置信水平90%时统计显著，括号内为T统计量。HQI（-1）为HQI的滞后一阶变量。

二是针对城市高质量发展指数回归的两阶段稳健估计证实：以经开区GDP占比和制造业结构升级为代表的集聚效应仍与城市高质量发展指数间呈现显著负相关关系，竞争效应正负相抵几乎没有起到助推城市高质量发展的正向促进效应，而政策效应则整体表现积极。这一结论与静态估计结果基本一致。

三是观察构成城市高质量发展指数的各项分量指标，容易发现：国家级经开区建设的集聚效应主要在促进城市经济新动能、增强城市发展协调均衡性尺度上发挥积极作用；政策效应则主要在促进城市创新活力释放、巩固城市绿色发展成效和扩大城市共享发展度层面发挥建设性作用；竞争效应则在推动城市经济动能培育、协同增强城市均衡发展能力和进一步提升共享发展度上有一定作为。

六、结论与政策启示

作为稳外贸、稳外资的有效平台和现成抓手，国家级经开区已经被党和国家赋予更高级别的改革创新任务，承担着前所未有的历史使命。以全国范围内90个具有代表性的国家级经济技术开发区（EDZ）为样本，立足新时代城市化发展和国家级经开区打造改革开放高地的政策背景，深入探讨了国家级经开区建设对城市高质量发展转型的影响。归纳研究的重要结论主要包括以下几个方面：

第一，国家级经开区的设立和建设对城市高质量发展转型具有明显的时间累积效应，它一方面表现为国家级经开区开埠时长贡献；另一方面得益于城市高质量发展自身的“棘轮效应”。

第二，国家级经开区建设影响城市高质量发展转型的关键在于集聚效应、政策效应和竞争效应的有效发挥，但全国层面的实证研究表明：除政策效应有利于城市高质量发展指数的持续增长外，集聚效应和竞争效应并不能发挥助推城市高质量发展的建设性作用。

第三，分区域研究显示：国家级经开区对城市高质量发展转型的推动作用存在明显的区域异质性。中部地区是国家级经开区设立、发展并带动城市高质量发展的最大赢家，东部地区更加依赖于经开区建设中出现的政策效应扶持，西部地区经开区带动城市高质量转型的提振效应最弱。

第四，细分高质量发展构成维度的实证研究进一步表明：东部地区国家级经开区更偏重于在吸引外资、财税贡献和外贸竞争力方面对带动本地区城市高质量发展起决定性作用，而西部地区则更加热衷于从制造业升级、打造国家级开发区的城市增长极层面入手来提振城市发展质量，这进一步证实了我国不同地域国家级开发区扮演的核心角色和发展阶段的差异。

根据上述研究结论，有如下政策建议供各级政府和决策部门参考。

一是认清当前国家级经开区建设对城市高质量发展影响的短板之处，进一步抢抓开发区内制造业实体产业发展、巩固和修炼龙头企业内功、有效降低区内企业经营成本。不盲目扩大和调整开发区范围和行业功能（向宽虎、陆铭，2015），稳中求进推进国家级开发区“外引内培”发展，形成国内和国外市场联动双循环。

二是完善修订国家级开发区建设考核绩效评价标准，以推动城市高质量发展为宗旨分地域分城市分阶段制定评价体系。东部地区更加重视开发区培育经济新动能、促进城市创新驱动模式转型、绿色发展和共享发展的桥头堡功能，西部地区则更为强调经济模式转型、扩大开放、协调均衡的追赶功能，中部地区则全面发力，尽快补足引资显示度短板。

三是当前我国国家级经开区对城市高质量发展仍处于明显的“政策驱动”阶段，未来国家级经开区在城市经济增长、地区协调发展和高质量转型中的主要职能应转变为“市场驱动”和“创新驱动”阶段，为此，应着重考虑国家级经开区一篮子扶持政策的提质增效，初步退出传统的“救济型”政策，制定更为市场化和符合自主创新特色的“激励型”政策，可在东部和中部地区国家级经开区内先试先行并逐步推广全国。

参考文献

[1] 卞泽阳、强永昌、李志远：《开发区政策有利于促进当地企业出口参与吗：基于双重差分方法的验证》，载《国际贸易问题》2019年第11期。

[2] 曹前满：《论城镇化进程中我国开发区的成长困惑：归属与归宿》，载《城市发展研究》2017年第2期。

[3] 陈小卉、郑文含：《基于绿色发展的城市发展质量评价研究：以江苏为例》，载《城市规划学刊》2017年第3期。

[4] 邓慧慧、赵家羚、虞义华：《地方政府建设开发区：左顾右盼的选择?》，载《财经研究》2018年第3期。

[5] 韩亚欣、吴非、李华民：《中国经济技术开发区转型升级之约束与突破：基于调研结果与现有理论之分析》，载《经济社会体制比较》2015年第5期。

[6] 黄文、张羽瑶：《区域一体化战略影响了中国城市经济高质量发展吗？基于长江经济带城市群的实证考察》，载《产业经济研究》2019年第6期。

[7] 孔翔、顾子恒：《中国开发区“产城分离”的机理研究》，载《城市发展研究》2017年第3期。

[8] 李贲、吴利华：《开发区设立与企业成长：异质性与机制研究》，载《中国工业经济》2018年第4期。

[9] 李金昌、史龙梅、徐蔼婷：《高质量发展评价指标体系探讨》，载《统计研究》2019年第1期。

[10] 李力行、申广军：《经济开发区、地区比较优势与产业结构调整》，载《经济学(季刊)》2015年第3期。

［11］李梦欣、任保平：《新时代中国高质量发展的综合评价及其路径选择》，载《财经科学》2019 年第 5 期。

［12］马茹、罗晖、王宏伟、王铁成：《中国区域经济高质量发展评价指标体系及测度研究》，载《中国软科学》2019 年第 7 期。

［13］孟美侠、曹希广、张学良：《开发区政策影响中国产业空间集聚吗：基于跨越行政边界的集聚视角》，载《中国工业经济》2019 年第 11 期。

［14］盛丹、张国峰：《开发区与企业成本加成率分布》，载《经济学（季刊)》2018 年第 1 期。

［15］谭静、张建华：《开发区政策与企业生产率——基于中国上市企业数据的研究》，载《经济学动态》2019 年第 1 期。

［16］王永进、张国峰：《开发区生产率优势的来源：集聚效应还是选择效应?》，载《经济研究》2016 年第 7 期。

［17］向宽虎、陆铭：《发展速度与质量的冲突：为什么开发区政策的区域分散倾向是不可持续的?》，载《财经研究》2015 年第 4 期。

［18］杨婵、贺小、杨昊、贾植涵：《开发区是促进还是阻碍企业国际化？——基于文献的分析》，载《外国经济与管理》2020 年第 4 期。

［19］张茜、王兴平：《改革开放 40 年来中国开发区政策演变特征研究》，载《城市规划学刊》2019 年第 2 期。

［20］张文忠、许婧雪、马仁锋、马诗萍：《中国城市高质量发展内涵、现状及发展导向：基于居民调查视角》，载《城市规划》2019 年第 11 期。

［21］郑智、叶尔肯·吾扎提、梁宜、张若琰、刘卫东：《经济技术开发区建设对中国经济格局的影响》，载《经济地理》2019 年第 6 期。

［22］周茂、陆毅、杜艳、姚星：《开发区设立与地区制造业升级》，载《中国工业经济》2018 年第 3 期。

［23］Carter，C. and Harding，A.，2011：*Special Economic Zones in Asian Market Economies*，New York：Routledge

［24］Herlevi，A，2017：Economic Growth or Sowing the Seeds of Destruction? The Role of Economic Development Zones in China，*Journal of Chinese Political Science*，Vol. 22，No. 5.

［25］Litwack，J. M. and Qian，Y.，1998：Balanced or Unbalanced Development：Special Economic Zones as Catalysts for Transition，*Journal of Comparative Economics*，Vol. 26，No. 1.

［26］Zeng，D. Z.，2015：Global Experiences with Special Economic Zones ：Focus on China and Africa，*World Bank Working Paper*，No. 7240.

［27］Zeng，D. Z.，2011：How Do Special Economic Zones and Industrial Clusters Drive China's Rapid Development? *World Bank Working Paper*，No. 5583.

［28］Zheng，G..，Barbiery，E.，Marco，R.，and Zhang，L.，2016：Development Zones and Local Economic Growth：Zooming in on the Chinese Case，*China Economic Review*，Vol. 38，No. 2.

Does the Construction of New Districts Help Transform the City for Quality Development?

—Empirical Evidence from 90 National Economic Development Zones (EDZs)

Longlong Duan　Linmei Wang

Abstract: The establishment and construction of new urban areas is an important window and vehicle for China to actively expand openness, proactively promote the upgrading of urban industrial structure, and promote the innovation of institutional mechanism. Based on the analysis of the scientific connotation of high-quality urban development in the new era and the construction of an index system for measuring the level of high-quality urban development, we investigate the impact of the construction of national-level economic and technological development zones on urban high-quality development by taking 90 national-level economic and technological development zones as a typical sample and using panel feasible least squares estimation (FGLS), panel extended regression model (ERM) and systematic generalized estimation method (SYS - GMM). The results show that: the construction of national-level economic and development zones can have an impact on the quality of urban development through agglomeration effects, policy effects and competition effects, but apart from policy effects, neither agglomeration effects nor competition effects can help promote the transformation of high-quality urban development; after the establishment of national-level economic and development zones, the length of opening hours will enhance the quality of urban development in various dimensions, while the speed of high-quality urban development is significantly reduced. The "ratchet effect" of the phenomenon; the central region of the national economic development zones in the promotion of territorial cities of high-quality development of the benefits of the level of optimal, followed by the eastern region, the western region is the worst, the construction of national economic development zones in the eastern region is more conducive to enhance the local "economic momentum", the "economic momentum". "innovation dynamism", "green development", "shared quality", while the western region prefers to strengthen local "coordinated development capacity". and promoting "high level openness", the conclusion still holds after the robustness test, which provides the corresponding theoretical and decision-making basis for China to further optimize the existing national-level development zone policy and promote the reform and innovation of national-level development zones at a higher and broader level under the new situation of six stability.

Keywords: New Area Construction National - Level Economic Development Zones High - Quality Urban Development

JEL Classification: O18 P25 L52

降低预防性动机，释放居民消费潜力

——评《中国居民预防性储蓄与消费行为研究》

万广华*

改革开放后的中国取得了人类发展史上的增长奇迹，使得普通老百姓基本过上了丰衣足食的好生活。但直到今天，中国社会和其他方面的发展水平与欧美相比差距仍然很大，即便是人均 GDP 也远远落后于发达国家。所以，在相当长的一段时期内，保持中高速经济增长无疑仍将是举国上下必须面对的最为严峻的挑战。

遗憾的是，自从 2008 年以来，尤其是 2010 年之后，中国经济增长率持续下行。尽管考虑到体量为全球第二大的中国经济体不可能继续曾经的、接近 10% 的年均增长率，但过去 10 年几乎直线般的减速显然难以归咎于国内因素。通过简单地构建“反事实”可以推断，如果没有发生 2008 年的全球金融危机和 2010 年的欧洲债务危机，外部需求就不会如此大幅度地萎缩，中国的增长也就不会如此快速地下滑。

中国经济增长的外部脆弱性显然与东亚普遍存在的“三高”（高储蓄、高投资和高出口）发展方式紧密相关。这也是为什么笔者多年来一直呼吁对需求端的重视，甚至早在 2011 年的《国际经济评论》上撰文指出了中美冲突无法避免，必须想方设法提升国内消费，努力实现国内供需基本平衡，从而应对以美国为代表的西方可能对中国的围追堵截。展望未来，在外部需求难以恢复的情景下，加上难以抗拒的逆全球化浪潮和越发严峻的国际局势，国内消费不振已经成为制约中国经济增长最为重要的瓶颈。

在上述背景下，宋明月博士的专著《中国居民预防性储蓄与消费行为研究》（中国社会科学出版社，2019 年 6 月出版）是非常及时的。这部专著聚焦预防性储蓄动机，对扩大居民消费的长效机制进行了行之有效的探索。作者对于家庭预防性储蓄与消费行为的研究从微观和宏观两个层面展开。该书的主要贡献体现在三个方面：

一是测度了家庭财富中预防性储蓄的比例，即家庭财富中有多大比例是

* 万广华：复旦大学世界经济研究所；地址：上海市国权路 600 号复旦大学经济学院 7 楼，邮编 200433；E-mail：guanghuawan@yahoo.com。

由不确定性带来的预防性动机引起。作者使用了更加贴近中国现实的缓冲存货模型作为微观分析的框架，并考虑了家庭规模、少儿抚养率、家庭健康状况、医疗保险及户主人口统计学变量等因素，构建了不确定性下我国居民家庭缓冲储蓄行为模型。接着，作者基于多年追踪调查面板数据，结合使用工具变量与数值模拟技术，测度了居民家庭财富中预防性储蓄所占的比重。结果发现，预防性储蓄解释了 51% ~55% 的家庭财富积累。进一步地，考虑到我国城乡家庭之间在收入、社会保障等诸多方面的差异，作者对城镇和农村家庭分别展开了异质性分析，发现农村居民面临的不确定性对于财富积累的影响要远高于城镇，意味着若想瞄准更大潜力的农村消费市场，仍需加强农村社会保障覆盖力度，提高农村居民收入来源的多样性与稳定性，缓解农村居民面临的收入不确定性与支出不确定性。

二是伴随着医疗保险制度改革的深入和推进，不同时期家庭储蓄行为是不同的，体现出明显的异质性。作者发现随着家庭生命周期阶段的变化，家庭规模、少儿抚养率、家庭健康状况均呈现了一定的生命周期特征，各阶段居民储蓄行为也相应呈现出一定的趋势，一定程度上反映了我国居民之间虽然在收入水平、家庭观念、家庭构成等方面存在着异质性，但社会保障改革的逐步推进，对居民消费潜力的释放起着不可或缺的促进作用。

三是作者跳出了传统完全信息的隐含假定，将期望效用最大化作为理性消费者的行为目标，以习惯形成下消费行为跨期依赖的模型作为基础，建立了较短经济周期内黏性不确定性下消费行为理论模型。该模型更接近中国现实，因为我国居民短期内有着明显的信息滞后特征与更高的信息搜集与更新成本。相关实证分析发现，每个季度，60% 的城镇消费者受到消费习惯或更新信息滞后等因素的影响，而使消费行为出现黏性，消费的路径依赖较强。而农村的这一比例为 85% 。可以看出，在黏性信息下，消费行为存在跨期依赖时，当期消费和储蓄行为应该受到未来多期不确定性的共同影响，进一步地，将未来各时期不确定性进行累计加总后，对短期收入不确定性的衡量指标进行了修正，从而构建了不确定性、黏性信息叠加效应的变量。作者实证得出黏性信息下居民面临的不确定性呈倍数放大，从而预防性动机挤出的消费支出不可忽略。将黏性信息糅合进预防性储蓄行为的分析，是较为前沿的视角。

总之，该书将不确定性、黏性信息相结合，引入消费者行为分析框架，剖析了家庭预防性储蓄的行为特征，以及黏性信息下消费者行为的异质性特征，进而探讨了居民消费需求增长的机制。它的出版将有助于缓冲存货理论、不确定性理论、不完全信息理论在中国的发展，也为释放居民消费潜力政策机制构建提供了一定的理论基础。当然，不确定性与居民消费储蓄行为之间是一个非常复杂的关系，该书对于此问题的分析还存在一些不尽全面、稳健之处，如异质性领域的分析还不够细致等。希望随着我国微观追踪数据库的完善，后续能够开展更进一步的研究。

《产业经济评论》投稿体例

《产业经济评论》是由山东大学经济学院、山东大学产业经济研究所主办，由经济科学出版社出版的开放性产业经济专业学术文集。它以推进中国产业经济科学领域的学术研究，进一步推动中国产业经济理论的发展，加强产业经济领域中海内外学者之间的学术交流与合作为宗旨。《产业经济评论》为中文社会科学引文索引（CSSCI）来源集刊。

《产业经济评论》是一个中国经济理论与实践研究者的理论、思想交流平台，倡导规范、严谨的研究方法，鼓励理论和经验研究相结合的研究路线。《产业经济评论》欢迎原创性的理论、经验和评论性研究论文，特别欢迎有关中国产业经济问题的基础理论研究和比较研究论文。

《产业经济评论》设“综述”、“论文”和“书评”三个栏目。其中：“综述”发表关于产业经济领域最新学术动态的综述性文章，目的是帮助国内学者及时掌握国际前沿研究动态；“论文”发表原创性的产业经济理论、经验实证研究文章；“书评”发表有关产业经济理论新书、新作的介绍和评论。

《产业经济评论》真诚欢迎大家投稿，以下是有关投稿体例说明。

1. 稿件发送电子邮件至：rie@ sdu. edu. cn。

2. 文章首页应包括：

（1）中文文章标题；（2）200 字左右的中文摘要；（3）3 ~5 个关键词；（4）作者姓名、署名单位、详细通信地址、邮编、联系电话和 E-mail 地址。

3. 文章的正文标题、表格、图形、公式须分别连续编号，脚注每页单独编号。大标题居中，编号用一、二、三；小标题左齐，编号用（一）、（二）、（三）；其他用阿拉伯数字。

4. 正文中文献引用格式：

单人作者：

“Stigler（1951）……” “……（Stigler，1951）” “杨小凯（2003）……” “……（杨小凯，2003）”。

双人作者：

“Baumol and Willig（1981）……” “……（Baumol and Willig，1981）” “武力、温锐（2006）……”“……（武力、温锐，2006）”。

三人以上作者：

"Baumol et al. (1977)……""……(Baumol et al., 1977)"。

"于立等 (2002)……""……(于立等，2002)"。

文献引用不需要另加脚注，所引文献列在文末参考文献中即可。请确认包括脚注在内的每一个引用均有对应的参考文献。

5. 文章末页应包括：参考文献目录，按作者姓名的汉语拼音或英文字母顺序排列，中文在前，word 自动编号；英文文章标题；与中文摘要和关键词对应的英文摘要和英文关键词；2～4 个 JEL (*Journal of Economic Literature*) 分类号。

参考文献均为实引，格式如下，请注意英文书名和期刊名为斜体，中文文献中使用全角标点符号，英文文献中使用半角标点符号：

[1] 武力、温锐：《1949 年以来中国工业化的"轻重"之辨》，载《经济研究》2006 年第 9 期。

[2] 杨小凯：《经济学——新兴古典与新古典框架》，社会科学文献出版社 2003 年版。

[3] 于立、于左、陈艳利：《企业集团的性质、边界与规制难题》，载《产业经济评论》2002 年第 2 期。

[4] Baumol, W. J. and Willig, R. D., 1981: Fixed Costs, Sunk Costs, Entry Barriers, and Sustainability of Monopoly, *The Quarterly Journal of Economics*, Vol. 96, No. 3.

[5] Baumol, W. J., Bailey, E. E., and Willig, R. D., 1977: Weak Invisible Hand Theorems on the Sustainability of Multiproduct Natural Monopoly, *The American Economic Review*, Vol. 67, No. 3.

[6] Stigler, G. J., 1951: The Division of Labor is Limited by the Extent of the Market, *Journal of Political Economy*, Vol. 59, No. 3.

[7] Williamson, O. E., 1975: *Markets and Hierarchies*, New York: Free Press.

6. 稿件不做严格的字数限制，《综述》《论文》栏目的文章宜在 8000 字以上，欢迎长稿。

7. 投稿以中文为主，海外学者可用英文投稿，但须是未发表的稿件。稿件如果录用，由本刊负责翻译成中文，由作者审查定稿。文章在本刊发表后，作者可以继续在中国以外以英文发表。

8. 在收到您的稿件时，即认定您的稿件已专投《产业经济评论》并授权刊出。《产业经济评论》已被《中国学术期刊网络出版总库》及 CNKI 系列数据库收录，如果作者不同意文章被收录，请在投稿时说明。

《产业经济评论》的成长与提高离不开各位同仁的鼎力支持，我们诚挚地邀请海内外经济学界的同仁踊跃投稿，并感谢您惠赐佳作。我们的愿望是：经过各位同仁的共同努力，中国产业经济研究能够结出更丰硕的果实！

让我们共同迎接产业经济理论繁荣发展的世纪！